Hans-Martin Lübking

Beim WORT genommen

Texte für Gottesdienst, Gemeinde und für die persönliche Orientierung

Dieses Werk folgt der reformierten Rechtschreibung und Zeichensetzung. Ausnahmen bilden Texte, bei denen künstlerische, philologische oder lizenzrechtliche Gründe einer Änderung entgegenstehen. Für freundlich erteilte Abdruckgenehmigungen danken wir allen Autorinnen, Autoren und Verlagen.

MIX
Papier aus verantwortungsvollen Quellen
FSC® C002795
FSC
www.fsc.org

Umschlaggestaltung und Satz: freiart gmbh, Königswinter
unter Verwendung der Fotos: view from dun aonghasa © Marco Regalia, fotolia.com (Mitte); salar de Uyuni © Loïc Mermilliod, unsplash.com (unten).
Druck und Bindung: Niessen GmbH, Essen

Beim Wort genommen: ein Andachtsbuch / Hans-Martin Lübking

Best.-Nr. 0057-5020

ISBN 978-3-946905-43-1

www.kreuz-verlag.de
www.verlagambirnbach.de

»Beim Wort genommen« ist ein Andachtsbuch mit kurzen Predigten, biblischen Porträts, Texten und Gebeten, die bei verschiedenen Anlässen und in unterschiedlichen Situationen genutzt werden können: in Gottesdiensten und bei Veranstaltungen, in Gemeindegruppen und bei Sitzungen. Sie können aber auch zur persönlichen Orientierung gelesen werden.

Das Buch ist die Neubearbeitung und Erweiterung eines gleichnamigen Andachtsbuches, das ich 2002 zusammen mit Günter Törner veröffentlicht habe. Das alte Buch war nach wenigen Jahren vergriffen. Zu einer neuen Auflage konnte sich das Gütersloher Verlagshaus damals nicht entschließen.

Die Nachfrage nach dem Buch hörte aber in den folgenden Jahren nicht auf. Immer wieder bin ich nach eventuell vorhandenen Restexemplaren gefragt worden. Darum bin ich dem Verlag am Birnbach und dem Kreuz Verlag für die Initiative dankbar, eine überarbeitete und aktualisierte Neuausgabe herauszubringen.

Sie enthält neben 63 kurzen Predigten zu allen Sonntagen des Kirchenjahres auch 63 Biographien der wichtigsten Personen der Bibel – zugleich eine kleine narrative und historisch verständliche Einführung in die Bibel. Zum Buch gehören auch zahlreiche Impuls-Texte, die als Anregungen für die persönliche Orientierung oder als Denkanstöße bei Veranstaltungen und Gottesdiensten genutzt werden können. Die Psalmübertragungen des alten Buches habe ich durch alltagsnah formulierte Gebete ersetzt, die im Gottesdienst gesprochen oder persönlich meditiert werden können.

Das Buch ist wochenorientiert. Es beginnt mit Neujahr und folgt dem Kirchenjahr bis zum Jahresende. Die Darstellung der biblischen Personen folgt der Reihenfolge der biblischen Schriften.

Hans-Martin Lübking

WOCHENSPRUCH

Alles, was ihr tut mit Worten oder mit Werken, das tut alles im Namen des Herrn Jesus und dankt Gott, dem Vater, durch ihn.

Kolosser 3,17

LEBENSWEISHEIT

Fünf Vorsätze für jeden Tag.
Ich will bei der Wahrheit bleiben.
Ich will mich keiner Ungerechtigkeit beugen.
Ich will frei sein von Furcht.
Ich will keine Gewalt anwenden.
Ich will in jedem zuerst das Gute sehen.

Mahatma Gandhi

GEBET

Das neue Jahr
ist erst ein paar Stunden alt.
Was es bringen wird, wissen wir noch nicht.
Ob wir es heil und gesund überstehen?
Ob wir in unseren persönlichen Fragen in diesem Jahr
einen Schritt weiter kommen?
Ob unsere Pläne fürs neue Jahr aufgehen
und wir unsere guten Vorsätze durchhalten?
Wir wollen uns nicht grundlos fürchten, Gott,
aber ein wenig Angst haben wir doch auch,
wenn wir an das neue Jahr denken.
Darum bitten wir dich, Gott:
Nimm dich unser an, bleibe in der Nähe
und halte deine Hand über uns,
auch im neuen Jahr.
Amen.

Jakobus 4,13-15

Ich will im neuen Jahr weniger Überstunden machen, sagt der leitende Angestellte. Ich nehme mir fest vor, mit dem Rauchen aufzuhören, sagt die Raucherin. Ich will endlich einmal die Tochter in Kanada besuchen, sagt die Mutter. Am Anfang des neuen Jahres blühen die Vorsätze. Ob diesmal mehr aus ihnen wird als im letzten Jahr?

Das ganze Jahr liegt noch vor uns. Aber viele Tage, auch viele Wochen des neuen Jahres sind schon verplant: über Ostern und im Sommer in den Urlaub, im Frühjahr die Terrasse neu anlegen, im Herbst die Wohnung renovieren, im Februar die Goldene Hochzeit der Großeltern, im Mai die Konfirmation des Jüngsten, im September die Wandertour mit den alten Freuden. Aber ob alles so klappt? Ob die Pläne aufgehen und wir überhaupt gesund bleiben? Der Mensch denkt, Gott lenkt – hat man früher gesagt. Dass es ganz anders kommen kann, weiß eigentlich jeder. Vor lauter Pläneschmieden kann man die Realitäten des Lebens übersehen. Ich plane die nächste Woche, plane das nächste Jahr, plane für die Zukunft – doch dann kommt alles ganz anders. »Daher sollt ihr sagen: Wenn der Herr will, werden wir leben und dies und das tun.«

Dieses Wort klingt vielleicht wie eine fromme Floskel, doch es beschreibt eher eine Lebenshaltung, die getragen ist von Gottvertrauen und tiefer Lebensweisheit. Und die sich gegen eine Einstellung richtet, die der Jakobusbrief ziemlich genau und ziemlich modern so beschreibt: »Die ihr sagt: Heute oder morgen wollen wir in die und die Stadt gehen und wollen ein Jahr dort zubringen und Handel treiben und Gewinn machen.« So reden Menschen, die sich ihres Lebens sehr sicher sind. Sie berechnen genau, wie die Sache laufen und was dabei herauskommen muss. Sie planen ziel- und ergebnisorientiert: Am Ende werden sie Gewinn gemacht haben. So reden Menschen, die alles im Griff haben. Der Jakobusbrief stellt ihnen die einfache Frage: »Was ist euer Leben?« Wirtschaftsfaktor, Kapital, Manövriermasse? Wo alles planbar wird und sich alles am Gewinn orientiert, da wird das Leben einfach als verfügbar vorausgesetzt. »Was ist euer Leben?«, fragt der Jakobusbrief und antwortet selber: »Ein Rauch seid ihr, der eine kleine Zeit bleibt und dann verschwindet.« So flüchtig, so vergänglich ist unser Leben – aber gerade deshalb so kostbar und wertvoll. Jede Stunde, jeder Tag und gewiss auch dieses neue Jahr ist ein Geschenk Gottes, ein Angebot zu leben, in Gemeinschaft mit Gott und in Gemeinschaft miteinander.

Auf die Einstellung kommt es an! Wir werden weiterhin planen und Vorsätze fassen, Handel treiben und mit Geld umgehen. Aber alle Vorsorge und alle Planung kann das Leben nicht sichern. Es bleibt ein Geschenk Gottes, begrenzt und doch unendlich wertvoll, nicht verfügbar und doch von Gott her voller Sinn.

VOM MUT, EINE PROBE ZU WAGEN

Ein König stellte für einen wichtigen Posten den Hofstaat auf die Probe. Kräftige und weise Männer umstanden ihn in großer Menge. »Ihr weisen Männer«, sprach der König, »ich habe ein Problem, und ich möchte sehen, wer von euch in der Lage ist, dieses Problem zu lösen.« Er führte die Anwesenden zu einem riesengroßen Türschloss, so groß, wie es keiner je gesehen hatte. Der König erklärte: »Hier seht ihr das größte und schwerste Schloss, das es in meinem Reich je gab. Wer von euch ist in der Lage, das Schloss zu öffnen?« Ein Teil der Höflinge schüttelte nur verneinend den Kopf. Einige, die zu den Weisen zählten, schauten sich das Schloss näher an, gaben aber zu, sie könnten es nicht schaffen. Als die Weisen dies gesagt hatten, war sich auch der Rest des Hofstaates einig, dieses Problem sei zu schwer, als dass sie es lösen könnten. Nur ein Wesir ging an das Schloss heran. Er untersuchte es mit Blicken und Fingern, versuchte, es auf die verschiedensten Weisen zu bewegen und zog schließlich mit einem Ruck daran. Und siehe, das Schloss öffnete sich. Das Schloss war nur angelehnt gewesen, nicht ganz zugeschnappt, und es bedurfte nichts weiter als des Mutes und der Bereitschaft, dies zu begreifen und beherzt zu handeln. Der König sprach: »Du wirst die Stelle am Hof erhalten, denn du verlässt dich nicht nur auf das, was du siehst oder was du hörst, sondern setzt selber deine eigenen Kräfte ein und wagst eine Probe.«

Quelle unbekannt

Was die Bibel auf den ersten Seiten von Adam erzählt, gilt für jeden Menschen. Es geht nicht um eine bestimmte Person mit dem Namen »Adam«, sondern um den Menschen überhaupt, »adam« auf Hebräisch. Nach dem älteren Schöpfungsbericht formt Gott Adam, den Menschen, aus dem Staub der »adamah«, des Erdbodens. Hier ist ein uraltes und in vielen Kulturen verbreitetes Motiv aufgenommen: Der Mensch gehört zur Erde, sie ist sein natürlicher Lebensraum, mit ihr ist er verbunden, ihm ist sie aber auch zur Bearbeitung und Bewahrung anvertraut. Bis heute wird im Begräbnisritual an diese Herkunft erinnert: »Von Erde bist du genommen, zur Erde sollst du wieder werden.«

Adam ist aber zugleich mehr als ein bloßer Erdklumpen. Er ist Geschöpf Gottes, »der ihm den Atem des Lebens eingehaucht hat. Und so wurde der Mensch ein lebendiges Wesen.« *(1. Mose 2,7)* Adam gehört zur Erde und hat doch eine Beziehung zum Himmel. Er ist Geschöpf unter Geschöpfen und doch auf Gott hin geschaffen.

Adam ist kein Einzelgänger, sondern ein soziales Wesen, auf Gemeinschaft angelegt. »Es ist nicht gut, dass der Mensch allein sei« *(1. Mose 2,18)*, heißt es in der Bibel. Unter den Tieren findet Adam keinen Lebenspartner. Da baut Gott aus einer der Rippen Adams eine Frau. Der biblische Erzähler greift zu diesem altertümlichen und oft missverstandenen Bild, um die Zusammengehörigkeit und Entsprechung von Mann und Frau zu verdeutlichen. So kommt die Erschaffung des Menschen erst mit der Erschaffung der Frau zum Ziel. Gott hat den Menschen nicht einzeln, sondern als Paar geschaffen.

Adam lebt in einer Schöpfung, in der Gott für den Menschen sorgt und dieser alles hat, was er zum Leben braucht. Die ganze Schöpfung hat Gott ihm anvertraut, er soll sie bebauen und bewahren und im Auftrag Gottes verwalten. Doch Gott hat Adam auch eine Grenze gesetzt. Von allen Bäumen im Gottesgarten darf er essen, »aber von dem Baum der Erkenntnis des Guten und des Bösen sollst du nicht essen, denn an dem Tag, da du davon isst, musst du sterben.« *(1. Mose 2,17)* In seiner Fürsorge für den Menschen zieht Gott eine Grenze: Er soll darauf vertrauen, dass Gott für ihn sorgt – aber er soll nicht anfangen, selbst zu bestimmen, was für ihn gut oder schädlich ist.

Die Fortsetzung ist bekannt. Adam und Eva überschreiten genau diese Grenze, sie wollen selber die Herren über ihr Leben sein. In der Bibel wird diese Geschichte überschrieben mit »Der Sündenfall«. Doch weder von Sünde noch von Fall ist hier die Rede. Was hier geschildert wird, ist der Versuch einer Erklärung, wie es zum Bruch und Zwiespalt in der Existenz des Menschen gekommen ist, zum Bruch mit dem Schöpfer und zum Zwiespalt zwischen den Geschöpfen. Adam und Eva wollen nun selbst bestimmen und darum werden sie hineingerissen in die Widersprüche, die jenseits des Paradieses das Leben bestimmen: Arbeit bestimmt das Leben – doch die Arbeit ist oft genug voller Mühsal und Plage; Männer und Frauen können miteinander glücklich werden – doch diese Gemeinschaft ist auch geprägt von Spannungen und Machtspielen; Menschen und Tiere, Geschöpfe Gottes die einen wie die anderen, werden einander zu Feinden.

»Da gingen beiden die Augen auf, und sie erkannten, dass sie nackt waren.« *(1. Mose 3,7)* Beide wissen nun, was gut und böse ist, beide haben nun ihr Leben in die Hand genommen – aber das volle, unzerstörte, erfüllte Leben, das ist ihnen verloren gegangen.

WOCHENSPRUCH

Wir sahen seine Herrlichkeit,
eine Herrlichkeit als des eingeborenen Sohnes vom Vater,
voller Gnade und Wahrheit.

Johannes 1,14

LEBENSWEISHEIT

Der Stall, der Zimmermannssohn, der Schwärmer unter kleinen Leuten, der Galgen am Ende, das ist aus geschichtlichem Stoff, nicht aus dem goldenen, den die Sage liebt.

Ernst Bloch

GEBET

Ich habe Jesus nicht mit meinen eigenen Augen gesehen.
Ich gehörte nicht zu den Zuhörern der Bergpredigt.
Ich war nicht dabei, als er Zachäus vom Baum holte.
Ich stand nicht daneben, als er der Ehebrecherin vergab.
Ich saß nicht mit im Boot, als er den Sturm stillte.
Ich gehörte nicht zu den Fünftausend, die er satt machte.
Ich stand nicht in den Straßen Jerusalems, als er sein Kreuz trug.
Ich gehörte nicht zu den Frauen, die ihn sahen als Auferstandenen.
Ich war damals nicht dabei, aber ich will auch gesund werden,
ich will auch satt werden,
ich will auch, dass mir vergeben wird.
Ich war nicht dabei, als Gott Mensch wurde.
Aber ich bitte dich, Gott,
lass mich ein Mensch werden,
ein Mensch nach deinem Willen.
Amen.

Johannes 1,43-51

»Was kann aus Nazareth Gutes kommen?« Nathanael kannte Nazareth, es lag in der Nachbarschaft, ein unbedeutender kleiner Ort. An keiner Stelle im Alten Testament wird Nazareth erwähnt, kein Rabbiner hat jemals auf diesen Ort hingewiesen. Die Zweifel des Nathanael sind religiöser Natur: Ein im Gesetz nicht erwähnter Ort kann nicht Heimat des Messias sein.

»Warum soll gerade dieser eine Mensch, der gerade einmal dreißig Jahre lang lebte, auf alles die letztgültige Antwort sein, was sich in den Jahrtausenden vor ihm und nach ihm ereignet hat?« Das ist die Frage, die den Dichter Lessing umgetrieben hat. Kann eine zufällige geschichtliche Person die Wahrheit sein für alle großen Fragen der Weltgeschichte?

Jeder hat seine Fragen, seine Zweifel. Aber die werden selten geäußert. Meist macht man alles mit sich selbst ab. Das ist schade! Gäbe es doch mehr Christen, die ihre Zweifel anmelden und ihre Fragen stellen würden!

Doch viele diskutieren gar nicht mehr – ob Jesus Gottes Sohn ist oder nicht, ob er auferstanden ist oder nicht, ob er auch für unsere Zeit noch eine Autorität ist oder nicht. Es ist ihnen egal. Sie haben dazu keine Meinung. Ach wenn sie doch nur ein wenig kritischer wären, ein wenig nachdenklicher!

Glaube und Zweifel sind Geschwister. Ich bin gewiss: Wer seine Fragen nicht zurückhält, sondern aufrichtig stellt – der wird über kurz oder lang auch eine Antwort erhalten.

»Was kann aus Nazareth Gutes kommen?« Auch Nathanael bekommt eine Antwort. »Komm und sieh!«, fordert ihn sein Freund Philippus auf. Als sie zu Jesus kommen, begrüßt dieser den fremden Nathanael mit den Worten: »Siehe, ein echter Israelit, ein Mann ohne Falschheit.« Erstaunt fragt Nathanael zurück: »Woher kennst du mich?« Jesus antwortet: »Ich kenne dich, weil ich dich lesen sah im Schatten unter dem Feigenbaum – noch bevor Philippus dich rief.« Da bricht es aus Nathanael heraus: »Rabbi, du bist der Sohn Gottes, der König Israels.«

Warum glaubt Nathanael nun, nachdem er zunächst zweifelte? Weil er überwältigt ist von den übermenschlichen Fähigkeiten Jesu? Ich denke, es ist noch etwas anderes. Nathanael hat den getroffen, der ihn kennt, ja, der ihn durchschaut – und der ihn versteht. War es nicht gerade das, was er bei seinen Studien unter dem Feigenbaum gesucht hatte: einen Halt, bei dem er sich aufgehoben weiß? Und nun erfährt er: Da ist einer, der kennt mich besser, als ich mich selbst kenne. Deswegen brauche ich aber nicht zu erschrecken. Er versteht mich, er akzeptiert mich, ich kann ihm vertrauen.

»Was kann aus Nazareth Gutes kommen?« Jeder hat seine Zweifel. Wer aber nicht bei ihnen stehen bleibt, sondern hingeht und sieht, wie Nathanael, der wird in ein Gespräch verwickelt, in dem er sich selbst immer besser kennen lernt. Ein Gespräch, das nicht aufhört.

Der Stern leuchtet

Der kleine Junge hockte auf dem Fußboden und kramte in einer alten Schachtel. Er förderte allerhand wertlose Dinge zutage – darunter auch einen glänzenden Stern. »Was ist das?« fragte er. »Ein Weihnachtsstern«, sagte die Mutter. »Etwas von früher, von einem alten Fest.«

»Was war das für ein Fest?« fragte der Junge. »Ein langweiliges«, sagte die Mutter. »Die ganze Familie stand in der Wohnstube um einen Tannenbaum und sang Lieder. Und an der Spitze der Tanne befestigte man den Stern. Er sollte an den Stern erinnern, dem die Hirten nachgingen, bis sie den kleinen Jesus in der Krippe fanden.«

»Der kleine Jesus?« fragte der Junge – »was soll das nun wieder sein?«

»Das erzähle ich dir ein andermal«, sagte die Mutter, und damit öffnete sie den Deckel des Müllschluckers und gab ihrem Sohn den Stern in die Hand: »Du darfst ihn hinunter werfen und aufpassen, wie lange du ihn noch siehst.«

Der Junge warf den Stern in die Röhre und lachte, als er verschwand. Aber als die Mutter wieder kam, stand der Junge wie vorher über den Müllschlucker gebeugt: »Ich sehe ihn noch immer.«, flüsterte er. »Er leuchtet! Er ist immer noch da!«

Marie Luise Kaschnitz

Ist Eva an allem schuld? Hat nicht damals im Paradies alles angefangen, als Eva sich von der Schlange verführen ließ und den Apfel aß? »Da sah die Frau, dass es gut wäre, von dem Baum zu essen, dass er eine Lust wäre für die Augen und verlockend, weil er klug machte. Und sie nahm von der Frucht und aß und gab ihrem Mann, der bei ihr war, auch davon, und er aß.« *(1. Mose 3,6)* Eva – das Urbild weiblicher Verführung, Eva – der Beginn der sündigen Menschheit? Über Jahrhunderte hinweg, sowohl im Judentum als auch im Christentum, hat man den Vers aus der Schöpfungserzählung so gelesen, dass Eva uns alle »hineingerissen« hat. Bei Jesus Sirach heißt es: »Von einer Frau nahm die Sünde ihren Anfang, ihretwegen müssen wir alle sterben.« *(25,32)* Und auch im Neuen Testament, im 1. Timotheusbrief, kann man lesen: »Adam wurde nicht verführt, die Frau aber hat sich zur Übertretung verführen lassen.« *(2,14)*

Zahlreiche Abbildungen in der Kunstgeschichte folgen dieser Deutung – auch Michelangelos berühmte Darstellung in der Sixtinischen Kapelle in Rom: Adam verlässt das Paradies reumütig und zerknirscht, Eva dagegen trotzig, als fühlte sie sich ungerecht behandelt. Steht das so in der Bibel? Die Übertretung des Gebotes ist nach der biblischen Erzählung keine Tat der Eva allein. Auch Adam isst von der Frucht, er muss dazu nicht verführt oder gar gezwungen werden. Adam macht mit. Von einem Apfel übrigens ist in der Bibel gar nicht die Rede, er stammt erst aus dem späten Mittelalter. Wer die Geschichte Evas auf den ersten Seiten der Bibel liest, spürt einen frauenfeindlichen Beigeschmack. Gegen jede biologische Vernunft und Erfahrung ist Adam der Erstgeschaffene, aus dessen Körper eine Frau erst herausoperiert wird. Die Frau wird als »Hilfe« für den Mann geschaffen. Wie die Tiere erhält sie ihren Namen vom Mann: Eva – »die Mutter aller, die leben«. »Adam spricht, die Frau schweigt und wird bejubelt. Ihre Identität gewinnt sie vom und durch den Mann.« *(D. Sölle)* Die biblische Erzählung spiegelt die patriarchale Welt des bäuerlichen Palästina. Die soziale Rangordnung zwischen Mann und Frau wird als gegeben vorausgesetzt, aber, und das ist das Erstaunliche, sie wird letztlich nicht gutgeheißen. Die leidvolle Realität der Frau, die ihr Liebesverlangen nicht nur mit der Mühsal von Schwangerschaft und den Gefahren der Geburt, sondern auch noch mit der Unterordnung unter ihren Mann bezahlen muss, entspricht gerade nicht dem ursprünglichen Willen des Schöpfers. Die Verfluchungen, die Adam und Eva treffen, erklären, warum das Leben so oft mühselig und schmerzvoll ist. Doch Fluch und Feindschaft, Verlangen und Herrschaft, Dornen und Disteln, Arbeit und Schweiß gehören nicht zum Leben, das Gott mit der Schöpfung gewollt hat, sondern zu dem Leben, wie es sich durch menschliche Störung und Schuld entwickelt hat.

Im Anfang war nicht die Feindschaft zwischen Menschen und Tieren und nicht die mühselige Arbeit voller Vergeblichkeit. Adam und Eva sollten den Garten bebauen und bewahren. Eva war nicht das »Gefäß der Sünde«, wie es bei den Kirchenvätern heißt, sondern die Mutter aller, die da leben. Am Anfang war Liebe ohne Herrschaft, in der ein Mann gegen alle späteren gesellschaftlichen Konventionen seine Familie verlässt, um eins zu werden mit der Frau *(1. Mose 2,24)*.

WOCHENSPRUCH

Die Finsternis vergeht, und das wahre Licht scheint jetzt.

1. Johannes 2,8

LEBENSWEISHEIT

Die das Dunkel nicht spüren, werden sich nie nach dem Licht umsehen.

Sprichwort

GEBET

Wenn ich am Ende bin und keinen Ausweg mehr sehe,
bist du da und öffnest mir eine Tür.
Wenn ich keine Lust mehr habe und mir alles zu viel wird,
bist du da und gibst mir neue Kraft.
Wenn ich mich allein gelassen fühle und keinen habe, der mit mir redet,
bist du da, ich spüre deine Nähe.
Wenn ich mich selbst nicht mehr verstehe und mich verrannt habe,
bist du da und zeigst mir den Weg zurück.
Wo immer ich bin, was immer ich tue,
du bist da, Gott, dafür möchte ich dir danken.
Amen.

Matthäus 2,1-12

Es sind Menschen ganz aus der Ferne, Sterndeuter, Wissenschaftler, die eines Tages ihre Arbeit liegen lassen und aufbrechen, weil ihnen ein Licht aufgegangen ist – ein bisher unbekannter, strahlender Stern am nächtlichen Himmel. Nichts wird davon erzählt, dass sie jemals eine Beziehung zur jüdischen Religion gehabt hätten. Sie folgen dem Stern und kommen nach Jerusalem. Wo soll ein Königssohn anders geboren sein als im Hause eines Königs? Dort in Jerusalem treffen sie einen König, aber was für einen! Herodes, der Große, 37 bis 4 vor Christus, so steht es in unseren Geschichtsbüchern. Ein König, dessen Grausamkeit sprichwörtlich war; der zahllose Menschen, darunter auch seine Söhne, umbringen ließ, nur weil sie seinem Thron gefährlich werden konnten. Herodes erschrickt, als er nach einem Sohn gefragt wird, den er nicht kennt. Aber er hat Ratgeber, Spezialisten in der Bibel, die sofort Bescheid wissen. Die Propheten haben es geschrieben: Der Ort ist Bethlehem.

Die Sterndeuter aus dem Osten sind am Ziel ihrer Reise. Der Stern zeigt es an. Einen König zu suchen waren sie aufgebrochen, und nun stehen sie mit ihren kostbaren Geschenken vor einem armseligen Haus. Unsereiner hätte wahrscheinlich gesagt: Das kann's nicht sein, wir haben uns getäuscht. Doch die Weisen zweifeln nicht. Sie sind ganz sicher, fallen auf die Knie und beten das Kind an. Diese klugen Leute.

Die Weisen kehren auf einem anderen Weg nach Hause zurück. Während sie im Dunkel der Geschichte entschwinden, tritt ein anderer in Aktion: Herodes, der König. Er fürchtet um seinen Thron. Darum lässt er ein Blutbad anrichten unter den Kindern von Bethlehem. Das Kind der Maria und des Josef soll nicht überleben. Über den Kindermord in Bethlehem erregen wir uns noch heute. Wie kann Gott so etwas zulassen?

Doch die Bibel ist ein Buch der nüchternen Beschreibung der Welt, in der wir leben. Wie viele Kinder sind in den Kriegen und Bürgerkriegen der letzten Jahre getötet worden? Kinder sind immer die ersten und die unschuldigen Opfer. Das sehen wir an Jesus selbst. Schon dem Neugeborenen trachtet man nach dem Leben. Von Anfang an bedroht, aus dem Land vertrieben, endet dieses Kind später am Kreuz – wahrlich ein konsequenter Weg!

Was ist aus den Weisen geworden? Hat das Kind von Bethlehem in ihrem Leben Spuren hinterlassen? Die Bibel weiß nichts davon. Doch eine alte Legende erzählt, wie einer der Weisen in seinen alten Tagen noch einmal aufgebrochen ist, um das groß gewordene Kind zu suchen. Er kam zu spät, einige Wochen nach der Hinrichtung Jesu am Kreuz. Doch er traf die erste Gemeinde in Jerusalem, von der es in der Bibel heißt: Sie teilten alles miteinander, versorgten die Armen und speisten die Hungernden.

Das genügte diesem alten Mann. Er kehrte in seine Heimat zurück – und bald darauf soll auch dort eine Christengemeinde entstanden sein.

DER VIERTE KÖNIG

Ein mächtiger Mann aus Russland, der von seinen Vorfahren wusste, dass bei der Herabkunft des Allherrschers sich auch ein Spross aus Russland – wie die Könige aus dem Morgenland – auf den Weg machen würde, um dem König zu huldigen, brach eines Tages zu diesem langen Marsch auf.

Ein großes Gefolge wollte er nicht mitnehmen; das lag ihm nicht. Er wollte sich allein auf die Suche machen. So ließ er sein Lieblingspferd satteln, nahm schöne Geschenke mit, die im Lande entstanden sind – Rollen von zartestem Linnen, edelste Pelze, mehrere Säcklein mit Goldkörnern und kostbaren Edelsteinen und ein Glas Honig von der Mutter. Alles war für das Kind bestimmt. So ritt er los, hinter dem Stern her, den er in der weiten russischen Landschaft gesehen hatte. Er zog durch sein ganzes Land und entdeckte viel Neues und Unbekanntes.

Nachdem er zwei bis drei Monate geritten war, sah er in der Ferne drei Könige auf Kamelen. Sie kämen aus dem Osten, sagten sie, und wollten zu einem Ort, über dem der Stern nach der Verheißung stehen bleiben sollte. Der russische Wanderer schämte sich vor so viel Glanz und Reichtum. Da konnte er nicht mithalten. Dennoch zogen sie ein Stück gemeinsam; aber den hohen Gesprächen konnte er nicht folgen. Als er eines Abends wiederum in einer Herberge neben seinem Pferd übernachtete, entdeckte er am anderen Morgen ein junges Bettelweib, das ein Kind zur Welt gebracht hatte. Und weil die Frau arm und hungrig war, schenkte er ihr Goldkörner und eine Rolle von dem heimatlichen Linnen.

Inzwischen waren die Könige abgezogen. So ritt er allein weiter. Überall aber, wo er auf Not traf, verschenkte er seine Goldkörner und Edelsteine, und allen Dank gab er weiter an den, für den die Geschenke eigentlich bestimmt waren. Er kaufte Sklaven frei, die von ihren Aufsehern vor seinen Augen gequält wurden; er beschenkte Aussätzige mit dem restlichen Linnen; er half einem Kaufmann, der überfallen und ausgeplündert war. Jetzt hatte er nur noch das Glas Honig; aber die hungrigen Bienen raubten ihm auch dieses Geschenk. Als zuletzt auch sein kostbares russisches Pferd tot zusammenbrach, fragte er sich: Was hat das alles genutzt, Hungrige zu speisen, Nackte zu kleiden, Gefangene zu befreien und alles zu verschenken?

nach Edzard Schaper

Kain und Abel – eine Geschichte aus sagenhafter Urzeit und zugleich eine Geschichte aus aktueller Gegenwart. Diese uralte Geschichte erzählt Weltgeschichte. Der Brudermord zwischen Kain und Abel ist in der Bibel das erste Ereignis, das nach der Vertreibung des Menschenpaares aus dem Paradies geschieht. Hier beginnt der Blutstrom zu fließen, der sich durch die Jahrhunderte hinzieht. Seitdem begleitet die Frage »Kain – wo ist dein Bruder Abel?« jede Gewalttat, jeden Mord und jeden Krieg, bei dem das Blut unschuldiger Menschen vergossen wird.

Wie kam es zu diesem Brudermord? Wie kam die Gewalt in die Welt? »Abel wurde ein Hirte, Kain aber wurde ein Ackerbauer.« Ackerbauer und Hirte, sie stehen in dieser uralten Geschichte für die erste Arbeitsteilung in der Geschichte der Menschheit. Aus Sammlern und Jägern wurden Bauern und Viehzüchter. Mit dieser Arbeitsteilung begannen die sozialen Unterschiede, entstand die ungleiche Verteilung der Lebenschancen. Ungleiche Lebenschancen sind der Nährboden von Unzufriedenheit und Gewalt. Wer die ewige Geschichte von Kain und Abel verändern und die Gewalt unter uns beenden will, muss sich um gleiche Lebenschancen für Kain und Abel bemühen.

»Und Gott sah gnädig an Abel und sein Opfer, aber Kain und sein Opfer sah er nicht gnädig an.« *(1. Mose 4,4)* Das Opfer des einen wird angenommen, das Opfer des anderen nicht. Eine Erklärung dafür wird nicht mitgeteilt. »Gott mochte Lammfleisch lieber als Gemüse«, bemerkt John Steinbeck in seinem Roman »Jenseits von Eden«. Er stellt mit dieser lockeren Bemerkung die entscheidende Frage: Handelt Gott willkürlich, für Menschen undurchsichtig und unberechenbar? So fragen wir, weil uns heute fremd geworden ist, worum es damals bei dem Opfer ging. Nimmt Gott das Opfer an, dann ist die Arbeit gesegnet, dann geben die Ziegen viel Milch, das Fell der Schafe verkauft sich gut und der Regen kommt zur rechten Zeit. Nimmt Gott aber das Opfer nicht an, dann ist die Arbeit erfolglos. Kain arbeitet mühselig auf seinem Acker, aber die Erträge reichen vorn und hinten nicht. Ständig hat er seinen Bruder Abel vor Augen, dessen Herden größer werden und gedeihen. Da kann man schon neidisch werden und böse. Wer zu Gewalt greift, vergleicht sich meist mit anderen und glaubt, zu kurz gekommen zu sein. Die Bereitschaft zur Gewalt gehört zur Grundausstattung jedes Menschen, doch Gewalt verbessert in Wirklichkeit nichts.

Auch in der Geschichte von Kain und Abel kann der Mörder letztlich nicht über das unschuldige Opfer triumphieren. Denn einer ist da, der das Blut des Opfers schreien hört. Blut und Leben gehören nach alttestamentlicher Auffassung allein Gott; wo gemordet wird, da greift der Mensch in Gottes Besitzrecht ein. So hört Kain, kaum dass er den Bruder erschlagen hat, die Stimme Gottes: »Wo ist dein Bruder Abel?« Im Gewissen meldet sich Gott als die Stimme des Opfers. Kain empfindet Gottes Strafe als zu schwer: Der Acker soll ihn nicht mehr ernähren, flüchtig und heimatlos soll er seine Tage zubringen auf Erden. Kain begreift, was das bedeutet: Hat Gott seine Hand einmal von ihm abgezogen, dann werden alle über ihn herfallen.

»Da machte Gott dem Kain ein Zeichen an die Stirn, damit jeder wusste: Kain steht unter dem Schutz des Herrn.« *(1. Mose 4,15)* Am Ende steht Gottes Sorge auch um den Mörder. Sein Tun wird bestraft, doch sein Leben wird garantiert.

WOCHENSPRUCH

Welche der Geist Gottes treibt, die sind Gottes Kinder.

Römer 8,14

LEBENSWEISHEIT

»Dass wir wieder werden wie die Kinder, ist eine unerfüllbare Forderung. Aber wir können zu verhindern suchen, dass die Kinder werden wie wir.«

Erich Kästner

GEBET

Gott,
alle Menschen sind deine Kinder,
die Alten und die Jungen,
die Prominenten und die Übersehenen,
die Einheimischen und die Fremden,
die Frommen und die Suchenden,
die nicht wissen, wohin sie gehören,
und am Bahnhof stehen,
und die abends zu Hause
vor dem Fernseher sitzen.
Sie alle sind deine Kinder, Gott,
lass uns das nicht vergessen.
Du schließt keines aus,
du hast keine Vorurteile.
Du lässt deine Sonne aufgehen für jeden,
von deiner Güte leben wir alle.
Amen.

Markus 10,13-16

Die Szene ist bekannt: Mütter bringen Kinder zu Jesus, damit er sie »berührte«. Die Jünger sind über diese magischen Motive empört. Für sie haben Kinder bei Jesus nichts zu suchen. Doch sie müssen sich von Jesus sagen lassen: Das Reich Gottes ist für die Kinder da! Sie besitzen etwas, was bei Gott allein zählt: Das Reich Gottes wird geschenkt. Man muss nur kommen, bitten und annehmen. Genau das tun die Kinder ganz spontan. Sie halten die Hände auf und finden es nicht peinlich. Sie sind aufs Annehmen und Sich-schenken-lassen angewiesen.

Damit setzt sich Jesus souverän über die damals herrschende Vorstellung hinweg, nach der es sich bei der Kindheit erst um eine Vorstufe des Lebens handelt. Jesus erkennt sie uneingeschränkt als Menschen in ihrer eigenen Würde an. Ja, er dreht die antike Vorstellung um: Im Blick auf Gott müssen sich Erwachsene an Kindern orientieren. Wie Kinder können auch Erwachsene vor Gott nur als Beschenkte dastehen.

»Lasst die Kinder zu mir kommen und haltet sie nicht zurück«, sagt Jesus. Seitdem kommen Kinder und Jugendliche zu Jesus. Sie kommen in den Kindergottesdienst und in den Konfirmandenunterricht, in die Jugendarbeit und zu Freizeiten. Sie sollen die Bibel und die Gebote kennen lernen, den gottesdienstlichen Nachwuchs stellen und die Gemeinde beleben.

Aber was tun wir als Kirche dafür, dass Kinder und Jugendliche angstfrei im 21. Jahrhundert leben können? Kinder wachsen heute im Bewusstsein ständig möglicher Katastrophen auf. Sie haben mehr Angst vor der wachsenden Umweltzerstörung als vor dem Tod der eigenen Eltern.

Auf welcher Seite steht die Kirche? Will sie bei Kindern und Jugendlichen wieder mehr Beachtung finden, wird sie viel stärker als bisher als Lobby für die Belange und Zukunftsperspektiven von Kindern und Jugendlichen in Erscheinung treten müssen. Wird das Fehlen der Jugend in der Kirche beklagt, dann muss die Perspektive zunächst einmal umgekehrt werden: Wann erleben Kinder und Jugendliche die Kirche mal als Verbündete? Wo können sie in der Kirche wirklich mitbestimmen? Wann kommen die Fragen der Jugendlichen im Gottesdienst vor?

Kirchenferne wird nur zu oft selber provoziert und produziert. Eine Kirche aber, die die Arbeit mit Kindern und Jugendlichen ins Zentrum rückt, findet auch mit dem, was sie zu sagen hat, bei ihnen eher Gehör.

ZEHN GEBOTE FÜR DEN UMGANG MIT KINDERN

1) Du sollst Kinder achten wie dich selbst.
2) Du sollst einem Kind nicht vorenthalten, was dir wichtig ist; nützliche Arbeit, Verantwortung, Verfügung über ein Eigentum, über die Einteilung der Zeit, über die Wahl der Freunde.
3) Du sollst ein Kind nicht lehren, woran dir selbst nichts liegt; du sollst es nicht langweilen.
4) Du sollst nichts für ein Kind tun, ohne es zu fragen, auch wenn es weder deine Fürsorge noch deine Frage versteht. – Es ist gut, wenn du diese Gewohnheit hast.
5) Du sollst nicht wegsehen, es soll dir nicht gleichgültig sein, wenn ein Kind etwas Falsches tut, Unwahrheiten, Torheiten, Grausamkeiten begeht.
6) Du sollst eines Kindes Liebe und Vertrauen nicht zurückweisen – so wenig wie seine Trauer, seine Angst, seine Neugier, seine Phantasie.
7) Du sollst ein Kind nicht anders »machen« wollen, als es ist – aber du sollst ihm helfen, anders zu werden, wenn es das will. Du sollst vor allem nicht machen, dass es will.
8) Du sollst, wie du einen Zehnten für die Kirche gibst, einen zweiten Zehnten für die Kinder geben – die Fernen wie die Nahen – die dies brauchen.
9) Du sollst an der Welt arbeiten, so dass sie ohne Scham den Kindern übergeben werden kann.
10) Du sollst nicht Kinder haben, wenn du dir nicht vorzustellen vermagst, dass sie ein würdiges Leben in ihrer Zeit führen können.

Hartmut von Hentig

Die Bibel erzählt auf den ersten Seiten von einer großen Sintflut, einer ungeheuren Katastrophe, in der alle Lebewesen zugrunde gehen. Nur einer überlebt: Noah mit seiner Familie. Ihn hielt Gott als Einzigen unter den Menschen für gerecht und untadelig. Gott hatte Noah angekündigt, alles Leben auf der Erde durch eine große Flut zu vernichten. Um dieser Katastrophe zu entgehen, befahl ihm Gott, eine riesige Arche zu bauen, deren Maße und deren Ausstattung er ihm genau angab: 150 Meter lang, 15 Meter hoch, dreigeschossig, mit zahlreichen Kammern auf jeder Etage. In diesen Kasten sollte Noah mit seiner ganzen Familie gehen sowie mit allen Tieren, jeweils Männchen und Weibchen.

Wortlos befolgt Noah den scheinbar absurden Befehl, mitten auf dem Festland ein überdimensionales Schiff zu bauen. Vom Menschen Noah, von seinen Gefühlen und Regungen erfahren wir in der Erzählung nichts. Er fragt Gott nicht, er warnt seine Mitmenschen nicht, er trauert nicht um ihren Untergang. Noah ist keine historische Person, er ist eine literarische Figur. Sein Name steht für die kollektive Erinnerung an die große Flut.

Gott selbst, so erzählt es die Bibel, schließt die Arche hinter Noah und den Tieren zu – und dann setzt der große Regen ein, Tag und Nacht, bis selbst die Berge vom Wasser bedeckt sind. Schwankend treibt die Arche auf dem Wasser dahin, bis sie auf dem Gipfel des Berges Ararat aufsetzt, mit 5.165 Metern nach damaliger Auffassung der höchste Berg der Erde. Nachdem sich die Wassermassen verlaufen haben, schickt Noah zunächst einen Raben aus, der wieder zurückkehrt, ohne Land gefunden zu haben. Dann lässt er eine Taube fliegen, die schließlich einen Ölzweig im Schnabel zurückbringt. Jetzt weiß Noah, dass die Erde wieder bewohnbar ist. Er verlässt die Arche mit seinen Angehörigen und den Tieren, baut einen Altar und bringt Gott ein Opfer.

Warum wollte Gott eigentlich die Menschen vernichten? Die Bibel erzählt: Gott reute es, dass er die Menschen gemacht hatte, denn ihre Bosheit war groß geworden. Aber muss man deswegen alle Menschen und Tiere umbringen? Zeigt dies nicht einen grausamen und rachsüchtigen Gott? Die Sintflutgeschichte will genau das Gegenteil zeigen: Dass es in alter Zeit eine Flutkatastrophe gegeben hat, das wusste man damals, das war eine Menschheitserzählung, die jeder kannte. Die Bibel greift diese Geschichte auf, gibt ihr am Ende aber eine andere Richtung. Auch wenn Gott mit der Flut einmal die Schöpfung zurücknehmen wollte – er hat seinen Beschluss geändert. Böses ist nicht mit Gewalt zu beseitigen, selbst von Gott nicht. »Das Dichten und Trachten des Menschen ist böse von Jugend auf.« Mensch bleibt Mensch, er bringt immer wieder Böses hervor. Gott weiß es – und lässt souverän seine Sonne aufgehen über Gerechte wie Ungerechte. »Solange die Erde steht, soll nicht aufhören Saat und Ernte, Frost und Hitze, Sommer und Winter, Tag und Nacht.« *(1. Mose 8,22)*

Gott bleibt dieser Erde treu, das kann selbst der Mensch durch alles Unheil, das er produziert, nicht mehr aufheben.

WOCHENSPRUCH

Das Gesetz ist durch Mose gegeben; die Gnade und Wahrheit ist durch Jesus Christus geworden.

Johannes 1,17

LEBENSWEISHEIT

Man sollte dem anderen die Wahrheit wie einen Mantel hinhalten,
dass er hineinschlüpfen kann,
und sie ihm nicht wie einen nassen Lappen
um die Ohren schlagen.

Max Frisch

GEBET

Du bist kein Gott der Trauer, sondern der Freude am Leben.
Darum bitten wir dich für die Menschen,
die sich nicht freuen können, weil sie überall Probleme
und Gefahren sehen und immer ein Haar in der Suppe finden.
Wir bitten dich auch für die Menschen,
die zurzeit keinen Grund zur Freude haben,
weil sie traurig sind oder von Kummer und Sorgen bedrückt werden.
Wir bitten dich für die Menschen, deren Freude
nur gespielt ist oder oberflächlich,
die scheinbar immer gut drauf sind,
aber wie es ihnen wirklich geht, weiß keiner.
Wir bitten dich schließlich für die Kirche,
die als Nörglerin aufgetreten ist und die Freuden des Lebens
schlecht gemacht hat,
dass sie alles tut, was sie kann,
um Freude zu verbreiten unter den Menschen.
Amen.

Johannes 2,1-11

Warum ist diese Geschichte von Jesus erzählt worden? Es ging weder um Menschenleben, um Krankheit noch um persönliche Not. Wollte sich Jesus einen Scherz erlauben, wie ein Ausleger meint? Er habe mit seiner Mutter verabredet, sein Hochzeitsgeschenk in Form von Wein abzuliefern. Um einen Scherz zu machen, habe er diesen jedoch in Wasserkrügen anliefern lassen. Die Geschichte von der Hochzeit zu Kana hat offenbar etwas mit einem Gott zu tun, mit dem griechischen Gott Dionysos, dem wilden Gott des Weines, der überschäumenden Lebensfreude. Ein attraktiver Gott in einer Zeit voller religiöser Sehnsucht. Verehrt wurde er nicht in ernster Nachdenklichkeit, sondern in ungetrübter Lebensfreude, vor allem im Genuss des Weines.

Wer damals in solcher Umwelt mit der Botschaft von Jesus Christus bei den Menschen ankommen wollte, der musste schon mithalten, wenn er überhaupt gehört werden wollte.

Wer vermag Glück und Lebensfreude zu schenken: Dionysos oder Christus? Darauf will die Geschichte von der Hochzeit zu Kana eine Antwort geben: Jesus hat damals auf der Hochzeit einfaches Wasser in kostbaren Wein verwandelt. Er kann das Wasser des grauen Alltags in den Wein einer großen Lebensfreude verwandeln. Was Dionysos kann, das kann Jesus schon lange. Er ist der wahre Freudenspender.

Doch der Pfarrersohn Friedrich Christian Delius sagt: »Wo Gott wohnt, dort ist es nicht warm.« Wir Christinnen und Christen haben meist kein Problem mit Problemen, aber wir haben oft genug ein Problem mit der Freude. Nicht faul sein, nicht tanzen, nicht Karten spielen, keine voreheliche Sexualität – Christentum war lange Zeit eher das, was keinen Spaß machte. Heute gibt es eine andere Version. In Abwandlung eines Jesus-Wortes: »Wo zwei oder drei versammelt sind in meinem Namen«, da wird garantiert geklagt: über Finanzprobleme, über schlechte Organisation und unmögliche kirchliche Stellungnahmen, über Kollegen und natürlich über zu viel Arbeit.

Doch wer sich nicht freuen kann, der kann auch nicht glauben. Vielleicht kennen Sie die Legende, in der die Engel gefragt werden, warum sie fliegen können. Sie antworten: »Wir nehmen uns leicht, es trägt uns einer.« Es trägt mich einer, deswegen muss ich mich selbst nicht so tierisch ernst nehmen. Die große Sorge um den Wert und Bestand meines Lebens ist mir von Gott abgenommen. Es trägt mich einer, deshalb kann ich mich freuen an einem guten Krimi, an Tanz und Musik, am Fußballspiel oder an einer Hochzeit. Freuen, dass diese rätselhafte, leidvolle und doch so schöne Welt niemals aufhören wird, Gottes geliebte Schöpfung zu sein, in der ich abends »des Tages Jammer« auch einmal »verschlafen und vergessen« und mit großer Neugier in einen neuen Tag gehen darf.

Sozusagen grundlos vergnügt

Ich freu mich, dass am Himmel Wolken ziehen
Und dass es regnet, hagelt, friert und schneit.
Ich freu mich auch zur grünen Jahreszeit,
Wenn Heckenrosen und Holunder blühen.
– Dass Amseln flöten und dass Immen summen,
Dass Mücken stechen und dass Brummer brummen.
Dass rote Luftballons ins Blaue steigen.
Dass Spatzen schwatzen. Und dass Fische schweigen.

Ich freu mich, dass der Mond am Himmel steht
Und dass die Sonne täglich neu aufgeht.
Dass Herbst dem Sommer folgt und Lenz dem Winter,
Gefällt mir wohl. Da steckt ein Sinn dahinter,
Wenn auch die Neunmalklugen ihn nicht sehn.
Man kann nicht alles mit dem Kopf versteh'n!
Ich freue mich. Das ist des Lebens Sinn.
Ich freue mich vor allem, dass ich bin.

In mir ist alles aufgeräumt und heiter:
Die Diele blitzt. Das Feuer ist geschürt.
An solchem Tag erklettert man die Leiter,
Die von der Erde in den Himmel führt.
Da kann der Mensch, wie es ihm vorgeschrieben,
– Weil er sich selber liebt – den Nächsten lieben.
Ich freue mich, dass ich mich an das Schöne
Und an das Wunder niemals ganz gewöhne.
Dass alles so erstaunlich bleibt, und neu!
Ich freu mich, dass ich... Dass ich mich freu.

Mascha Kaleko

»Und der Herr sprach zu Abraham: Geh aus deinem Vaterland und von deiner Verwandtschaft und aus deines Vaters Hause in ein Land, das ich dir zeigen werde.« *(1. Mose 12,1)*

Auf seine alten Tage, nach Auskunft der Bibel immerhin 75 Jahre alt, soll Abraham Heimat, Verwandtschaft und Familie verlassen – das ist der völlige Bruch mit seinem bisherigen Leben. Er soll Stammvater eines großen Volkes werden – obwohl doch die Ehe mit seiner Frau Sara kinderlos war und beide inzwischen steinalt waren. Abraham hatte nichts in der Hand, keine Garantien, nur Zusagen und Verheißungen. Doch es wird von keinem Zögern, von keinen Bedenken berichtet. In der Bibel steht nur der einfache Satz: »Da brach Abraham auf, wie der Herr es ihm gesagt hatte.«

Viele Jahre sind seit Abrahams Aufbruch vergangen, noch immer ist er als Halbnomade unterwegs, noch immer besitzt er kein Stück Land, noch immer hat er keine Kinder. Nur älter ist er inzwischen geworden, und Gottes Verheißung scheint in weite Ferne gerückt. Da kommt ihm die Idee, die Erfüllung der Verheißung selbst in die Hand zu nehmen, seinen Knecht Elieser zu adoptieren und ihn als seinen Erben einzusetzen. Da lässt Gott ihn hinausgehen in die Nacht. Draußen sieht er die Sterne über sich, unermesslich viele. »Kannst du sie zählen?«, fragt Gott. »So zahlreich sollen deine Nachkommen sein.« Und nun heißt es dezidiert: »Abraham glaubte dem Herrn, und das rechnete er ihm zur Gerechtigkeit.« *(1. Mose 15,1–6)*

Wieder viele Jahre später. Abraham und seine Frau Sara sind doch noch Eltern eines Sohnes geworden. Isaak ist gesund und wächst heran, die Verheißung ist in Erfüllung gegangen. Da hört Abraham die Stimme Gottes: »Nimm Isaak, deinen einzigen Sohn, den du lieb hast, und geh hin in das Land Morija und opfere ihn dort zum Brandopfer auf einem Berge, den ich dir sagen werde.« Eine ungeheure Zumutung! Seinen eigenen Sohn töten? Alles zerstören, was den Sinn seines Lebens ausgemacht hatte? Hat Gott all seine Verheißungen zurückgenommen?

Wir erfahren nichts von den Seelenkämpfen des alten Mannes. Abraham verstummt. Schweigend trifft er seine Vorbereitungen zur Reise, zu seiner Frau Sara kein Wort. Schweigend wandert er mit seinem Sohn durch die Weite des Landes. Als der Sohn arglos fragt, wo denn das Schaf zum Opfer sei, antwortet Abraham: »Gott wird sich ein Schaf zum Brandopfer ersehen.«

Auf dem von Gott bestimmten Opferplatz angekommen, baut Abraham einen Altar und beginnt mit der Opferhandlung. Er bindet seinen Sohn Isaak, nimmt das Messer in die Hand, reckt seinen Arm hoch – da hört er eine Stimme, die ihm Einhalt gebietet. Im gleichen Augenblick erblickt er einen Widder, der sich im Gestrüpp verfangen hat, und opfert ihn an seines Sohnes statt. Abraham ist bereit, Gott alles zu geben. Wie er beim Auszug aus seiner Heimat mit der Vergangenheit gebrochen hat, so ist er jetzt bereit, seine Zukunft aufs Spiel zu setzen. Doch dieser Gott, der alles Vertrauen verdient, will das Menschenopfer gar nicht.

Am Anfang der Geschichte Israels steht die Gestalt Abrahams. Noch Jahrhunderte später heißt es in der Bibel einfach: »unser Vater Abraham«.

Er ist das Vorbild des Glaubens; er hoffte, wo nichts mehr zu hoffen war. So ist Abraham, mit dem die Geschichte Israels beginnt, das große Leitbild für die kommenden Generationen.

WOCHENSPRUCH

Es werden kommen von Osten und von Westen, von Norden und von Süden, die zu Tisch sitzen werden im Reich Gottes.

Lukas 13,29

LEBENSWEISHEIT

»Ich möchte Weltbürger sein, überall zuhaus und – was noch entscheidender ist – überall unterwegs.«

Erasmus von Rotterdam

GEBET

Gott, wir bitten dich
für die sieben Milliarden Menschen, die auf dieser Erde wohnen:
dass sie sich gegenseitig achten, einander mit Würde behandeln
und am Wohlstand dieser Erde teilhaben können.
Gott, wir bitten dich
für uns alle, dass wir niemanden nach seiner Hautfarbe
oder Religion beurteilen,
sondern lernen,
die Menschenwürde jeder Person zu bejahen und zu achten.
Gott, wir bitten dich
für alle Menschen, die in unwürdigen Verhältnissen leben müssen,
dass sie Zeichen unserer Solidarität erfahren.
Gott, wir bitten dich
für uns alle, dass wir nicht überheblich sind
und uns von Aussehen und Macht blenden lassen,
sondern lernen,
alle Menschen als Mitmenschen zu akzeptieren und zu behandeln.
Amen.

Matthäus 8,5-13

In der Grenzstadt Kapernaum liegen viele Soldaten: Söldnertruppen, die der Fürst Herodes aus der nichtjüdischen Bevölkerung des angrenzenden Landes zusammengezogen hatte. Unter ihnen ist auch ein Hauptmann, dessen Sohn gelähmt und hoffnungslos krank zu Hause liegt. Jeder versteht, dass der Hauptmann nichts unversucht lässt, seinem Sohn zu helfen. So geht er auch zu Jesus. Er, der ungläubige Heide, sucht Hilfe bei einem Juden. Ob ihm jemand von Jesus erzählt hat, ob er die Bewegung unter den Menschen gespürt hat, ob er dienstlich einen Bericht über die Gruppe des Nazareners bekommen hat – der Hauptmann überschreitet die Grenze seiner Uniform, seiner Fremdheit und spricht den jüdischen Wanderprediger an: »Herr, mein Sohn liegt zu Hause und ist gelähmt und leidet große Qualen.«

Mehr sagt er nicht. Er bittet um nichts, er teilt einen Tatbestand mit – und bringt damit seine Not vor Gott.

Als Jesus sofort und ohne zu zögern auf den Hauptmann eingeht: »Ich will kommen und ihn gesund machen«, antwortet dieser nüchterne Soldat mit dem Hinweis auf die Befehlsstruktur, die in seiner Offizierswelt an der Tagesordnung ist. Da wird befohlen und da wird gehorcht. So stellt sich der Hauptmann auch die Macht Jesu über die bösen Geister der Krankheit vor. Ein Befehl genügt und sie müssen ihm gehorchen: »Sprich nur ein Wort, so wird mein Sohn gesund!«

Vermutlich wird manchem dieser Glaube des Hauptmanns befremdlich vorkommen. Sind da nicht allzu magische und zauberische Vorstellungen im Spiel? Doch Jesus mokiert sich nicht und tadelt nicht, sondern nennt den Glauben des Hauptmanns groß: »Wahrlich, solchen Glauben habe ich in Israel nicht gefunden!« Das ist erstaunlich. Handelt es sich beim Hauptmann doch nicht um einen Menschen, der sich kluge Gedanken über Gott und die Welt gemacht hätte. Da sind keine Voraussetzungen nötig, kein Dogma und kein Katechismus. Da vertraut ein Fremdling diesem Jesus in einer ganz einfachen, unmissverständlichen Weise. Da kommt einer von ganz außen, ein im Sinne der Schriftgelehrten Unreiner und Ungläubiger, ein Heide und Götzendiener. Und Jesus bescheinigt ihm Glauben. Mehr Glauben als jene haben, die täglich davon reden, die ganz genau wissen, was Glaube ist, die für alles eine Erklärung haben. »Viele werden kommen von Osten und von Westen und mit Abraham und Isaak und Jakob im Himmelreich zu Tische sitzen. Aber die Kinder des Reichs werden hinausgestoßen in die Finsternis.« Die Unberechtigten lösen die Berechtigten ab. Die von den Rändern kommen in die Mitte. Der Glaube ist kein Vorrecht für Eingeweihte. Er ist auch keine besondere Leistung. Niemand kann hier ausgeschlossen werden. Gott gefallen die Menschen, die nur sich selbst bringen.

VOM AUSZUG ALLER AUSLÄNDER

Über den Marktplatz der kleinen Stadt kamen ein paar Männer gezogen. Sie blieben an der Kirche stehen und sprühten auf die Mauer »Ausländer raus« und »Deutschland den Deutschen«. Steine flogen in das Fenster des türkischen Ladens gegenüber der Kirche. Dann zog die Horde ab. Gespenstische Ruhe. Die Gardinen an den Bürgerhäusern waren schnell wieder zugefallen. Niemand hatte etwas gesehen.

»Los, kommt, es reicht, wir gehen.«

»Wo denkst du hin! Was sollten wir denn da unten im Süden?«

»...da unten? Das ist immerhin unsere Heimat. Hier wird es immer schlimmer. Wir tun einfach das, was da an der Wand geschrieben steht: ›Ausländer raus!‹« Tatsächlich, mitten in der Nacht kam Bewegung in die kleine Stadt. Die Türen der Geschäfte sprangen auf: Zuerst kamen die Kakaopäckchen heraus mit den Schokoladen und Pralinen in ihren Weihnachtsverkleidungen. Sie wollten nach Ghana und Westafrika, denn da waren sie zu Hause. Dann der Kaffee, palettenweise, der Deutschen Lieblingsgetränk; Uganda, Kenia und Lateinamerika waren seine Heimat. Ananas und Bananen räumten ihre Kisten, auch die Trauben und Erdbeeren aus Südafrika. Fast alle Weihnachtsleckereien brachen auf; Pfeffernüsse, Spekulatius und Zimtsterne, denn die Gewürze in ihrem Inneren zog es nach Indien. Nicht Qualität, nur Herkunft zählte jetzt. Es war schon in der Morgendämmerung, als die Schnittblumen nach Kolumbien aufbrachen. Der Verkehr brach an diesem Tag zusammen. Lange Schlangen japanischer Autos, vollgestopft mit Unterhaltungselektronik, krochen gen Osten. Am Himmel sah man die Weihnachtsgänse nach Polen fliegen, auf ihrer Bahn gefolgt von den feinen Seidenhemden und den Teppichen aus dem fernen Asien. Mit Krachen lösten sich die tropischen Hölzer aus den Fensterrahmen und schwirrten zurück ins Amazonasbecken. Man musste sich vorsehen, um draußen nicht auszurutschen, denn von überall her quollen Öl und Benzin hervor, floss zu Bächen zusammen und strömte in Richtung Naher Osten. Die VW's und BMW's begannen sich aufzulösen in ihre Einzelteile, das Aluminium wanderte nach Jamaika, das Kupfer nach Somalia, ein Drittel der Eisenteile nach Brasilien, der Naturkautschuk nach Zaire. Nach drei Tagen war der Spuk vorbei, der Auszug geschafft. Nichts Ausländisches war mehr im Land. Aber Tannenbäume gab es noch, auch Äpfel und Nüsse. Und »Stille Nacht« durfte gesungen werden – wenn auch nur mit Extragenehmigung, das Lied kam immerhin aus Österreich. Nur eines wollte nicht so recht ins Bild passen. Maria, Josef und das Kind waren geblieben. Drei Juden. Ausgerechnet.

»Wir bleiben«, sagte Maria, »Wenn wir aus diesem Lande weggehen – wer will ihnen dann noch den Weg zurück zeigen, den Weg zur Vernunft und zur Menschlichkeit?«

Helmut Wöllenstein

Von Sara, der Erzmutter des Volkes Israel, erzählt die Bibel als Erstes: »Sara war unfruchtbar und hatte keine Kinder.« *(1. Mose 11,30)* Ein bitteres Los für eine Frau in einer familiär und patriarchal geprägten Gesellschaft. Denn Kinderlosigkeit galt als Schande und als Strafe Gottes, sie bedeutete fast immer spätere Altersarmut und Einsamkeit.

Auf Gottes Aufforderung hin war Sara mit ihrem Mann Abraham aus ihrer Heimat aufgebrochen und in das unbekannte Kanaan gezogen. Doch nach kurzer Zeit kommt eine große Hungersnot über das Land. Das Ehepaar zieht hinab nach Ägypten, dem klassischen Zufluchtsland für Wirtschaftsflüchtlinge. An der Grenze angekommen fürchtet Abraham, dass die Ägypter ihn töten könnten, um an seine schöne Frau heranzukommen. Darum schlägt er Sara vor, sich im Ausland als seine Schwester auszugeben, um selbst zu überleben. Sara akzeptiert diese Demütigung schweigend. Abrahams Plan geht auf, der Pharao holt die schöne Sara in sein Haus und belohnt den scheinbaren Bruder Abraham reich mit Geschenken. Abraham hat sein Leben gerettet, doch er hat seine Ehe aufs Spiel gesetzt und die Ehre seiner Frau verletzt. Da ist es Gott, der »um Saras, Abrahams Frau willen« eingreift. Er bringt den mächtigen Pharao mit großen Plagen dazu, Sara wieder herauszugeben.

Drei Jahre später. Abraham und Sara sind weiterhin kinderlos. Doch Sara fügt sich nicht in ihr Schicksal, sondern ergreift die Initiative, drängt ihren Mann Abraham, mit ihrer ägyptischen Magd Hagar zu schlafen, damit diese, stellvertretend für sie, einen Nachkommen zur Welt bringt. Eine im Alten Orient nicht unübliche Form von Leihmutterschaft. Hagar wird dabei gar nicht nach ihrer Zustimmung gefragt. Doch die Dinge entwickeln sich ganz anders als erwartet. Als Hagar schwanger wird, beginnt sie auf ihre Herrin herabzublicken. Das ist mehr, als Sara ertragen kann. Tief gekränkt fordert sie ihren Mann Abraham auf, Hagar klar in ihre Schranken zu weisen. Doch feige schiebt Abraham Sara die Entscheidung zu – es ist ja ihre Magd. Nun drangsaliert Sara die schwangere Hagar und zeigt ihr hart und deutlich, wer die Herrin im Haus ist. Ihre Schikanen werden bald so unerträglich, dass Hagar davonläuft und in die Wüste flieht, wo sie und ihr ungeborenes Kind von einem »Engel des Herrn« gefunden und gerettet werden.

Als Sara alle Hoffnung auf ein eigenes Kind aufgegeben hat, kommen drei geheimnisvolle Männer zu Abrahams Zelt. Abraham bewirtet die Gäste eilfertig und rührig. Einer von ihnen kündigt an, dass Sara übers Jahr einen Sohn haben wird. Als Sara, die sich im Inneren des Zeltes verborgen hält, dieses hört, kann sie nur bitter lachen: »Jetzt, wo ich alt und verbraucht bin, soll ich noch Lust auf Liebe bekommen? Und Abraham ist auch schon ein alter Mann.« *(1. Mose 18,12)* Ein Jahr später bringt Sara tatsächlich einen Sohn zur Welt. Er erhält den Namen Isaak, auf Deutsch: »Er lacht«. Im biblischen Alter von 127 Jahren stirbt Sara in Hebron.

Im Grab Saras in Hebron, für Juden und Moslems bis heute ein Heiligtum, ist dann auch Abraham beigesetzt worden, und nach ihm alle anderen Erzväter und Erzmütter Israels.

WOCHENSPRUCH

Kommt her und sehet an die Werke Gottes, der so wunderbar ist in seinem Tun an den Menschenkindern.

Psalm 66,5

LEBENSWEISHEIT

»Nicht müde werden
sondern dem Wunder
leise
wie einem Vogel
die Hand hinhalten«

Hilde Domin

GEBET

Gott, du bist mit uns jeden Tag.
Du bist unser Schutz.
Du bist unsere Burg.
Aber ich habe Angst.
Angst vor schlimmer Krankheit,
Angst vor Schlägertypen,
Angst vor der Zukunft.
Wenn auch die Erde bebt und die Berge ins Meer versinken,
Gott ist unsere Zuflucht,
ein Helfer in der Not.
Aber ich habe Angst.
Angst, Fehler zu machen,
Angst, mich zu blamieren,
Angst, von anderen ausgelacht zu werden.
Wenn auch die Erde bebt und die Berge ins Meer versinken,
Gott ist unsere Zuflucht,
ein Helfer in der Not.
Aber ich habe Angst.
Angst, nicht glücklich zu werden,
Angst, mich immer mehr anzupassen,
Angst, mich zu verlieren.
Gott, du bist mit uns jeden Tag.
Du bist unsere Burg.
Bei dir sind wir geborgen.
Amen.

Markus 4,35-41

Ein Boot auf einem See. Ein Fischerboot, kaum acht Meter lang, voll besetzt mit 13 Personen. Alle sind müde, der Tag war lang und anstrengend, einer schläft. Der See liegt glatt und ruhig, das Boot gleitet dahin. Doch dann, es ist kurz vor Mitternacht, frischt der Wind auf. Die Wellen bilden weiße Schaumkronen, der Wind wird stärker, urplötzlich zieht ein schwerer Sturm auf. Die Wellen türmen sich immer höher, das Boot schlingert nach allen Seiten, es läuft voller Wasser. Aus dem Sturm wird ein Unwetter, er zerfetzt das Segel, das Boot droht zu kentern. Verzweifelt kämpfen die zwölf Männer gegen den Sturm, gegen die Angst und um ihr Überleben – doch einer schläft, als ob um ihn herum alles in Ordnung wäre. Da wecken sie ihn auf, rütteln ihn wach und schreien: »Merkst du nicht, dass wir untergehen? Wir segeln in unser Unglück, wir sind verloren.«

Der Schläfer erhebt sich, steht auf, dreht sich in den Sturm, droht und spricht: »Schweig und verstumme!« Und der Sturm ebbt ab, der Wind legt sich, das Meer wird ruhig und eine große Stille breitet sich aus. »Warum seid ihr so ängstlich? Habt ihr kein Vertrauen?« Mehr sagt Jesus nicht. Aber die Zwölf zittern vor Entsetzen. Der Schreck sitzt ihnen in den Gliedern, aber mehr noch fürchten sie sich vor dem, der Wind und Meer befehlen kann. Was geschah wirklich auf dem See Genezareth?

Das Wunder ist des Glaubens liebstes Kind, heißt es – aber so einfach ist es auch wieder nicht, an dieses Wunder zu glauben. Vielleicht legte sich der Sturm so plötzlich, wie er gekommen war, und später beflügelte dies die fromme Phantasie. Wie auch immer. Ich glaube, die Geschichte meint uns.

Die Fahrt über den See – ein Bild unseres Lebens. Stürme bleiben keinem erspart. Man kann auch Schiffbruch erleiden und plötzlich steht man bis zum Hals im Wasser. Verzweifelt versuchen wir uns irgendwo festzuhalten. Ist da jemand, der sich um uns kümmert – oder sind wir letztlich allein mit unserer Angst?

Und dann das Wunder, das nicht zu erklären ist. Man glaubt es nicht, dass man da noch einmal durchkommt. Kein Boden mehr unter den Füßen – und dann doch gehalten und getragen von einer Kraft, an die man nicht mehr geglaubt hat. Wunder erkennt man erst hinterher.

Die Geschichte von der Sturmstillung meint uns, deren Geschichte noch nicht zu Ende ist. Mindestens ein letzter Sturm und eine letzte Angst stehen uns noch bevor. Ob er dann auch ein Wunder tut – oder das Schiff untergeht und uns in die Tiefe reißt? Auf jeden Fall ist es gut zu wissen, dass wir auch auf dieser Fahrt nicht allein sind, sondern einer mitfährt, der uns durch Sturm und Wellen an ein neues, unbekanntes Ufer bringen kann.

DER MANN MIT DEN BÄUMEN

Die Geschichte klingt wie ein Märchen und ist doch wahr. Ein älterer Mann, im Süden Frankreichs, wohl schon über die 50. Sein einziger Sohn ist gestorben, dann auch noch seine Frau. Wofür soll er noch leben? Er verlässt seinen Bauernhof unten in einer fruchtbaren Ebene und zieht sich in die Einsamkeit zurück. Hier lebt er mit seinen 50 Schafen und einem Hund. Die wasserlose Gegend der Cevennen am Südrand der Alpen gleicht einer Wüste. Das nächste Dorf ist mehr als eine Tagesreise entfernt. (...) Der alte Mann in dieser Einsamkeit erkennt, dass diese Landschaft ganz absterben wird, wenn hier keine Bäume wachsen. So beschließt er, hier Abhilfe zu schaffen.

(...) An einer geeigneten Stelle fängt er an, den Eisenstab in die Erde zu stoßen. So macht er ein Loch und legt eine Eichel hinein, dann macht er es wieder zu. So pflanzt er Eichen. 100 000 Eicheln in drei Jahren. Er hofft, dass von denen, die getrieben haben, 10 000 übrig bleiben. Bäume in einer Gegend, wo es vorher nichts gegeben hat. Und er hofft, dass Gott ihm so lange das Leben schenkt, bis er so viele Eichen gepflanzt hat, dass diese 10 000 nur wie ein Tropfen im Meer sein werden.

(...) Unbeirrt verfolgt er seine Idee. Die Veränderung, die geschieht, geht so langsam vor sich, dass niemand das Werk dieses Menschen stört. Es bleibt einfach unbeachtet, eine Laune der Natur denken die Jäger und Förster (...) Schließlich wird der Wald unter Schutz gestellt. An drei Stellen ist ein wunderbarer junger Wald entstanden, 11 Kilometer lang und 3 Kilometer breit. Der alte Mann (...) widmet sich seinem Werk, den Krieg beachtet er nicht (...) Ohne technische Hilfsmittel, nur mit seiner Hände Arbeit, gelingt es diesem ungebildeten Bauern, ein Werk zu schaffen, das Gottes würdig ist. Zwischen 1910 und 1945 pflanzt dieser einsame Schäfer hunderttausende Eichen, später Buchen, Ahorn, Birken, Erlen und Ebereschen.

Als Elzéard Bouffier, so heißt der Greis, 1947 im Alter von 89 Jahren stirbt, hat er einen der schönsten Wälder Frankreichs geschaffen (...)

Ein einziger Mensch mit seinen schwachen Kräften hat genügt, um aus einer Wüste ein Stück »Gelobtes Land« zu schaffen. Ein Zeichen, dass Menschen so schöpferisch sein könnten wie Gott, im Aufbauen, nicht nur im Zerstören.

nach Jean Giono

Hagar und Sara – ein Drama zwischen zwei Frauen. Hagar ist die ägyptische Magd Saras. Hagar ist jung, farbig, rechtlos und fruchtbar. Sara ist alt, verbraucht, verheiratet und kinderlos. Sara glaubt nicht mehr, schwanger zu werden. Aber sie will sich mit ihrer Kinderlosigkeit auch nicht abfinden. Darum schlägt sie ihrem Mann Abraham vor, mit ihrer Magd Hagar ein Kind zu zeugen. Alles scheint aufzugehen, Hagar wird schwanger.

Doch mit der Schwangerschaft verändert sie sich. Die abhängige Magd, über die einfach verfügt wird, die nicht gefragt wird, bekommt plötzlich Macht. Aus den beiden Frauen werden zwei Rivalinnen. Sara sieht sich gedemütigt und rächt sich ihrerseits durch Schikanen und immer neue Gemeinheiten. Es beginnt ein Machtkampf, den Abraham entscheiden soll. Doch Abraham zieht sich aus der Affäre: »Siehe, deine Magd ist in deiner Hand. Mach mit ihr, wie es dir gefällt«, sagt er zu Sara. Abraham spielt in dieser Affäre eine höchst unglückliche und schwache Rolle. So zerstört die Bibel selbst alle Helden- und Heiligenverehrung. Irgendwann hält die schwangere Hagar diese unerträgliche Behandlung nicht mehr aus und flieht. Wohin? Ihr bleibt nur die Wüste. Allein in der Wüste – das ist meist der sichere Tod. Sie rettet sich bis zu einer Wasserstelle. Und nun heißt es in der Bibel: »Aber der Engel des Herrn fand sie ...« *(1. Mose 16,7)* Ein Bote Gottes ist ihr nachgegangen und spricht sie an. Diese arme ägyptische Magd ist der erste Mensch in der Bibel, den ein Engel, ein Bote Gottes, aufsucht. Er fordert sie auf, zurückzukehren in die unerträglichen Verhältnisse bei Sara und Abraham: »Demütige dich unter ihre Hand!« Ein hartes Wort, aber wohl die einzige Überlebenschance für Hagar. Aber dann bekommt sie, wie Abraham, eine Verheißung für ihr noch ungeborenes Kind. Ismael soll der Sohn heißen, »Gott hört«: »denn der Herr hat dein Elend gehört. Er wird ein wilder Mensch sein ... und er wird wohnen all seinen Brüdern zum Trotz.« *(1. Mose 16,11f.)* Jeder Israelit, der das damals hörte oder las, wird an den Stolz und die Wildheit des benachbarten Wüstenvolkes der Ismaeliter, der Nachfahren des Ismael, gedacht haben. Und er hörte zugleich: Auch um sie kümmert sich Gott, er ist genauso auch ihr Gott, wie er unser Gott ist.

Hagar kehrt zu Sara und Abraham zurück. Sie bekommt einen Sohn Ismael, und einige Jahre später bekommt auch Sara noch einen Sohn, Isaak. Doch mit der Geburt Isaaks flammt die Rivalität zwischen den Frauen wieder auf. Als Sara Ismael mit dem kleinen Isaak spielen sieht, fürchtet sie um das Erbe für ihren Sohn Isaak. Hartherzig und unerbittlich verlangt sie von Abraham, Hagar und ihr Kind in die Wüste zu schicken. Wieder fügt sich Abraham, wenn auch widerwillig. Er gibt ihr noch ein Brot und einen Schlauch Wasser mit. Das war's. Als beides aufgebraucht ist, ist das Kind in der Wüste dem Tode nahe. Und noch einmal schickt Gott einen Boten, der Hagar aus ihrer Verzweiflung reißt und das Kind vor dem Tod rettet. Er führt sie zu einem Brunnen, wo beide sich stärken. »Und Gott war mit dem Knaben« *(1. Mose 21,20)*, heißt es am Ende der Geschichte von Ismael, dem Sohn Abrahams und Hagars, den die arabischen Völker bis heute als ihren Stammvater verehren.

WOCHENSPRUCH

Der Herr wird ans Licht bringen, was im Finstern verborgen ist, und wird das Trachten der Herzen offenbar machen.

1. Korinther 4,5

LEBENSWEISHEIT

Ich glaube von jedem Menschen das Schlechteste, selbst von mir – und ich habe mich noch selten getäuscht.

Bertolt Brecht

GEBET

Gott, zu deiner Kirche gehören alle,
die Alten und die Jungen, die Frommen und die Zweifelnden,
die Linken und die Rechten, die Erfolgreichen und die Gescheiterten.
In deiner Kirche sind sie alle zusammen.
Doch nicht alle glauben dasselbe.
Nicht alle haben dieselben Erwartungen.
Nicht alle stimmen in allem überein:
Die Kirche ist zu angepasst – die Kirche ist zu modern.
Die Gottesdienste sind so langweilig – es gibt zu viele neue Lieder.
Es gibt zu viel Streit in der Kirche.
in der Kirche wird alles unter den Teppich gekehrt.
Die Kirche macht es keinem recht.
Wir bitten dich, Gott:
Lass uns rücksichtsvoller miteinander umgehen,
dass wir miteinander arbeiten und nicht gegeneinander.
Lass keinen von uns los und hilf uns,
den Menschen nachzugehen, die dich nicht kennen.
Amen.

Matthäus 5,13-16

Vermutlich wird den meisten dabei etwas unbehaglich zumute sein, wenn sie so etwas hören: Salz der Erde, Licht der Welt! Wird uns Christen hier nicht ein zu weiter Mantel umgehängt? Geht es nicht auch etwas bescheidener? Normalerweise verstehen wir uns als Christen etwas pragmatischer. Wir wollen uns nicht so sehr unterscheiden. »Das Bedenkliche am Christentum ist, dass es beständig Dinge fordert, die keiner leisten kann und wenn es mal einer leistet, dann wird einem erst recht angst und bange«, sagt der alte Fontane. Wollen wir wirklich vor den Menschen leuchten? Im Grunde wollen wir doch leben wie die anderen auch – vielleicht ein bisschen freundlicher, ein bisschen hilfsbereiter, ein bisschen christlicher. Aber – gleich Salz der Erde und Licht der Welt?

Vermutlich hat jeder für sich ein Bild von der Kirche, wie sie sein soll. Die einen wollen eine politisch wache Kirche, die anderen eher eine spirituell attraktive Kirche. Die einen wollen, dass die Kirche ein Ort schöpferischer Unruhe in der Gesellschaft ist. Andere schätzen die vielfältige soziale Arbeit der Kirche oder wünschen sich vor allem, dass die christliche Kultur in der Kirche lebendig gehalten wird. Es muss eine Pluralität von Meinungen in der Kirche geben – auch eine Vielfalt von Lebensstilen. Die evangelische Kirche ist Gott sei Dank vielfältig, aber hoffentlich auch erkennbar. Es muss auch klar sein, wofür die Kirche steht.

Drei Kennzeichen dürfen nicht zur Disposition stehen:

1) Solange es eine Kirche gibt, wird es ihre Aufgabe bleiben, dafür zu sorgen, dass die guten und wahren Geschichten der Bibel nicht verloren gehen, sondern immer weitererzählt werden. Hier erfahren wir Wahrheiten über unser Leben, die wir nirgendwo anders finden. Diese Wahrheiten unter die Menschen zu bringen, heißt: Licht in die Dunkelheit zu bringen.

2) Die Kirche ist der Ort in der Gesellschaft, wo jeder, der in Not geraten ist, einen Anspruch darauf hat, gehört zu werden. Inmitten einer oft kalten und gleichgültigen Welt bleibt es die Aufgabe der Christen, eine Insel der Menschlichkeit zu bilden.

3) Weil das Evangelium alle Welt angeht, sind wir als Christen aufgerufen, uns überall dort zu Wort zu melden und uns einzumischen, wo die wichtigen Fragen unserer Zeit diskutiert werden. Die Kirche gehört in die Öffentlichkeit. Das Salz muss ausgestreut werden; das Licht muss leuchten, wenn es die Welt hell machen soll.

Jesus sagt: Ihr seid das Salz der Erde, ihr seid das Licht der Welt. Salz und Licht wollen nichts für sich selbst sein. Sie wirken, indem sie sich an ihre Umgebung verschwenden. Salz und Licht wollen nicht alles andere ebenfalls zu Salz und Licht machen, sondern sie wollen die Welt durchdringen, damit sie genießbarer und heller wird.

Niemand kann sich selbst zum Salz der Erde oder zum Licht der Welt machen. Es wird uns zugesagt, es wird uns zugetraut.

Rettung

Ein furchtbarer Sturm kam auf. Das Meer tobte und meterhohe Wellen brachen sich ohrenbetäubend am Strand. Als das Unwetter nachließ und der Himmel aufklarte, lagen am Strand unzählige Seesterne, die die Wogen auf den Sand gespült hatten.

Ein kleines Mädchen lief am Wasser entlang, nahm einen Seestern nach dem anderen in die Hand und warf ihn zurück ins Meer. Ein Spaziergänger sah das und sprach das Mädchen an: »Was du da machst, ist völlig sinnlos. Siehst du nicht, dass der ganze Strand voll von Seesternen ist? Die kannst du niemals alle zurück ins Meer werfen! Was du da tust, ändert nicht das Geringste!«

Das Mädchen schaute den Mann an. Dann nahm sie den nächsten Seestern und warf ihn in die Fluten. »Für ihn wird es etwas ändern.«

Jakob, das ist eine Geschichte von Lug und Trug – und vom Kampf mit Gott. Bereits die Geburt der Brüder Esau und Jakob nimmt vorweg, was ihr späteres Leben prägt. Als sie geboren werden, hält Jakob Esaus Ferse fest, so, als wollte er ihn daran hindern, als Erster auf die Welt zu kommen. Jakob war der Geschicktere und Listigere, der es immer wieder verstand, seinen grobschlächtigen und schwerfälligeren Bruder zu übertölpeln. Es begann mit dem Linsengericht, mit dem der gerissene Jakob seinem hungrigen Bruder das Erstgeburtsrecht und damit das Erbe ablistete. Und es setzte sich fort, als sich Jakob vor dem Tode seines blinden Vaters Isaak wie sein Bruder verkleidete und mit Hilfe seiner Mutter den väterlichen Segen erschlich, der eigentlich für seinen Bruder bestimmt war. Daraufhin musste er fliehen, um sich vor dem wutentbrannten Esau in Sicherheit zu bringen. Unterwegs auf der Flucht, quer durch die Wüste zu seinem Onkel Laban, legte er sich nach Sonnenuntergang auf einem Stein zum Schlafen nieder. »Und ihm träumte, und siehe, eine Leiter stand auf Erden, die rührte mit der Spitze an den Himmel, und siehe, die Engel Gottes stiegen daran auf und nieder.« *(1. Mose 28,12)*

Jakob träumt in dieser Nacht von Gott, der ihm verspricht, dass er in der Fremde mit ihm sein und ihn nicht verlassen werde. Bei seinem Onkel Laban verliebt sich Jakob in dessen schöne Tochter Rahel. Doch bis er sie heiraten darf, muss er sieben Jahre für Laban arbeiten. In der Hochzeitsnacht schiebt ihm der Onkel die ältere, weniger attraktive Tochter Lea unter. Jakob muss noch weitere sieben Jahre arbeiten, bis er Rahel bekommt. Dafür betrügt Jakob Laban bei der Aufteilung der Viehherden und sichert sich die wertvolleren Tiere. Er muss erneut fliehen, ihn zieht es in die Heimat.

Am Fluss Jabbok, an der Schwelle zu seiner Heimat angekommen, erhält er die Nachricht, dass sein Bruder Esau ihm mit einem Trupp bewaffneter Männer entgegenzieht. Mit einem Mal steht vor Jakob seine ganze böse Vergangenheit. Er beginnt zu ahnen, dass sein bisheriges Leben ein einziges Machwerk aus Betrug und Selbstbetrug ist, eine einzige Lebenslüge. Ihn befällt tiefe Angst, nicht nur vor Esau, sondern auch vor Gott, der ihn fallen lassen und für seine Betrügereien bezahlen lassen könnte.

Da tritt ihm in der Nacht ein Unbekannter entgegen und kämpft mit ihm. Ein Kampf auf Leben und Tod. Der Name des Fremden wird nicht genannt. Doch im Grunde ist es völlig klar, wer dieser nächtliche Kämpfer ist. Gott selbst tritt hier dem Jakob entgegen! Er ist der Übermächtige, der mit einem einzigen Schlag seiner Hand Jakob so lähmen kann, dass der am Morgen hinkend vom Kampffeld geht. Jakob kämpft mit Gott selbst – und er unterliegt nicht. Er muss sich seiner Vergangenheit stellen, seinen Namen nennen: Ich bin Jakob, der Betrüger. Und doch trotzt er Gott zugleich seinen Segen ab: »Ich lasse dich nicht, du segnest mich denn.« *(1. Mose 32,27)*

Aus Jakob wird in dieser Nacht ein anderer Mensch. Er wird »Israel«, der Gottesstreiter, der Vater eines zwölfköpfigen Stämmebundes, mit dem Gott als Volk Israel einen Bund schließen wird. Gesegnet und geschlagen geht Jakob aus dieser Begegnung hervor. Er behält eine hinkende Hüfte, doch die Erzählung endet mit einer Verheißung: »Und als er an dem Ort vorüber war, da ging ihm die Sonne auf.« *(1. Mose 32,32)*

WOCHENSPRUCH

Über dir geht auf der Herr, und seine Herrlichkeit erscheint über dir.

Jesaja 60,2

LEBENSWEISHEIT

»Ich würde mich weigern, an einen Gott zu glauben,
den ich verstehen könnte.«

Graham Greene

GEBET

Sprechszene

1: Gott ist
2: weder Deutsche(r)
3: noch Türke (Türkin)
4: weder Amerikaner (in)
5: noch Afrikaner (in)
6: Gott ist auch kein(e) Außerirdische (r)
1: Gott ist
2: weder Jude (Jüdin)
3: noch Christ (in)
4: weder Muslim (a)
5: noch Buddhist (in)
6: Gott ist auch kein(e) Atheist (in)
1: Gott ist
2: weder evangelisch
3: noch katholisch
4: weder orthodox
5: noch freikirchlich
6: Gott ist auch nicht konfessionslos
1: Gott ist Gott
2: Gott ist da
3: Gott ist da, auch wenn wir ihn nicht sehen
4: Gott ist da, wo Menschen leiden
5: Gott ist da, wo Menschen lieben
6: Gott ist Gott – das Geheimnis der Welt.

2 Mose 3,1-10

Gesehen hat Gott noch niemand, beweisen lässt sich seine Existenz auch nicht, aber wenn man danach fragt, sagen manche: Wir sind Gott begegnet oder zumindest seinen Spuren. In der Natur, im Rückblick auf die eigene Lebensgeschichte oder ... Hat sich das Leben dadurch verändert?

Als Mose eines Tages in der Wüste unvermutet Gott begegnete, war von diesem Tage an über sein Leben entschieden. Bequemer wurde es nicht und unkomplizierter auch nicht. Als jüdisches Kind wächst er am Hof des ägyptischen Pharao auf. Als er sieht, wie ein ägyptischer Aufseher seine jüdischen Landsleute schikaniert, gerät er in Zorn und schlägt den Ägypter tot. Er flieht und rettet sich in die Wüste. Dort findet er bei dem Midianiter Jitro Unterschlupf, heiratet eine von dessen Töchter und wird Hirte. Eines Tages kommt er mit seiner Herde an einen unbekannten Ort und sieht dort ein seltsames Naturphänomen: einen Dornbusch, der brennt, ohne zu verbrennen. Als Mose näher herantritt, hört er seinen Namen: »Mose, Mose«! »Hier bin ich«, antwortet Mose. Und jetzt vernimmt er die Stimme Gottes von innen und außen zugleich: »Ich bin der Gott deiner Väter. Ich habe das Elend meines Volkes in Ägypten gesehen, ich habe sein Wehgeschrei gehört. Ich will sie herausführen und in ein Land bringen, in dem Milch und Honig fließen.« Mose will zurückweichen, aber die Stimme in seinen Ohren hält ihn fest: »Dich aber, Mose, will ich zum Pharao von Ägypten schicken. Tritt vor ihn hin und sprich: Lass mein Volk ziehen!«

»Wer bin ich schon?«, fragt Mose. Wer bin ich, dass ausgerechnet ich an den Zuständen etwas ändern könnte? Wer bin ich, dass gerade ich ein Zeichen setzen sollte? »Ich werde mit dir sein«, kommt die Antwort. Doch Mose zweifelt und windet sich und fragt: »Wer bist du? Wenn ich zu den Israeliten komme, werden sie nach deinem Namen fragen.«

Die Antwort, die Mose erhält, ist überraschend. Sie heißt nicht: »Ich bin ein höheres Wesen«. Auch nicht: »Ich offenbare mich in der Natur« oder »Ich bin im Herzen der Menschen«. Sondern: »Ich bin, der ich sein werde.« Gott bindet sich nicht an die Bilder und Begriffe, die wir uns von ihm machen. Gott ist da, auch wenn wir ihn nicht sehen. Gott ist da, wo Menschen leiden. Gott ist da, wo Menschen lieben. Aber Gott ist da, so wie er es will und nicht, wie wir es gern hätten.

Wer kann schon von Gotteserscheinungen berichten? Aber deswegen ist Gott nicht stumm und nicht tot, sondern meist sind unsere Augen blind, unsere Ohren taub und unsere Herzen kalt. Würden wir, nach einem Wort des Juden Martin Buber, »das Leben als ein Angesprochen-Werden und Antworten, Ansprechen und Antwort-Empfangen« verstehen, könnten wir auch wieder aufmerksam werden für die Stimme Gottes im eigenen Leben.

FUẞSPUREN

Ein Gelehrter reiste mit seinem Führer durch die Wüste.
Beim Sonnenuntergang kniete der Führer nieder und betete.
»Was machst du da?«, fragte der Gelehrte.
»Ich bete zu Gott.«
»Hast du ihn jemals gesehen, betastet, gefühlt?«
»Nein.«
»Dann bist du ein Narr!«
Am nächsten Morgen sagte der Gelehrte zu seinem Führer:
»Hier ist heute Nacht ein Kamel gewesen!«
Da blitzte es in den Augen des Führers: »Haben Sie es gesehen, betastet, gefühlt?«
»Nein.«
»Dann sind Sie aber ein sonderbarer Gelehrter!«
»Aber man sieht doch rings um das Zelt die Fußspuren!«
Da geht die Sonne auf in ihrer Pracht.
Der Führer zeigt auf sie und sagt: »Da sehen Sie die Fußspuren Gottes!«

Quelle unbekannt

»Josef sprach zu seinen Brüdern: Fürchtet euch nicht! Bin ich denn an Gottes Statt? Ihr gedachtet, es böse mit mir zu machen, Gott aber gedachte, es gut zu machen.« *(1. Mose 50,19–20)* Ende gut – alles gut, ist man versucht zu sagen. Die ungemein farbige und abenteuerliche Geschichte von Hochmut und Neid, von Eifersucht und Zwietracht zwischen Josef und seinen Brüdern hat endlich ein gutes Ende gefunden. Aus dem hochmütigen, vom Vater vorgezogenen 17-jährigen Josef ist am Ende der Ernährer und Versorger der ganzen Familie geworden. Und die Brüder, die zuvor unbedenklich den verhassten Josef in die Sklaverei verkauften, wollen sich am Ende lieber selbst als Sklaven zur Verfügung stellen, als ihren jüngsten Bruder Benjamin im Gefängnis schmachten zu sehen. Warum kam es zu diesem guten Ende? Weil sich der von seinen Brüdern verratene und verkaufte Josef durch das Unrecht, das er erleiden musste, nicht hat verbittern lassen. Er hat darin Gottes Führung in seinem Leben gesehen.

Angefangen hatte alles damit, dass Vater Jakob seinen Sohn Josef lieber mochte als seine anderen Kinder. Er kleidete ihn fürstlich »mit einem bunten Rock«. Das stieg Josef so zu Kopf, dass er davon träumte, auch wie ein Fürst verehrt zu werden. In zwei Träumen, die er natürlich auch unbedingt seinen Brüdern erzählen musste, sah er, wie sich seine ganze Familie vor ihm verneigte. Damit machte er sich unter seinen Brüdern keine Freunde. Als Josef eines Tages vom Vater Jakob zu seinen Brüdern aufs Feld geschickt wurde, beschlossen sie, diesen Träumer zu töten. Das konnte der älteste Bruder Ruben zwar gerade noch verhindern, aber Josef wurde doch von seinen Brüdern für zwanzig Silberstücke an vorüberziehende Kaufleute verkauft, die ihn in Ägypten auf einem Sklavenmarkt anboten. Josef hat Glück im Unglück, landet im Haus Potiphars, eines hohen ägyptischen Hofbeamten, und steigt als Haussklave sogar zum Verwalter der Güter seines Herrn auf. Doch dann wird er ins Gefängnis geworfen, weil er sich dem Liebeswerben von Potiphars Frau widersetzt und daraufhin der versuchten Vergewaltigung bezichtigt wird. Im Gefängnis kann er die Träume hochrangiger Mitgefangener deuten, woran sich einer von ihnen erinnert, als zwei Jahre später der ägyptische Pharao von rätselhaften Träumen heimgesucht wird. Als er auch die Träume des Pharao deuten kann, macht dieser ihn zum höchsten Beamten des Staates.

Nach sieben Überflussjahren, in denen Josef kluge Vorratshaltung betreibt, kommen sieben Hungerjahre, in denen Ausländer nach Ägypten reisen, um dort Getreide zu kaufen. Darunter sind auch die Brüder Josefs, die nicht ahnen, wem sie in Ägypten gegenüberstehen. Josef gibt sich zunächst nicht zu erkennen, redet hart mit den Brüdern, bezichtigt sie der Spionage, nimmt einen von ihnen als Geisel und fordert, dass sie wiederkommen und Benjamin, den Jüngsten, mitbringen. Aber hinter dieser Härte nach außen kann Josef seine innere Bewegung nicht verbergen. »Denkt nicht, dass ich zürne. Um eures Lebens willen hat mich Gott vor euch hergesandt, dass er euch in der Hungersnot am Leben erhält.« *(1. Mose 45,7)* Der zu Ehren gekommene Josef versorgt schließlich seine ganze Familie mit Brot und Arbeit. Der Vater Jakob und alle Brüder mit ihren Familien werden in Ägypten angesiedelt.

Von Gott wird in der Geschichte Josefs wenig gesprochen und doch behält Gott alle Fäden in der Hand. Die Josefs-Geschichte war für die damalige Zeit eine »moderne« Erzählung von Gottes verborgenem Handeln im Leben der Menschen.

WOCHENSPRUCH

Wir liegen vor dir mit unserem Gebet und vertrauen nicht auf unsere Gerechtigkeit, sondern auf deine große Barmherzigkeit.

Daniel 9,18

LEBENSWEISHEIT

Niemand unter den Sterblichen
ist so groß,
dass er nicht in ein Gebet eingeschlossen
werden könnte.

Bertolt Brecht

GEBET

Gnädiger Gott,
was von uns verlangt wird,
ist Leistung;
was unter uns zählt,
ist Erfolg;
wonach wir suchen,
ist Anerkennung.
Wir werden gehetzt
und wir hetzen uns selber.
Nur keinen Fehler machen, nur nicht versagen!
Auf Dauer macht uns das krank.
Gibt es keinen Ausweg?
Wie gut, Gott,
dass wir bei dir auch dann noch etwas gelten,
wenn wir nur wenig geleistet haben.
Wie gut, Gott,
dass du auch dann zu uns hältst,
wenn wir versagt haben und keine Anerkennung mehr finden.
Amen.

Matthäus 20,1-16

Eine ärgerliche Geschichte! Da arbeiten die einen nur eine Stunde lang – und erhalten doch genauso viel wie diejenigen, die den ganzen Tag geschuftet haben. Ist das gerecht? Kein Arbeitgeber auf der Welt könnte so handeln. Kein Arbeitnehmer würde auf diesen Weinbergbesitzer anders reagieren als mit Streik oder Boykott. Unser Arbeitsleben ist aufgebaut auf errechneter Leistung: Jeder bekommt, was er verdient, wer zu spät kommt, muss die Folgen tragen. So ist das System. Viele sind unten, wenige oben. Aber alle, die Kleinen und die Großen, sind peinlich darauf bedacht, dass ihr Lohn nach ihrer Leistung bis aufs Komma genau ausgerechnet wird.

Der Protest der Langzeitarbeiter spricht aus, was jeder von Haus aus denkt. Doch was jeder von Haus aus sagt, ist nicht das, was das Evangelium sagt. Handelt der Weinbergbesitzer wirklich so ungerecht, wie es auf den ersten Blick scheint? Auch mit den Ersten hat er den Lohn von einem Denar am Tag vereinbart. Das war für damalige Verhältnisse mehr als das Übliche, genug, um die Familie zu ernähren. Wenn die Kurzarbeiter nun genauso viel bekamen, dann ging das nicht zu Lasten der anderen. Der Besitzer war einfach so vermögend, dass er sich seine Großzügigkeit leisten konnte. War das ungerecht? Der Weinbergbesitzer zahlt uneingeschränkt allen, was sie zur Sicherung ihrer Existenz brauchen. Natürlich lässt sich das nicht einfach auf die komplizierten Verhältnisse unserer Wirtschaftswelt übertragen. Das Gleichnis bietet kein Rezept, aber es weist eine Spur: Niemand darf herausfallen am Zahltag, die Arbeitslosen nicht, die Flüchtlinge nicht und auch die Behinderten nicht, sie alle sollen bekommen, was sie zum Leben brauchen: Arbeit und Bildung, Nahrung und Kleidung, Wohnung und medizinische Betreuung.

Das Gleichnis von den Arbeitern im Weinberg erinnert daran, dass Arbeit nicht alles ist. Das »Prinzip Leistung« wird dem Menschen nicht wirklich gerecht. Wie sähe es dann mit denen aus, die nichts leisten? Sind Behinderte, Kranke und Kinder Menschen zweiter Klasse? Und wer heute fit und leistungsstark ist – ein Unfall, eine Krankheit und alles sieht ganz anders aus.

Keiner lebt allein von seiner Arbeit, weil sein Leben selbst Geschenk ist, umgriffen und getragen von der Güte Gottes. »Bist du so neidisch, weil ich so gütig bin?« An der Güte Gottes entlarvt sich der Mensch. Gegen Güte kann man nicht protestieren, man macht sich lächerlich. Die Schönheit der Natur, das Lachen von Kindern, die Ruhe der Nacht, der Trost der Bäume – machte Gott all das von unseren Gegenleistungen abhängig, wie armselig ständen wir da. Güte kennt keine Vergeltung. Gott ist das Ende allen Rechnens und Berechnens, das Ende aller Rang- und Kleiderordnungen.

ANEKDOTE

Einst lebte ein Mann, der wohnte in einem Haus nahe am Fluss. Eines Tages hielt ein Polizeiauto vor seinem Haus. Die Polizisten stiegen aus und sagten: »Es wird eine Flut kommen! Wir nehmen Sie gern in unserem Wagen mit!« Doch der Mann lehnte ab und sagte: »Ich habe den festen Glauben, dass Gott mich retten wird!«

Ein paar Stunden später hatte die Flut die Haustür erreicht. Da kam ein Ruderboot mit zwei Leuten: »Steigen Sie ein«, sagten sie, »wir bringen Sie in Sicherheit!« Doch der Mann lehnte ab und sagte: »Ich habe den festen Glauben, dass Gott mich retten wird!«

Nach einer Weile hatte das Wasser sein Haus bis oben bedeckt, und er stand auf dem Dach. Da kam ein Hubschrauber herbei. Eine Strickleiter wurde zu ihm heruntergelassen. Alles war bereit, ihn in Sicherheit zu bringen. Doch der Mann lehnte ab und sagte: »Ich habe den festen Glauben, dass Gott mich retten wird!« Kurz darauf ertrank der Mann in der Flut und kam in den Himmel. Da stand er nun vor Gott, seinem Herrn. »Was suchst du denn hier?«, fragte Gott. Und der Mann sagte: »Ich habe um Hilfe gebetet und hatte den festen Glauben, dass du mich retten würdest vor der Flut!« Und Gott gab zur Antwort: »Also, ich weiß nicht, was da passiert ist! Denn ich habe dir Hilfe geschickt und zwar drei Mal!«

Quelle unbekannt

Am Ende seines Lebens steht Mose wieder auf einem hohen Berg. Von der Spitze des Berges Nebo aus hat man einen weiten Blick über das Tote Meer auf das judäische Bergland, auf den Süden Israels. Mose ist am Ziel: Vor ihm liegt das Gelobte Land.

Die lange Wanderung durch die Wüste liegt hinter ihm – die Kämpfe mit den Feinden, der Kleinkrieg mit dem murrenden Volk, das sich angesichts der täglichen Strapazen zurücksehnt nach den Fleischtöpfen Ägyptens. Auch die Ereignisse am Berg Sinai liegen hinter ihm, wo er in Rauch und Donner mit Gott allein ist und von ihm die Gebote empfängt. Der Durchzug durch das Schilfmeer und die wunderbare Flucht aus Ägypten, aus der Knechtschaft in die Freiheit – alles liegt schon weit zurück. Ebenso die Konfrontation mit dem Pharao und die geheimnisvolle Begegnung mit Gott am Rande der Wüste: er, Mose, allein mit seinen Schafen und – Gott aus dem feurigen Dornbusch heraus. Oben auf dem Berg, kurz vor dem Ziel, liegt das alles hinter ihm, auch die Ereignisse vom Anfang, aus seinen jungen Jahren – wie er, das hebräische Findelkind, am ägyptischen Königshof aufwächst, im Zorn einen ägyptischen Sklaventreiber erschlägt und in die Wüste flieht.

Viel zu viel für ein Leben! Hat Mose das wirklich alles selbst erlebt? Der historische Moses ist nicht mehr wirklich fassbar. Aber wir spüren in den Texten und Erzählungen von ihm noch etwas von den großen Wirkungen, die er auf seine Zeitgenossen ausgeübt haben muss, von der Faszination, die von ihm ausging, aber auch von der Auflehnung gegen ihn. Am Berg Sinai, dem Berg Gottes: Das Volk kann schon die Nähe Gottes nicht ertragen und fürchtet sich vor Donner und Blitz und flieht. Mose aber steigt allein auf den Berg und »naht sich dem Dunkel, darinnen Gott war«. Es heißt, dass Gott dort wie mit einem engen Vertrauten, »von Mund zu Mund« mit ihm geredet habe. Ein Zug im Bild des Mose hat am stärksten weitergewirkt. Durch Mose hat Israel die Thora empfangen. Es ist die Weisung zum Leben – zum Leben vor Gott und in der Gemeinschaft miteinander. All die vielfältigen Weisungen, Gebote und Gesetze im Alten Testament haben spätere Generationen mit dem Namen Mose verbunden. Hier zeigt sich, was Mose Israel bedeutet hat: Prophet, Gesetzgeber, Knecht Gottes, Mittler zwischen Volk und Gott, Religionsstifter – alle wichtigen religiösen Funktionen sind auf Mose übertragen worden. Durch Mose sind Israel die entscheidenden Grundlagen seiner Existenz gegeben worden. Ohne Mose kein Judentum, ohne Mose auch kein Christentum.

Am Ende seines Lebens steht Mose wieder auf einem hohen Berg wie damals auf dem Sinai. »Und Gott sprach zu ihm: Dies ist das Land, von dem ich Abraham, Isaak und Jakob geschworen habe, deinen Nachkommen will ich es geben. Du hast es jetzt mit deinen Augen gesehen, aber du selbst wirst nicht hinüberziehen.« *(5. Mose 34,4)*

Das Gelobte Land liegt zum Greifen nahe, doch das letzte Ziel wird Mose verwehrt. Sein Leben endet unerfüllt. Auch Mose, der mit Gott auf vertrautem Fuße stand und mit ihm redete wie von Freund zu Freund, bleibt doch ein Mensch, der in seinem Leben scheitert, der seine Grenzen akzeptieren muss.

Doch Gott erweist ihm einen letzten Freundesdienst: Er begräbt ihn. Er, Gott, ganz allein. Und nur er, Gott, kennt sein Grab.

WOCHENSPRUCH

Heute, wenn ihr seine Stimme hören werdet,
so verstocket eure Herzen nicht.

Hebräer 3,15

LEBENSWEISHEIT

Die meisten Menschen haben Schwierigkeiten mit den Bibelstellen, die sie nicht verstehen. Ich für meinen Teil muss zugeben, dass mich gerade diejenigen Bibelstellen beunruhigen, die ich verstehe.

Mark Twain

GEBET

Klage einer Bibel
Ich bin alt,
aber ich habe viel zu sagen.
Ich bin spannend,
aber das weiß kaum einer.
Ich biete viele Wahrheiten,
aber die findet nur, wer danach sucht.
Ich bin dick,
und das ist gut so.
Ich stehe seit Jahren im Regal,
da stehe ich gut.
Einmal im Jahr werde ich abgestaubt,
das ist auch nötig.
Was ich gerne hätte:
Ich möchte gelesen werden.
Ich hätte gern viele Anstreichungen
und Eselsohren.
Ab und zu möchte ich abends
mit ins Bett genommen werden.
Manchmal möchte ich mit meiner
Freundin zusammen sein: der Zeitung.
Ich habe schon bessere Zeiten hinter mir,
aber ich gebe die Hoffnung nicht auf.
Amen.

Markus 4,3-9

Was für ein merkwürdiger Sämann! Anstatt erst zu pflügen, sät er einfach auf das Stoppelfeld. Sät auf den Trampelpfad, den die Nachbarn getreten haben. Sät unter das Gestrüpp, sät auch unter die Disteln und auf den kalkigen Felsen. Was für eine Verschwendung! Drei viertel der Aussaat ist dahin: Die Vögel picken es weg, die Sonne verdorrt es, die Dornen ersticken es. Er bräuchte mal eine landwirtschaftliche Beratung, der Sämann, eine Kosten-Nutzen-Analyse, am besten gleich eine Organisationsberatung, damit er lernt, rationell vorzugehen und effektiv zu arbeiten.

Was Jesus hier vom Sämann erzählt, erzählen die Evangelien von Jesus selbst. Er verschwendet seine Worte an einfache Leute, er geht nicht zur Prominenz und wendet sich nicht an die Spitzen der Gesellschaft, sondern geht zu bedeutungslosen Fischern, zu unbekannten Landarbeitern, zu einflusslosen Frauen. Zweitausend Jahre ist so gesät worden: verschwenderisch, in alle vier Winde, auf jedes Land, unter Gerechte und Ungerechte. Es wurde gepredigt, getauft, konfirmiert – ohne Erfolgsgarantie. Es wird getagt, veranstaltet, viel Christliches geschrieben – oft mit bescheidenen Ergebnissen.

Wird in der Kirche nicht oft ineffektiv gearbeitet? Muss in der einen Gemeinde genau dasselbe gemacht und angeboten werden wie in der Nachbargemeinde? Es ist in der Tat alles andere als zweitrangig, wie in der Kirche mit dem Geld umgegangen wird oder ob kirchliche Strukturen nicht auch einmal verändert werden müssen. Aber das wirklich Entscheidende passiert woanders: Es wächst von selbst!

Unsere Aufgabe ist es, den Samen auszuwerfen. Immer wieder, jeden Tag. Samen, nicht Konfetti – nicht die süßen Worte und Bilder der Erlebnis- und Wellnessreligion, sondern das oft unbequeme, fremde Wort Gottes, das auch Widerspruch auslöst.

Nicht jedes Samenkorn geht auf. Der normale Erfolg des Wortes Gottes ist der Misserfolg. Drei viertel des Saatgutes gehen in dem Gleichnis verloren. Darum ist, wenn es um das Evangelium geht, Verschwendung die einzig sachgemäße Methode. Wohlgemerkt, vom Evangelium ist die Rede, nicht von der Kirche. Mit dem Evangelium darf man nicht geizen. Keiner kann im Voraus wissen, wo die Samenkörner guten Boden finden. Unter den als strenggläubig bekannten Kreisen sind Jesu Worte damals nicht auf fruchtbaren Boden gefallen. Hüten wir uns, andere Menschen als »Karteileichen« oder »Kirchenferne« abzuqualifizieren oder einzelne Gegenden und Stadtteile als »steinigen Acker« abzuwerten. Wie der Sämann haben wir überall mit der Möglichkeit guten, fruchtbaren Bodens zu rechnen. Bis zur Ernte sollten wir uns mit Spekulationen zurückhalten. Dann ist immer noch Zeit zum Staunen: dreißig-, sechzig-, hundertfache Frucht dort, wo wir nur Felsen und Gestrüpp vermutet hatten.

Ein Rabbiner durchquerte ein Dorf, ging in den Wald, und dort, am Fuß eines Baumes, immer desselben, betete er. Und Gott hörte ihn.

Auch sein Sohn durchquerte immer dasselbe Dorf. Er wusste nicht mehr, wo der Baum war, so betete er am Fuß irgendeines Baumes, und Gott hörte ihn. Sein Enkel wusste weder, wo der Baum, noch wo der Wald war. Er ging zum Beten ins Dorf, und Gott hörte ihn.

Sein Urenkel wusste weder, wo der Baum war noch der Wald noch selbst das Dorf. Aber er kannte noch das Gebet. So betete er in seinem Haus. Und Gott hörte ihn.

Sein Ur-Urenkel kannte weder den Baum noch den Wald noch das Dorf noch die Worte des Gebets. Er kannte aber noch die Geschichte, er erzählte sie seinen Kindern. Und Gott hörte ihn.

Quelle unbekannt

»Wie schön sind deine Zelte, Jakob, deine Wohnungen, Israel!« *(4. Mose 24,5)* – mit diesen Worten beginnt der jüdische Gottesdienst am Vorabend des Sabbat. Gesprochen hat diese Worte aber ursprünglich kein Jude, sondern ein Feind Israels, der Seher und Zauberer Bileam, der ausgezogen war, Israel zu verfluchen. Doch Gott hat ihn umgedreht, hat aus dem Fluch einen Segen gemacht. Und das kam so: Nach langer Wüstenwanderung war das Volk auf der Flucht aus Ägypten am Rand des Kulturlandes angekommen. Sie lagern an den Grenzen des Gebietes, das von den Moabitern bewohnt ist. Deren König Balak bekommt es mit der Angst zu tun: »Nun wird dieser Haufe alles auffressen, was um uns herum ist, wie ein Rind das Gras auf dem Feld auffrisst.« *(4. Mose 22,4)* Balak wagt nicht, dem Volk Israel mit seinem Heer entgegenzuziehen, dafür scheint ihm Israel zu stark. Er greift zu einem anderen Mittel: Balak schickt nur nach einem einzigen Mann, aber der ist gefährlicher als ein ganzes Heer – der weitbekannte und gefürchtete Zauberer und Magier Bileam: »Komm und verfluche mir dieses Volk, denn es ist mir zu mächtig.« *(4. Mose 22,6)*

Wir aufgeklärten und zivilisierten Menschen des 21. Jahrhunderts können uns kaum noch vorstellen, was in alter Zeit ein Fluch bedeutete. Viel mehr als nur ein böses Wort oder eine unflätige Beschimpfung. Wer flucht, so glaubten die Alten, der beschwört abgründige, zerstörerische Mächte, denen man hoffnungslos ausgeliefert ist. Wo ein Fluch auf Menschen liegt, da haben diese nichts mehr zu lachen. Bileam war ein Spezialist auf diesem Gebiet, eine anerkannte Kapazität. Wer seine Dienste in Anspruch nehmen wollte, musste eine Menge Geld bezahlen. Als der König die Summe noch einmal erhöht, kann der anfangs zögernde Bileam nicht mehr widerstehen und er zieht los mit seiner Eselin und seiner Beschwörungsausrüstung. Unterwegs tritt ihm in einem Hohlweg plötzlich der »Engel des Herrn« entgegen, mit gezücktem Schwert. Doch Bileam sieht nichts, seine Eselin aber sieht alles haargenau und ist durch keine Schläge zu bewegen, auch nur einen Schritt weiterzugehen. Dreimal beschimpft und schlägt Bileam die Eselin, bis schließlich, o Wunder, der gequälten Kreatur Sprache verliehen wird und dem blinden Zauberer Bileam endlich die Augen aufgehen für den Engel Gottes, der ihm den Weg versperrt.

Nun kommt das Überraschende: Bileam soll gar nicht umkehren, er soll nur getreulich das aussprechen, was ihm eingegeben wird. An dem Berg angekommen, von dem aus man das Volk Israel im Tal zelten sieht, macht Bileam sich sogleich ans Werk. Sieben Altäre werden errichtet, es wird geopfert, das feierliche Fluchzeremoniell wird in Gang gesetzt – doch merkwürdig: Nicht Fluchworte, sondern lauter Segensworte über Israel kommen aus Bileams Mund. Der König Balak ist entsetzt. Er weist auf das viele Geld hin, das er dem Bileam gezahlt hat. Aber Bileam kann nur antworten: »Wie soll ich fluchen, dem Gott nicht flucht? Wie soll ich verwünschen, den der Herr nicht verwünscht?« *(4. Mose 23,8)*

Darum geht es in dieser Geschichte: Wo Gott ein Segenswort gesprochen hat, hat die leidenschaftlichste Verfluchung keine Macht. Das Volk Israel zeltet ahnungslos unten im Tal; es hat von der Bedrohung gar nichts mitbekommen, es musste sich nicht einmal fürchten. Denn Gott hatte seine Hand über Israel gehalten.

WOCHENSPRUCH

Seht, wir gehen hinauf nach Jerusalem, und es wird alles vollendet werden, was geschrieben ist durch die Propheten von dem Menschensohn.

Lukas 18,31

LEBENSWEISHEIT

Vergleiche ihn ruhig
mit anderen größen
sokrates
rosa luxemburg
gandhi
er hält es aus
besser ist allerdings
du vergleichst ihn
mit dir.

Dorothee Sölle

GEBET

Guter Gott,
wir bitten dich heute für die Menschen,
die zu viele Sorgen haben:
in den Wartezimmern der Ärzte,
auf den Stationen der Krankenhäuser,
in den Alten- und Pflegeheimen,
in denen man ständig mit Krankheit und Leid konfrontiert wird;
in den Betrieben, in denen die Angst vor der Arbeitslosigkeit umgeht;
in den Geschäften, die unter starkem Konkurrenzdruck stehen;
in den Schulen, in denen das Unterrichten schwieriger geworden ist;
in den Familien, in denen immer weniger Zeit füreinander bleibt;
in den Kirchen, in denen die Aufgaben größer werden.
Gott, du legst uns Lasten auf,
aber hilf uns auch, sie zu tragen,
damit sie nicht zu schwer werden und uns erdrücken.
Amen.

Markus 8,31-38

»Wer mir nachfolgen will, der verleugne sich selbst und nehme sein Kreuz auf sich und folge mir nach. Denn wer sein Leben erhalten will, der wird's verlieren; und wer sein Leben verliert um meinetwillen und um des Evangeliums willen, der wird's erhalten.«

In der Luther-Bibel sind diese Sätze fett gedruckt – so als wären es Merksätze fürs Leben. Doch erbaulich sind sie gar nicht, eher sperrig und widersprüchlich: Leiden soll Sinn machen, der Gewinn wird zum Verlust, die Niederlage zum Sieg. Das klingt rätselhaft und alles andere als selbstverständlich. Es hat auch in der Bibel lange gedauert, bevor Menschen denken und auch glauben konnten: Gerade das Kreuz ist die Rettung, das Heil. Es hat die lange Leidensgeschichte des jüdischen Volkes gebraucht, Krieg, Besatzung, Exil, es hat immer neuer Fragen bedurft: Wo bleibt Gott? Womit haben wir unsere Leiden verdient? – bis man dann auch glauben konnte: Gott ist auch und gerade im Leid.

Plausibel ist das auch heute nicht unbedingt. Gott in der Natur, Gott in der Liebe zwischen den Menschen, Gott in den feierlichen Stunden des Lebens, das klingt einleuchtend – aber Gott am Kreuz?

Das kann auch Petrus nicht verstehen. Er nimmt Jesus beiseite und macht ihm Vorhaltungen. Er will nicht, dass Jesus stirbt. Er will, dass Jesus sich durchsetzt. »Das ist menschlich, nicht göttlich gedacht«, urteilt Jesus. Denn Leben, wahres Leben, gibt es nur durch das Sterben hindurch. Wir wollen behalten, wollen gewinnen, und wir müssen loslassen und verlieren. Leben bleibt oberflächlich, wenn es nicht durch Erfahrungen des Leids, der Krisen, des Sterbens und Neuwerdens hindurchgeht. Das zu verstehen, fällt uns schwer, weil uns von allen Seiten suggeriert wird: Leben sei das Ergebnis von Geld, Macht und Erfolg. Das Kreuz sagt es anders. Jesus ging den Weg des Leidens – und sein Tod erst machte sein Leben wirklich überzeugend. Er verzichtete auf Macht und Erfolg – und setzte sich so gerade durch. Er ging in den Tod – und fand das Leben! Bis heute geht von seinem Leiden eine erlösende Kraft aus. Die Jünger haben damals alles aufs Spiel gesetzt. Sie haben Haus und Familie verlassen und sind Jesus gefolgt. Die meisten von ihnen haben das mit dem Leben bezahlt.

So gefährlich ist das Christentum heute nicht mehr. Es muss auch nicht darum gehen, Haus und Familie im Stich zu lassen. Aber zum Nulltarif kann es das Christentum auch heute nicht geben. Die ganze Welt gewinnen – und das Leben retten: beides zusammen geht nicht. Ein bisschen Bequemlichkeit, ein Stückchen Sicherheit, ein wenig Wohlgelittenheit werden wir es uns schon kosten lassen müssen.

EIN ARMER TEUFEL

ein armer teufel
so sagen wir
denen wohlstand ihr gott ist
und armut ein teufel
ein armer teufel
so sagen wir
von der verachtung
der armen gestraft
ein armer teufel
so sagen wir –
von reichen teufeln
ist niemals die rede
ein armer teufel
so sagen wir
und wissen nicht
was wir sagen
ein armer teufel
so sagen wir
und haben
vergessen dass
ein armer teufel
einst
jesus von nazareth
hieß
ein armer teufel
der nichts hinterließ
als das kleid
das er trug
ein armer teufel
der nichts hinterließ
als den aufstand der armen
in ewigkeit
amen

Kurt Marti

Politik ist im Alten Testament weitgehend Männersache. Die Könige Saul, David, Salomo, Hiskia und Josia waren Männer. Männer waren auch für die Rechtsprechung zuständig und waren allein zum Priesteramt zugelassen. Eine patriarchalische Welt. Doch es gab auch Frauen in öffentlichen Ämtern: die Prophetinnen Mirjam und Hulda – und es gab Debora. Debora vereinte drei Funktionen in einer Person: Sie war Richterin, sie war Prophetin und sie war militärische Anführerin. An einem Wendepunkt der Geschichte Israels hat sie das Heft in die Hand genommen – in der Schlacht von Meggido. In der Bibel wird diese Geschichte gleich zweimal geschildert: in einem Geschichtsbericht *(Richter 4)* und in einem Siegeslied *(Richter 5)*.

Einen Staat und einen König gab es im 12. Jahrhundert v. Chr. in Israel noch nicht. Wurden die einzelnen israelitischen Stämme von äußeren Feinden bedroht, ordneten sie sich für bestimmte Zeit einem militärischen Heerführer unter, der in Friedenszeiten von seiner militärischen Funktion wieder zurücktrat. Gideon und Jephta waren solche Männer, die in der Bibel »Richter« genannt werden – und als einzige Frau eben Debora.

Die kanaanäischen Stadtkönigtümer in den fruchtbaren Ebenen hatten sich gegen die israelitischen Stämme auf dem Gebirge verbündet und ihnen die Verbindungswege zwischen ihren Siedlungsgebieten abgeschnitten. Im sogenannten Debora-Lied wird das so beschrieben: »In den Tagen Schamgars ben Anat, in den Tagen Ja'els hatte man aufgehört, die Straßen zu benutzen. Die auf Straßen gehen wollten, mussten verschlungene Pfade ziehen. Aufgehört hatte die Gastfreundschaft, still war's bei den Bauern, bis du aufstandst, Debora, bis du aufstandst, Mutter in Israel.« *(Richter 5,6f.)*

Wie kommt es, dass Debora hier den Ehrentitel »Mutter in Israel« erhält? Die Bibel beschreibt Debora zunächst als Richterin und Prophetin, die unter einer Palme im Ephraim-Gebirge Recht spricht, Streitigkeiten schlichtet, für sozialen Frieden sorgt und an Gottes Willen erinnert. »Und die Israeliten zogen zu ihr hinauf zum Gericht«, heißt es in der Bibel *(Richter 4,5)*. Debora erkennt die Bedrohung für die Stämme Israels, ergreift die Initiative, schickt einen Boten zum israelitischen Feldherrn Barak und lässt ihm sagen: »Gott will, dass du sein Volk befreist. Mach dich auf und besiege den kanaanäischen Feldherren Sisera!« Was antwortet Barak? »Das tue ich nur, wenn du, Debora, mitmachst.« *(Richter 4,8)* Man höre und staune: So etwas sagt der militärische Haudegen zu einer Frau!

Debora ist nicht nur klug, sondern auch mutig: »Ich ziehe mit dir in den Kampf – aber du, Barak, sollst wissen: Der Ruhm für den Sieg wird dann nicht dir, sondern einer Frau gehören.« Und so kommt es. Nach menschlichem Ermessen ist die Sache aussichtslos. Ein untrainiertes israelitisches Bauernheer gegen eine gut gerüstete kanaanäische Armee mit 900 Kampfwagen. Doch Debora reißt den ängstlichen Barak mit und verbreitet unter den Israeliten Siegeszuversicht. Als die Israeliten vorrücken, bricht unter den Kanaanäern Panik aus und sie nehmen Reißaus. Ihr Feldherr Sisera wird auf der Flucht getötet.

Machen Männer die Geschichte? Die Erzählung von Debora zeigt eindrucksvoll, dass auch in der patriarchalischen Welt der Bibel Frauen öffentliche Ämter bekleideten, Führungsqualitäten bewiesen und »Wunder« vollbringen konnten.

WOCHENSPRUCH

Dazu ist erschienen der Sohn Gottes, dass er die Werke des Teufels zerstöre.

1. Johannes 3,8b

LEBENSWEISHEIT

Der Teufel hat die Welt verlassen, weil er weiß, dass die Menschen selbst einander die Hölle heiß machen.

Friedrich Rückert

GEBET

Gott,
lehre uns bedenken,
dass wir es sind,
wir selbst und kein Teufel
und keine überirdische Macht,
die verantwortlich dafür sind,
ob unsere Welt zum Teufel geht
oder zur Heimat werden kann,
in der sieben Milliarden Menschen friedlich zusammenleben.
Dass wir es sind, wir selbst,
die es in der Hand haben,
uns gegenseitig zu quälen
oder einander das Leben erträglich zu machen.
Aber dazu, Gott, brauchen wir deine Hilfe.
Amen.

Matthäus 4,1-11

Als Jesus in der Wüste den Teufel trifft, führt dieser ihn auf einen sehr hohen Berg. Dort oben zeigt der Teufel Jesus alle Reiche dieser Welt und ihre Herrlichkeit. »Das alles will ich dir geben, wenn du vor mir auf die Knie fällst.« Die letzte, die härteste Versuchung des Teufels, die Versuchung der Macht: Einfluss ausüben, etwas durchsetzen können, die Fäden in der Hand halten, und heute vor allem: über alle Informationen verfügen, über alles Bescheid wissen. Die Macht hat sich verändert. Wer will schon alle Reiche dieser Welt haben? Wissen ist Macht; mächtig ist, wer alle Informationen hat. Google, Facebook, Amazon und Apple heißen die neuen Herrscher der Welt.

Wir leben in einem Land, in dem es 200 Millionen Fernsehgeräte gibt und mehr als 250 Millionen Radios, die in den Autos nicht mitgezählt. 50 Millionen Deutsche besitzen ein Smartphone, noch größer ist die Zahl derer, die täglich im Internet surfen. Jedes Jahr werden in Deutschland 90 000 Bücher veröffentlicht und jeden Tag 16 Millionen Zeitungen verkauft. Aus Millionen von Quellen auf der ganzen Welt, über Lichtwellen, Luftschwingungen, Telexbänder, Computerbauten, Telefondrähten, Fernsehkabel, Satelliten und Druckereien stürzen die Informationen auf uns herein.

Herstellung, Vertrieb und Verkauf von Informationen sind heute die weltweit größten Wachstumsbranchen. Mindestens alle fünf Jahre verdoppelt sich das weltweit verfügbare Sachwissen, und alle zwölf Jahre verdoppelt sich die Zahl der Bücher, die in den Bibliotheken stehen. Wir leben nicht nur in einer Informationsgesellschaft – ich fürchte, wir informieren uns zu Tode.

Wissen ist Macht – doch was macht die Informationsflut mit unserer Psyche? Wie viele Informationen können wir seelisch verdauen? Was bedeutet es, wenn das Ich überflutet und übervölkert wird von den tausend Nachrichten des Tages, von fremden Phantasien und weit entfernten Katastrophen, von den Bildern der Sexualität und der Grausamkeit, von bunten Werbespots und raffinierten Computeranimationen, von den irritierenden Widersprüchen in Politik und Kultur? In der Informationsgesellschaft hat die Seele keine Knautschzone mehr. Mit allem werden wir konfrontiert, mit allem sollen wir uns auseinander setzen. Wie werden wir das überleben?

»Das alles will ich dir geben, wenn du vor mir auf die Knie fällst«, verspricht der Teufel auf dem hohen Berg. Jesus ist vor dem Teufel nicht in die Knie gegangen. Er hat der Versuchung der Macht widerstanden. Es klingt wie eine Antwort an den Teufel, wenn er an einer anderen Stelle sagt: »Was hülfe es dem Menschen, wenn er die ganze Welt gewönne, und nähme doch Schaden an seiner Seele?«

GUT UND BÖSE

Die Hölle war völlig überfüllt, und dennoch stand eine lange Warteschlange am Eingang. Schließlich musste der Teufel verkünden, dass nur noch ein Platz frei sei, nur ein ganz schlimmer Mörder könne diesen Platz noch bekommen.

Er befragte der Reihe nach die Leute, aber kein Vergehen schien ihm schwer genug für den letzten Platz in der Hölle. Schließlich befragte er einen etwas abseits stehenden Mann. »Und Sie?« »Ich bin ein guter Mensch. Ich bin nur aus Versehen hier«, gab dieser zur Antwort. »Ich glaubte, die Leute stehen in der Schlange, um Zigarren zu kaufen.«

»Jeder Mensch stellt etwas Böses an«, sagte der Teufel tief überzeugt. »Nein, ich habe immer nur zugesehen – aber ich habe mich fern gehalten. Ich habe mich nie eingemischt, wenn sie einander erschlagen oder verfolgt haben. Ich habe nie den Mund aufgemacht, wenn sie Flüchtlinge in ihr Land zurückgeschickt haben oder Kinder verhungert sind. Ich allein widerstand dem Bösen und tat nichts.«

»Sind Sie sicher, dass Sie nie etwas getan haben?«, gab der Teufel ein letztes Mal zu bedenken. »Ja, sogar wenn es vor meiner Haustür geschah.«

»Mit Ihnen bin ich zufrieden, Sie sind mein Mann. Der Platz gehört Ihnen.« Und als der Teufel den »guten Menschen« einließ, soll er sich zur Seite gedrückt haben, um nicht mit ihm in Berührung zu kommen.

Andreas Hohn

Ein Kerl wie ein Baum! Mit bloßen Händen zerreißt er einen Löwen. Nur durch ein Zucken seiner Muskeln sprengt er die Fesseln seiner Arme. Mit dem Kinnbacken eines Esels schlägt er tausend Feinde in die Luft. Die Rede ist von Simson, von dem am Anfang der Bibel, im Buch der Richter, erzählt wird. Simson, der Kraftprotz! Simson, der Held! Da ist die Geschichte vom Gelage mit den Philistern, den Feinden. Simson hatte die Kühnheit, ja die Frechheit besessen, sich eine philistäische Frau zu nehmen, aus den Reihen der Feinde. Beim Hochzeitsgelage provoziert er seine neue Verwandten ein ums andere Mal. Die Stimmung wird immer gespannter. Simson stellt Rätselaufgaben, die keiner lösen kann. Es kommt zum Streit, und Simson erledigt locker 30 Mann. Später jagt er Füchse mit Feuerbränden an den Schwänzen in die Kornfelder der Philister. Halb Israel, man kann es sich vorstellen, lachte sich tot.

Ein andermal weilte er in Gaza, mitten im Philisterland, nachts bei einer Hure. Jetzt glaubten ihn die Philister in der Falle zu haben. Die Stadttore wurden verschlossen. Aber was macht Simson? Um Mitternacht steht er auf, hebt die Stadttore mit den Riegeln aus ihrer Verankerung, legt sie auf seine Schultern und schleift sie viele Kilometer weit auf einen Berg bei Hebron. Ja, das war ein Kerl, der Simson! Man kann es sich vorstellen, wie sich die Israeliten an seinen Siegen über die unbeschnittenen, die verhassten Philister berauschten.

Doch dann geriet er an Delila, eine schöne Philisterin, und sie wurde sein Unglück. Der starke Mann und die schöne, verschlagene Frau – bis heute ein Stoff für Kinofilme. Die Philister hatten Delila Geld geboten, viel Geld, tausendeinhundert Silberstücke, falls es ihr gelänge, Simson in einem schwachen Moment das Geheimnis seiner Kraft zu entlocken. Seine langen Haare sind es – und als sie ihm, schlafend im Schoß der Delila liegend, abgeschnitten werden, ist es mit seiner Kraft vorbei. Er wird geblendet und muss im Gefängnis die Mühle drehen. Aber bei einem großen Fest, da holen ihn die Philister zurück, um sich noch einmal an ihm zu ergötzen. Man stellt ihn in die Mitte des Saales zwischen zwei Säulen, damit er der Menge den Clown spielt. Doch seine Haare waren inzwischen nachgewachsen. Und in einer letzten Aufwallung seiner Kraft reißt er die Säulen um und begräbt sich und die ganze Menge unter den Trümmern. »Sodass es«, wie es in der Bibel heißt, »mehr Tote waren, die er durch seinen Tod tötete, als die er zu seinen Lebzeiten getötet hatte.« *(Richter 16,30)*

Warum steht die »Heldengeschichte« von Simson eigentlich in der Bibel? Ein Mann, der seine Kraft vergeudet, dessen Fähigkeiten im Schabernack verpuffen, der am Ende in dem Chaos untergeht, das er um sich herum verbreitet. Ein Held? Die Bibel kennt nur Helden mit Macken. David ist nicht nur ein großer König Israels, er ist auch ein Ehebrecher und schwächlicher Vater. Maria, die Mutter Jesu, will ihren Sohn zurückholen, weil sie glaubt, er sei verrückt geworden. Und Petrus, der Sprecher der Jünger, ist zugleich ein Großmaul, das sich im entscheidenden Moment von Jesus distanziert.

Warum hat man all das in der Bibel erzählt, hätte man es nicht auch verschweigen können? Die Bibel ist eben unerbittlich menschlich! Heroen und Heilige, Saubermänner und Moralapostel kommen in der Bibel gar nicht vor, auch keine strahlenden Helden.

WOCHENSPRUCH

Gott erweist seine Liebe zu uns darin, dass Christus für uns gestorben ist, als wir noch Sünder waren.

Römer 5,8

LEBENSWEISHEIT

Ich möchte gern so sein, wie Gott mich haben will,
weil er mich so behandelt,
als wäre ich schon so.

Hannelore Frank

GEBET

Gott, ich bitte dich,
gib mir den Mut, das zu sagen, was ich denke;
gib mir den Mut, nicht alles hinzunehmen, wie es ist;
gib mir den Mut, auf andere Menschen zuzugehen;
gib mir den Mut, Kritik zu hören und mich zu ändern;
gib mir den Mut, es mit diesem Leben aufzunehmen.
Gott, ich bitte dich,
gib mir Lust aufs Leben, wenn der Alltag zu grau wird;
gib mir Kraft zum Leben, wenn alles auf mich einstürzt;
gib mir einen Sinn für mein Leben,
wenn ich glaube, dass es so nicht weitergeht.
Gott, hilf mir zu leben.
Amen.

Markus 12,1-12

Der Mensch, dem der Weinberg gehört, der ihn angelegt und gepflegt hat, ist der Schöpfer der Welt und der Gott Israels. Jeder Zuhörer Jesu kannte das Bild, es stammte vom Propheten Jesaja. Der Herr des Weinbergs zieht außer Landes und verpachtet den Weinberg. Auch das verstand jeder sofort. Gott selbst war ja nicht sichtbar bei seinem Volk, sondern er wurde repräsentiert – durch die Priester, durch die Kirchenführer. Diese Repräsentanten Gottes aber wollen nicht nur Stellvertreter, sie wollen selbst die Herren und Meister sein und sich in ihren Besitzverhältnissen nicht stören lassen. Darum nehmen sie die Boten des Besitzers, schlagen sie zusammen oder lassen sie verschwinden. Die Knechte, die der Herr schickt, um nach seiner Pacht zu fragen, sind die Propheten in der Geschichte Israels: Elia, dem der König nach dem Leben trachtete; Amos, der des Landes verwiesen wurde; Jeremia, der in die Zisterne geworfen wurde.

Der Sohn schließlich, der als Letzter kommt, ist der Erzähler selbst – Jesus von Nazareth. Ihn, den Erben, bringen sie zuletzt um, die Pächter, weil sie sich selbst in den Besitz des Weinbergs bringen wollen.

Das ist alles ganz eindeutig. Endlich Ruhe! Keine Unruhestifter und keine Propheten mehr! Was sollen auch immer diese Boten mit ihren Fragen: »Wo bleibst du, Mensch? Was machst du mit deinem Leben? Wo ist dein Nächster?« Keiner mehr, der daran erinnert, woher wir kommen und wohin wir gehen. Nur nicht ernst nehmen, was dieser Jesus gesagt hat.

Die Propheten des Alten Testaments sind schon lange tot. Die Erzählungen von Jesus sind auch schon über 2000 Jahre alt. Gibt es keine Propheten mehr, keine Boten, die zur Umkehr rufen und uns an die Wahrheit erinnern? Doch: Dietrich Bonhoeffer, Sophie Scholl, Abbé Pierre, Bertha von Suttner, Desmond Tutu, Mutter Teresa, Oscar Romero, Edith Stein, Martin Niemöller, Astrid Lindgren – die Liste der Botinnen und Boten ist ellenlang. Und immer kommen neue hinzu: Ärzte ohne Grenzen, Pro Asyl, die jungen Globalisierungskritiker. Gott hört nicht auf, nach uns zu fragen. Er lässt uns nicht los, auch wenn wir ihn gern abschütteln wollen. Manchmal werden seine Propheten auch heute noch umgebracht, oft werden sie jedoch mit Werbeverträgen gelockt, mit Talkshow-Angeboten überhäuft oder mit Pressekampagnen mundtot gemacht. So ähnlich wie der Clown, den der Zirkusdirektor ins nahe gelegene Dorf schickt, um Hilfe zu holen für den in Brand geratenen Zirkus. Die Dorfbewohner lachen und beklatschen diesen neuen Trick, mit dem sie, wie sie glauben, in die Show gelockt werden sollen. Der Clown weint und fleht und versichert, dass er keine Vorstellung gibt, sondern dass der Zirkus wirklich brennt und dadurch auch das Dorf in großer Gefahr ist. Je mehr er fleht, desto mehr johlen die Leute, bis das Feuer über die Felder springt und alle Häuser des Dorfes zerstört *(nach S. Kierkegaard)*.

DIE ROSE

Rainer Maria Rilke ging in der Zeit seines Pariser Aufenthaltes regelmäßig über einen Platz, an dem eine Bettlerin saß, die um Geld anhielt. Ohne je aufzublicken, ohne ein Zeichen des Bittens oder Dankens zu äußern, saß die Frau immer am gleichen Ort. Rilke gab nie etwas, seine französische Begleiterin warf ihr häufig ein Geldstück hin. Eines Tages fragte die Französin verwundert, warum er nichts gebe. Rilke antwortete: »Wir müssen ihrem Herzen schenken, nicht ihrer Hand.«

Wenige Tage später brachte Rilke eine eben aufgeblühte weiße Rose mit, legte sie in die offene abgezehrte Hand der Bettlerin und wollte weitergehen. Da geschah das Unerwartete: die Bettlerin blickte auf, sah den Geber, erhob sich mühsam von der Erde, tastete nach der Hand des fremden Mannes, küsste sie und ging mit der Rose davon.

Eine Woche lang war die Alte verschwunden; der Platz, an dem sie vorher gebettelt hatte, blieb leer. Nach acht Tagen saß sie plötzlich wieder wie früher an der gewohnten Stelle. Sie war stumm wie damals, wiederum nur ihre Bedürftigkeit zeigend durch die ausgestreckte Hand. »Aber wovon hat sie denn in all den Tagen gelebt?« fragte die Französin.

Rilke antwortete: »Von der Rose ...«

Josef Bill

Die Geschichte Ruts spielt in der Frühzeit Israels (um 1100 v. Chr.), als eine Hungersnot Elimelech aus Bethlehem zwang, mit seiner Frau Noomi und den Söhnen Machlon (»Krankheit«) und Kiljon (»Schwindsucht«) ausgerechnet in das seit alters mit Israel verfeindete Nachbarland Moab auszuwandern. Nach dem Tod des Vaters heirateten die Söhne moabitische Frauen. Doch schon bald sterben Machlon und Kiljon, wie ihre Namen schon vermuten lassen, dahin. Die drei Witwen stehen ohne Männer und Kinder da, eine damals hoffnungslose Situation. Darauf beschließt Noomi nach Bethlehem zurückzukehren, beschwört aber ihre Schwiegertöchter, sich nicht an sie zu binden, sondern in Moab zu bleiben und wieder zu heiraten.

Rut aber lässt sich nicht abweisen und sagt zu Noomi, die berühmt gewordenen Worte, die sich jüdische Ehepaare gern in die Eheringe eingravieren lassen: »Wo du hingehst, da will ich auch hingehen; wo du bleibst, da bleibe ich auch. Dein Volk ist mein Volk, und dein Gott ist mein Gott. Wo du stirbst, da sterbe ich auch, da will ich auch begraben werden.« *(Rut 1,16f.)* Rut entscheidet sich gegen alle Vernunft dafür, einer alten Frau in eine fremde Welt zu folgen.

Zur Zeit der Getreideernte kommen die beiden kinder- und mittellosen Witwen nach Bethlehem zurück. Sie sind auf das Armenrecht angewiesen, das Armen nicht ein Almosen, sondern das Recht einräumt, auf abgeernteten Feldern und in Weinbergen Nachlese zu halten. Dabei gerät Rut auch auf das Feld des reichen Grundbesitzers Boas, eines Verwandten ihres verstorbenen Schwiegervaters, der sie außerordentlich zuvorkommend behandelt. Als Rut Noomi davon erzählt, erkennt diese, dass der Verwandte Boas als »Löser« für das Familienerbe in Betracht kommen könnte, und beschließt, eine Heirat ihrer Schwiegertochter Rut mit Boas in die Wege zu leiten. Zugrunde liegt hier die rechtliche Möglichkeit der »Leviratsehe«. Danach ist ein nahestehender verwandter »Löser« verpflichtet, die Nachkommenschaft eines kinderlos Gebliebenen zu sichern, indem er dessen Frau heiratet.

Noomi überredet Rut, sich schön gekleidet, gebadet und gesalbt heimlich zu Füßen des Boas auf die Tenne zu legen, wo er nach dem Erntefest übernachtet. Damit bietet sie ihm die Ehe an. Eine verfängliche Szene, die Rut auch leicht hätte kompromittieren können. Doch Boas ist beeindruckt von der Treue und dem Mut der jungen Frau und verspricht, die Sache Noomis in die Hand zu nehmen. Als Verwandter ist er bereit, den verlorenen Landbesitz ihres verstorbenen Mannes loszukaufen und die Leviratsehe mit ihrer Schwiegertochter Rut einzugehen. Zuvor muss er sich aber noch mit einem anderen verwandtschaftlich näher stehenden »Löser« verständigen. Das geschieht am nächsten Morgen, in der Rechtsversammlung am Tor vor Zeugen. Der andere Verwandte verzichtet auf sein Vorrecht, damit kann Rut die Frau des Boas werden. In dieser Ehe wird der Sohn geboren, der Noomis Zukunft sichern und sie im Alter versorgen kann. Die Erzählung endet mit einem Lob Ruts, von der die Frauen Bethlehems sagen: Diese Schwiegertochter ist mehr wert als sieben Söhne.

WOCHENSPRUCH

Wer seine Hand an den Pflug legt und sieht zurück, der ist nicht geschickt für das Reich Gottes.

Lukas 9,62

LEBENSWEISHEIT

Man kann das Leben nur rückwärts verstehen, aber man muss es vorwärts leben.

Sören Kierkegaard

GEBET

Lasst uns beten für alle, die Gott suchen, dass sie ihn finden,
und für alle, die glauben, ihn gefunden zu haben,
dass sie ihn aufs Neue suchen.
Lasst uns beten für alle, die Angst vor der Zukunft haben,
dass sie Vertrauen gewinnen;
und für alle, die gescheitert sind,
dass sie noch einmal anfangen.
Lasst uns beten für alle, die sich verloren fühlen,
dass sie ein Zuhause finden;
und für alle, die einsam sind,
dass sie einem Menschen begegnen.
Lasst uns für alle beten, denen es gut geht,
dass sie nicht hart und gleichgültig werden;
und für die, die Macht haben,
dass sie kritisch bleiben mit sich selbst.
Amen.

Markus 1,14-20

Es ist gefährlich, sich auf Jesus einzulassen. Fischer verlassen ihre Arbeit, Söhne lassen den Vater allein, Familien werden auseinander gerissen. Es ist gefährlich, sich auf Jesus einzulassen. Diese kurze Begegnung am See Genezareth, sie sollte für Petrus, Andreas, Jakobus und Johannes über ihr weiteres Leben entscheiden. Sie geben alles auf, ihre Familie, ihren Beruf; sie treten heraus aus einem gesicherten Leben hinein in ein ungewisses Abenteuer. Und am Ende bezahlen sie dieses Abenteuer noch mit ihrem Leben. Es ist gefährlich, sich auf Jesus einzulassen. Ohne Konflikte und ohne Veränderungen kann das nicht abgehen.

Und doch leben mehr als zwei Milliarden Menschen auf dieser Erde, die sich nach seinem Namen nennen. Wissen wir, worauf wir uns da eingelassen haben? Meinen wir wirklich den Jesus, der Familien entzweite, bürgerliche Karrieren stoppte und ohne festen Wohnsitz mit Männern und Frauen über die Straßen zog?

Was ist das für eine Faszination, dass dieser Mann auch noch nach 2000 Jahren auch mich, der ich so gerne meine Ruhe haben möchte, in den Absicherungen meines bürgerlichen Lebens so unruhig und nachdenklich machen kann? Ich glaube, es gibt Jesus gegenüber keine wirkliche Neutralität. Wer sich auf ihn einlässt, verliert seine Gleichgültigkeit.

Wer sich mit ihm beschäftigt, dem wird er zur Herausforderung. Entziehen kann man sich dann nicht mehr. Denn auch wenn ich tausend überzeugende Gründe aufsage gegen seine Art des Lebens, gegen die Worte der Bergpredigt, gegen seinen Ruf in die Nachfolge – ich werde die innere Stimme nicht zum Schweigen bringen, die da sagt: Er hat aber doch Recht!

Wir könnten die Evangelien Kapitel für Kapitel durchgehen und würden immer wieder feststellen: Was dort erzählt wird, spricht mich an – über den Abstand der Zeiten: Du kannst dein Leben finden, von ihm herausgefordert, über ihn nachdenkend, von ihm angetrieben – du kannst es aber auch verpassen.

Es ist gefährlich, sich auf Jesus einzulassen. Doch ab und zu sollten wir uns ihm aussetzen. Nur eine Geschichte, eine Erzählung, ein Wort von ihm sich wirklich durch den Kopf gehen lassen – und die Woche bekommt ein anderes Gesicht.

DIE GÄNSE

Gesetzt den Fall, die Gänse könnten sprechen; dann würden sie sich so eingerichtet haben, dass sie ihre religiöse Andacht, ihren Gottesdienst haben könnten. Jeden Sonntag kämen sie zusammen, und ein Ganter predigte ihnen. Der wesentliche Inhalt seiner Predigt wäre: was für eine erhabene Bestimmung hat doch die Gans, was für ein hohes Ziel hat doch der Schöpfer (und jedes Mal, wenn sein Name erwähnt wird, knicksen die Gänse und die Ganter neigen ihr Haupt) der Gans gesetzt; mit ihren Schwingen könnte sie in entfernte Gegenden, zu gesegneten Klimaten fliegen, wo sie eigentlich zu Hause ist, denn hier ist sie ja ein Fremdling. So ginge es jeden Sonntag, und wenn die Versammlung aufbräche, watschelte jede heim an ihre eigenen Geschäfte. Und am nächsten Sonntag wieder zum Gottesdienst und wieder heim – und das war das Ende der Geschichte: Sie gediehen und sahen gut aus, sie wurden fett und delikat – und wurden am Martinsabend aufgegessen – ja, das war das Ende der Geschichte.

Das war das Ende. Denn obgleich die Ansprache am Sonntag so erhaben geklungen hatte, waren die Gänse am Montag eifrig dabei, untereinander zu erzählen, was einer Gans widerführe, die den Wunsch hätte, ihre Flügel ernstlich zu gebrauchen, die ihr der Schöpfer verliehen hatte – was ihr zustieße, welch ein schrecklicher Tod ihr begegne. Darüber konnten sich die Gänse absolut verständnisvoll unterhalten. Aber am Sonntag davon zu reden, wäre natürlich unziemlich gewesen, denn, sagten sie, dann würde ja klar werden, dass unser Gottesdienst wirklich nur Gott und uns selbst zum Narren macht.

Nun waren aber unter diesen Gänsen einige Individuen, die so aussahen, als litten sie, und sie blieben mager. Über diese wurde unter den Gänsen gewöhnlich so geredet: »Da siehst du, wohin es führt, wenn man das Fliegen ernst nimmt! Denn weil ihre Herzen von dem Wunsch zu fliegen ganz erfüllt sind, eben deswegen bleiben sie dünn, gedeihen nicht, haben die Gnade Gottes nicht, wie wir sie haben, die wir deswegen fett und delikat werden.«

Und so gingen sie am nächsten Sonntag wieder zum Gottesdienst und der alte Ganter predigte wieder über das erhabene Ziel, das der Schöpfer (und wieder knicksten bei dieser Stelle die Gänse, und die Ganter neigten ihr Haupt) der Gans gesetzt hat, wofür denn ja die Flügel bestimmt seien.

Sören Kierkegaard

In der patriarchalisch geprägten Welt der Bibel galt es als Schande, ohne Nachkommen zu sein. Nachkommen – damit meinte man in erster Linie Söhne. Denn Söhne waren die allein Erbberechtigten, gaben den Namen des Mannes weiter. Ein ungeheurer Druck lastete darum auf den Frauen, die nicht bald in der Ehe schwanger wurden und Kinder, möglichst Söhne, zur Welt brachten. Eine kinderlose Frau war Kränkungen und Verachtungen ausgesetzt. Irgendetwas musste sie getan haben, dass Gott sie so strafte.

So erging es auch Hanna, von der die Bibel am Anfang der Samuel-Bücher erzählt. Sie war eine der beiden Frauen des Ephraimiters Elkana – eine zu jener Zeit durchaus nicht ungewöhnliche Konstellation. In der Bibel heißt es: »Hanna hatte keine Kinder, Peninna aber hatte Kinder.« *(1. Sam 1,2)* Für Hanna war das ein großes Unglück. Zusätzlich zu ihrem persönlichen Kummer muss sie noch den Spott und die Demütigungen der anderen Frau erleiden. Die hatte ihrem Mann Söhne und Töchter geboren, sie hatte ihre Pflicht als Ehefrau erfüllt. Und doch blieb Hanna die Lieblingsfrau ihres Mannes. Das konnte die andere Frau, Peninna, nicht verwinden. Sie solidarisierte sich nicht mit der kinderlosen Hanna, sondern machte ihr ein ums andere Mal das Leben schwer. Die jährliche Wallfahrt, das gemeinsame Essen und Trinken werden für Hanna zur Qual, die auch ein aufmerksamer Ehemann nicht beseitigen kann: »Hanna, warum weinst du und warum isst du nichts? Und warum ist dein Herz traurig? Bin ich dir nicht mehr wert als zehn Söhne?« *(V. 8)* In der patriarchalen Welt der Bibel eine erstaunliche Liebeserklärung!

Doch nun kommt in der biblischen Erzählung ein Satz, der der Geschichte von Hanna eine Wendung gibt: »Da stand Hanna auf« *(V. 9)*, um zum Eingang des Tempels zu gehen und ihr Unglück vor Gott zu bringen. Dabei legte sie ein Versprechen ab: Wenn sie einen Sohn bekommen würde, dann will sie ihn Gott zurückgeben und sein Leben soll Gott geweiht sein. Allein und selbstständig, ohne Rücksprache mit ihrem Mann, legte sie dies Gelübde ab und setzte sich damit über die geltenden Religionsgesetze hinweg. Ihr Auftreten am Eingang des Tempels war ungewöhnlich. Kein Laut war zu hören, »denn Hanna redete mit ihrem Herzen, nur ihre Lippen bewegten sich« *(V. 13)*. Der Priester hält sie für betrunken und spricht sie darauf an. Als er von ihrem Schicksal erfährt, entlässt er sie mit der Zusage: »Geh hin mit Frieden; der Gott Israels wird dir die Bitte erfüllen.« *(V. 17)*

Und wirklich, kurze Zeit nach der Rückkehr vom Heiligtum wurde Hanna schwanger und gebar einen Sohn. Sie nannte ihn Samuel – »ich habe ihn von Gott erbeten«. Hanna zog Samuel auf, und als er etwas kräftiger geworden war, brachte sie ihn zum Heiligtum nach Schilo, wo er zunächst als Gehilfe des Priesters und später selbst als Priester und wichtigster erster Prophet Israels Gott diente.

Hanna aber, so erzählt es die Bibel, besuchte ihren Sohn jährlich im Heiligtum und bekam »anstelle des Erbetenen, den sie vom Herrn erbeten hat« noch drei Söhne und zwei Töchter.

WOCHENSPRUCH

Wenn das Weizenkorn nicht in die Erde fällt und erstirbt, bleibt es allein;
wenn es aber stirbt, bringt es viel Frucht.

Johannes 12,24

LEBENSWEISHEIT

Je unfähiger wir werden, das eigene Leiden zu spüren,
desto leichter fällt es uns, fremdes Leiden zu ertragen.

Leszek Kolakowski

GEBET

Gott, wir bitten dich um ein mitfühlendes Herz,
das Hilferufe nicht überhört und Unrecht beim Namen nennt.
Wir bitten dich für alle, die keine Zeit mehr haben,
weil sie von Termin zu Termin hetzen
und Notsignale nicht mehr mitbekommen.
Wir bitten dich für die Verzagten, die zu wenig Selbstbewusstsein haben
und sich für unwichtig halten.
Wir bitten dich für alle, die etwas gelten,
die einflussreich und bedeutend sind
und oft auch so auftreten und den Blick verloren haben für die Realitäten.
Wir bitten dich für die Harten, die einiges durchgemacht haben,
zynisch und bitter geworden sind und nur sich selbst vertrauen.
Wir bitten dich für uns und alle Menschen,
lass uns auf unser Herz hören.
Amen

Johannes 4,5-30

Juden und Samariter – das war eine jahrhundertealte Geschichte der Feindschaft. Die Juden schauten auf die Samariter herab, man vermied den Kontakt mit solchen Leuten. »Juden verkehren nicht mit Samaritern«, stellt darum die Samariterin fest, der Jesus am Jakobsbrunnen begegnet. Auf dem Weg durch Samaria kommt Jesus zu einem Dorf namens Sychar, in dessen Nähe sich ein alter Brunnen befand, der mit dem Erzvater Jakob in Verbindung gebracht wurde. Müde von Hitze und Wanderung, lässt sich Jesus in der Mittagszeit am Brunnen nieder. Die Jünger waren in den Ort vorgegangen, um Lebensmittel einzukaufen. Da kommt eine Samariterin an den Brunnen, um Wasser zu schöpfen. Jesus spricht sie an: »Gib mir zu trinken!« – Die Frau antwortet: »Wie kannst du als Jude mich, eine Samariterin, um Wasser bitten?«

Die Erzählung von Jesus und der Samariterin ist eine vieldeutige Geschichte. Zunächst ist sie die Geschichte einer Grenzüberschreitung. Kein gläubiger Jude, der etwas auf sich hält, spricht mit einer verachteten Samariterin. Beide, Jesus und die Frau, setzen sich hier über Herkunft, Sitte und Anstand hinweg, wenn sie als ein jüdischer Mann und eine samaritische Frau Kontakt miteinander aufnehmen. Nicht umsonst sind die Jünger völlig irritiert, als sie kurze Zeit später aus dem Ort zurückkehren und Jesus und die Frau in einem intensiven Gespräch vorfinden.

Jesus und die Samariterin – in dieser Begegnung geht es auch um die Lebensgeschichte dieser Frau. Sie führt ein eher unkonventionelles Leben. Fünf Männer hat sie gehabt. Sie sind entweder gestorben oder haben sich durch Scheidung von ihr getrennt. Mit ihrem jetzigen Mann lebt sie unverheiratet zusammen. Das alles weiß Jesus, doch nirgendwo findet sich bei ihm eine Andeutung von Kritik. Er respektiert die menschlichen Bindungen der Frau, ihren Lebensdurst. Die Frau fühlt sich durchschaut bis in die Tiefe ihres Herzens – und zugleich ernst genommen. Daraus schließt sie, dass er ein Prophet sein muss.

Hier schließt eine weitere Geschichte in der Begegnung zwischen Jesus und der Samariterin an: die Geschichte von der wahren Gottesverehrung. Die Frau sieht in ihm einen Propheten, der die alte religiöse Streitfrage zwischen Juden und Samaritern klären kann: »Unsere Väter haben auf diesem Berg gebetet, und ihr sagt, in Jerusalem sei der Ort, wo man beten soll.« Wo findet der wahre Gottesdienst statt? »Das Heil kommt von den Juden«, sagt Jesus, um dann jedoch die Zeit einer neuen, ganz anderen Gottesverehrung anzukündigen: »Aber die Stunde kommt, und jetzt ist sie da, wo Menschen im Geist und in der Wahrheit zu Gott als dem Vater beten werden.« Wo wir uns nicht an Traditionen klammern, sondern Gott im Geist und in der Wahrheit suchen, begegnen wir Gott in ursprünglicher Weise. Denn die Wahrheit ist letztlich nur bei Gott, nicht in Tempeln oder Kultstätten, sei es in Jerusalem, Rom oder Mekka.

Da versteht die Frau, dass der Mann, der so mit ihr redet, der erwartete Messias sein muss. Sie läuft ins Dorf, erzählt dort, was ihr begegnet ist, und fragt: »Ob das nicht der Messias ist?«

WIE WENIG NÜTZE ICH BIN

Wie wenig nütze ich bin,
ich hebe den Finger und hinterlasse
nicht den kleinsten Strich
in der Luft.
Die Zeit verwischt mein Gesicht,
sie hat schon begonnen.
Hinter meinen Schritten im Staub
wäscht Regen die Straße blank
wie eine Hausfrau.
Ich war hier.
Ich gehe vorüber
ohne Spur.
Die Ulmen am Weg
winken mir zu wie ich komme,
grün blau goldener Gruß,
und vergessen mich,
eh ich vorbei bin.
Ich gehe vorüber –
aber ich lasse vielleicht
den kleinen Ton meiner Stimme,
mein Lachen und meine Tränen
und auch den Gruß der Bäume im Abend
auf einem Stückchen Papier.
Und im Vorbeigehn,
ganz absichtslos,
zünde ich die ein oder andere
Laterne an
in den Herzen am Wegrand.

Hilde Domin

Israel behielt den Priester, Richter und Propheten Samuel in besonderer Erinnerung. Eine Fülle von Sagen und Legenden erzählen von diesem »Gottesmann«, sodass die historischen Konturen der Gestalt Samuels fast undeutlich werden. Nach der Erzählung der Bibel hatte er eine außergewöhnliche Kindheit. Nach langer Kinderlosigkeit von seiner Mutter Hanna von Gott erbeten und nach seiner Geburt dem Priester Eli übergeben, wächst Samuel am Heiligtum in Schilo auf. Eines Nachts, während der Knabe im Tempel schlief, hörte er deutlich seinen Namen. Er dachte, Eli, der Priester und sein Vorgesetzter, habe ihn gerufen, und lief schnell zu ihm. Das wiederholte sich noch zweimal. Da merkte der Priester Eli, dass Gott mit Samuel sprechen wollte, und gab dem unerfahrenen Knaben Anweisung, wie er sich verhalten sollte. Erneut sprach Gott mit Samuel und kündigte ihm das Ende der Priesterdynastie Elis an, was der junge Samuel am nächsten Morgen dem gespannten Eli auf sein Drängen hin schließlich mitteilte.

Was hier erzählt wird, gehört zum Anfang der Prophetie in Israel. Zu jener Zeit, so heißt es, waren Worte des Herrn selten. Samuel aber wird von Gott angesprochen, er ist von Gott erwählt und besonders gesegnet. So heißt es am Schluss der nächtlichen Szene im Tempel von Schilo: »Samuel aber wuchs heran, und der Herr war mit ihm und ließ keines von all seinen Worten zur Erde fallen. Und ganz Israel von Dan bis Beerscheba erkannte, dass Samuel damit betraut war, Prophet des Herrn zu sein.« *(1. Sam 3,20)*

Aber Samuel ist auch mehr als ein Prophet. Er wird nicht nur zum religiösen, sondern auch zum politischen Führer der israelitischen Stämme. Überall respektiert, übt er das Richteramt in Israel aus und sorgt für Frieden im Inneren: »Jahr für Jahr zog er umher und machte die Runde durch Bethel, Gilgal und Mizpa und sprach an all diesen Orten in Israel Recht.« *(1. Sam 7,16)*

Samuel war ein Prophet und ein Richter, eine große, viele Jahre umspannende Figur des Übergangs. Nach ihm gab es das Amt des Richters nicht mehr. Er ist der letzte der geistbegabten Führer Israels und zugleich der, der das Königtum heraufgeführt hat. Als Samuel alt geworden war, kamen die Ältesten des Landes zu Samuel und trugen ihm ihren Wunsch vor: »Setze einen König über uns, damit er uns Recht verschaffe, wie ihn auch die anderen Völker haben.« *(1. Sam 8,5)*

Samuels Reaktion ist negativ, ihm missfällt der Königswunsch. Er stellt dem Volk die Nachteile eines Königs vor Augen: Er wird eure Söhne und Töchter zu Frondiensten heranziehen, eure Äcker und Weinberge beschlagnahmen und sie den eigenen Gefolgsleuten geben, er wird Steuern von euch nehmen und seinen Beamtenapparat davon finanzieren. Samuels Voraussage ist realistisch und kritisch – doch das Volk will nicht hören, es will seinen König. Zwei Könige hat Samuel gesalbt, zuerst Saul und dann David. Unumstritten ist das Königtum in Israel nie gewesen. Im Rückblick war Samuel ein Beispiel dafür, dass Israel auch ohne König in Recht und Frieden leben konnte.

WOCHENSPRUCH

Der Menschensohn ist nicht gekommen, dass er sich dienen lasse, sondern dass er diene und gebe sein Leben zu einer Erlösung für viele.

Matthäus 20,28

LEBENSWEISHEIT

»Ohne Opfer kann eine Gesellschaft nicht bestehen.«

Albert Schweitzer

GEBET

Ich bat Gott um Stärke, aber er machte mich schwach,
damit ich Bescheidenheit und Demut lernte.
Ich erbat seine Hilfe, um große Taten zu vollbringen,
aber er machte mich kleinmütig, damit ich gute Taten vollbrächte.
Ich bat um Reichtum, um glücklich zu werden.
Er machte mich arm, damit ich weise würde.
Ich bat um alle Dinge, damit ich das Leben genießen könne.
Er gab mir das Leben, damit ich alle Dinge genießen könne.
Ich erhielt nichts von dem, was ich erbat –
aber alles, was gut für mich war.
Gegen mich selbst wurden meine Gebete erhört.
Ich bin unter allen Menschen ein gesegneter Mensch.

Unbekannter Soldat im amerikanischen Bürgerkrieg

Lukas 9,57-62

Eine Geschichte, die verlegen macht und irritiert. Einladend ist das nicht gerade, was da steht. Von drei Unbekannten wird erzählt. Sie kennen Jesus, haben ihn erlebt und sind bereit, mit ihm zu gehen.

Der erste glaubt, Jesus ein großes Angebot zu machen: »Ich will dir folgen, wohin du auch gehst.« Ein Bewunderer, der alles für Jesus tun will. Aber Jesus wehrt ihn ab. Die Begeisterung ist ihm verdächtig. Weiß der andere, worauf er sich einlässt? Nachfolge ist kein Schönwetterspaziergang. Fast alle Jünger starben später den Märtyrertod. In der Nachfolge Jesu landet man bestenfalls zwischen allen Stühlen.

Der zweite wird von Jesus selbst angesprochen: »Folge mir nach!« Der Mann ist dazu bereit. Er will nur gerade noch seine Angelegenheiten regeln. Vor allem, weil der Vater gestorben ist und noch über der Erde liegt. Das ist verständlich. Umso erschreckender die Antwort Jesu: »Lass die Toten ihre Toten begraben, du aber geh zu den Lebenden und verkünde das Reich Gottes.« Ein hartes Wort, seit 2000 Jahren hat man sich darüber geärgert.

Ich glaube, der konkrete Fall der Beerdigung steht hier für etwas anderes: für die vielen Verpflichtungen und Rücksichten, die unser Leben bestimmen. Jeder hat seine Bindungen, seine Aufgaben, seine Gewohnheiten – und die halten uns fest im Griff. Doch zugleich spüren wir: unsere Verpflichtungen sind nur zu oft unsere Entschuldigungen.

Auch der dritte will Jesus nachfolgen. Aber auch er will sich zuvor, wie es sich gehört, von seiner Familie verabschieden. Doch was sagt Jesus? »Niemand, der seine Hand an den Pflug legt und dann zurückschaut, taugt für das Reich Gottes.« Also: Kein Abschied, kein Blick zurück, keine Erinnerung – ist das nicht unmenschlich?

Andererseits: Wer mit dem christlichen Glauben anfangen will, muss erste konkrete Schritte tun, sonst bewegt er sich nicht von der Stelle. Auf den ersten Schritt kommt es an, er trennt uns von unserem bisherigen Hin und Her, Ja oder Nein, Soll-ich oder Soll-ich-nicht. Man muss sich auch mal entscheiden. Man muss auch mal »Ja« sagen. Wer sein Leben im Wartesaal der vielen Möglichkeiten zubringt und sich nie entscheidet, der hat sein Leben am Ende verpasst.

Unsere Geschichte zeigt: Jesus war weder harmlos noch wollte er es allen recht machen. Dieser Jesus stellt Ansprüche. Es ist nicht egal, wie wir leben. Wenn wir uns zu Recht »Christen« nennen wollen, kann uns das, was Jesus gesagt und getan hat, nicht gleichgültig sein. Zum Nulltarif kann es das Christentum auch heute nicht geben. Ein bisschen mutiger, ein bisschen barmherziger, ein bisschen mehr Nächstenliebe darf es schon sein. Das »bisschen« macht in Wahrheit oft den Unterschied. Es kann dem Leben eine Richtung geben.

ZWEI

Schweigend saß der alte Indianer mit seinem Enkel am Lagerfeuer.
Die Bäume standen wie dunkle Schatten,
das Feuer knackte und die Flammen züngelten in den Himmel.
Nach einer langen Weile sagte der Alte:
»Manchmal fühle ich mich, als ob zwei Wölfe in meinem
Herzen miteinander kämpfen.
Einer der beiden ist rachsüchtig, aggressiv und grausam.
Der andere aber ist liebevoll, sanft und mitfühlend.«
»Welcher der beiden wird den Kampf um dein Herz gewinnen?«,
fragte der Junge.
»Der, den ich füttere«, antwortete der Alte.

Nach einer Legende

Die Geschichte Sauls, des ersten Königs in Israel, beginnt wie ein Märchen – doch sie endet düster und voller Tragik. Saul zieht aus, die verloren gegangenen Eselinnen seines Vaters zu suchen, und findet dabei die Königskrone. Auf der Suche nach den Tieren kommt Saul auch nach Rama, in den Heimatort des Sehers und Propheten Samuel. Als er im Ort von Samuel hört, hofft er, dass der ihm mit seinen Fähigkeiten weiterhelfen kann, und beschließt, ihn aufzusuchen. Gott aber, so heißt es in der Bibel, hatte Samuel schon informiert, dass er ihm den Mann schicken werde, den er zum Fürsten in Israel bestimmt habe. Er geleitet den künftigen König bis zur Grenze der Stadt und salbt ihn dort zum König.

Das klingt wie im Märchen. Doch Saul war kein Märchenkönig. Als erster König regierte er die israelitischen Stämme ungefähr in der Zeit von 1020 bis 1000 v. Chr. Die Philister, den Israeliten zivilisatorisch und waffentechnisch überlegen, breiteten sich von der Küste her immer mehr ins Land aus und bedrohten die verstreuten israelitischen Stämme. Jetzt brauchte man einen charismatischen Führer auf Lebenszeit und fand ihn in Saul, einem jungen Mann aus dem Stamm Benjamin, der sich in kriegerischen Auseinandersetzungen mit den Ammonitern als fähiger militärischer Stratege erwiesen hatte.

Doch Saul, der anfangs durchaus respektable Erfolge verzeichnen konnte, wurde im Laufe seines Lebens immer mehr zu einer tragischen Figur. Er war den Schwierigkeiten eines Königtums, das noch keine Verwaltung kannte und keine eigene Machtbasis besaß, auf Dauer nicht gewachsen. Später versuchte man, sein Scheitern theologisch zu begründen und warf ihm vor, gegen Gottes Willen gehandelt zu haben und deshalb von Gott verlassen worden zu sein. Am Ende seines Lebens, vor der entscheidenden Schlacht gegen die übermächtigen Philister, überfällt Saul eine tiefe Angst. Er fürchtet um sein Leben. Verzweifelt versucht Saul, Gott zu befragen, aber Gott antwortet nicht: »nicht durch Träume, nicht durch Orakel, nicht durch Propheten«. *(1. Sam 28,6)* Da, in höchster Not, macht Saul sich auf zu einer Hexe, einer Totenbeschwörerin, um sich Rat zu holen und Auskunft über seine Zukunft. Nachts kommen sie bei der Frau an. Die erkennt sofort den König, trotz seiner Verkleidung, fürchtet zunächst eine Falle, lässt dann aber doch den Totengeist Samuels als alten, in einen Mantel gehüllten Mann aus der Unterwelt aufsteigen. Als Saul ihn nach seinem Schicksal befragt, antwortet Samuel: »Warum willst du mich befragen, wo doch Gott, der Herr, von dir gewichen und dein Feind geworden ist? Morgen wirst du mit deinen Söhnen bei mir sein.« *(1. Sam 28,19)* Saul bricht zusammen und stürzt der Länge nach zu Boden.

Das Ende ist schnell erzählt: Am nächsten Tag werden die Israeliten von den Philistern schwer geschlagen. Die Söhne Sauls fallen im Kampf, Saul selbst wird von Bogenschützen schwer verwundet. Um seinen Feinden nicht lebendig in die Hände zu fallen, stürzt sich Saul selber in sein Schwert. Als die Philister den toten König finden, schlagen sie ihm den Kopf ab. So endet der erste König von Israel – von Gott verlassen. So sahen es jedenfalls die Zeitgenossen. Gott hatte ihn fallen lassen, und keiner konnte seinen Sturz aufhalten.

WOCHENSPRUCH

Der Menschensohn muss erhöht werden, damit alle, die an ihn glauben, das ewige Leben haben.

Johannes 3,14.15

LEBENSWEISHEIT

Da die Menschen unfähig waren, Tod, Elend, Unwissenheit zu überwinden, sind sie, um glücklich zu sein, übereingekommen, nicht daran zu denken.

Blaise Pascal

GEBET

Gott, was können Menschen nicht einander Schreckliches antun:
Kinder werden sexuell missbraucht und getötet;
Ausländer werden durch die Straßen gejagt;
Menschen werden gefoltert, weil sie politisch anders denken;
Terroristen verbreiten Angst und Schrecken.
So viel Hass, so viel Grausamkeit!
Was müssen Menschen nicht von anderen erleiden!
Gott, lass uns nicht weghören!
Lass uns nicht resignieren, wenn wir vom Leid der Welt erfahren!
Öffne unsere Herzen, öffne auch unsere Hände,
dass wir helfen, wie wir können.
Amen.

Markus 14,3-9

Es war Passahzeit und Jesus war unterwegs nach Jerusalem. In Bethanien war er bei Simon eingekehrt, von dem es heißt, dass er einmal aussätzig war. Nach der Sitte der Zeit lag man auf Kissen zu Tisch. Da stand plötzlich eine Frau im Raum. Niemand kannte sie. Sie warf einen Blick in die Runde, dann ging alles sehr schnell. Sie eilte zu dem Platz, an dem Jesus lag, kniete sich hinter ihn auf den Boden, nahm ein Fläschchen, das sie in der Hand hielt, zerbrach den Kopf und goss eine duftende Flüssigkeit, deren Geruch sofort den ganzen Raum erfüllte, auf seinen Kopf. Erst jetzt nahm sie sich Zeit: Sie strich das Parfüm über die Haare und salbte den Kopf. Es war wie eine feierliche Handlung.

Die Szene war nicht ohne Peinlichkeit: eine unbekannte Frau, die sich an Jesus herandrängte und ihm mit zärtlicher Geste den Kopf streichelte. Und dann noch dieses Parfüm! Echtes, kostbares Nardenöl soll es gewesen sein. Man importierte es aus Indien oder Ostasien und salbte damit Könige zum Begräbnis. Eine Kostbarkeit im Wert von mindestens 300 Denaren – der Jahresverdienst eines Arbeiters damals. Hätte man dieses Geld nicht nützlicher verwenden können?

Das war jedenfalls die Meinung der Anwesenden. Sie regten sich auf: »Was soll das, ein so teures Parfüm sinnlos zu vergeuden? Mit dem Preis für dieses Öl hätte man ein paar hundert Arme für lange Zeit satt machen können.« Wer kann diese Empörung nicht verstehen? Regen wir uns selbst doch immer wieder zu Recht auf, wenn Fußball-Profis oder Popstars Unsummen von Geldern kassieren, für viele notwendige Projekte aber kein Geld vorhanden ist. Oder wenn der Bundesrechnungshof aufzählt, wie viele öffentliche Gelder Jahr für Jahr verschwendet worden sind.

Die Antwort Jesu klingt darum zunächst befremdlich: »Arme habt ihr immer bei euch, und wenn ihr wollt, könnt ihr ihnen Gutes tun.« Doch Jesus fügt noch einen Satz hinzu: »Aber mich habt ihr nicht immer.« Dieser Satz macht stutzig. Armen helfen, Bedürftige versorgen, das muss sein, das ist nötig. Aber das andere darf es auch geben: Liebe erweisen und nicht fragen, was es kostet. Es muss Menschen geben, die ihr Herz verschwenden. Das ist unbezahlbar, so wie eine Flasche Nardenöl eigentlich unbezahlbar ist.

Die Geschichte von der Salbung Jesu in Bethanien ist auch eine Passionsgeschichte. Wahrscheinlich hat die Frau, als sie Jesus salbte, noch nicht an seinen Tod gedacht. Sie wollte ihm Liebe erweisen. Sie hat es aber getan, kurz bevor Jesus verhaftet und hingerichtet wurde. Darin haben die Evangelisten, die die Geschichte überliefern, einen besonderen Sinn gesehen: Mit der verschwenderischen Geste der Frau beginnt für Jesus das Sterben. Man könnte auch sagen: Hier wird ein Todgeweihter zum Messias gemacht. Denn Messias, griechisch: Christus, heißt der Gesalbte.

JESUS

mit einer schar von freunden (freundinnen auch)
durch galiläas dörfer und städte ziehend
hat er kranke geheilt und geschichten erzählt
von der weltleidenschaft des ewigen gottes
privilegien der klasse der bildung galten ihm nichts
zu seinem umgang zählten tagelöhner und zöllner
wo mangel sich zeigte an nahrung oder getränk
teilte er fische brot und wein aus für viele
die gewalt von gewalthabern verachtete er
gewaltlosen hat er die erde versprochen
sein thema: die zukunft gottes auf erden
das ende von menschenmacht über menschen
in einer patriarchalischen welt blieb er der sohn
und ein anwalt unmündiger frauen und kinder
wollten galiläer ihn gar zum könig erheben?
er aber ging hinauf nach jerusalem:
direkt seinen gegnern ins garn
auf einem jungesel kam er geritten – kleinleute-messias:
die finger einer halbweltdame vollzogen die salbung an ihm ...
bald verwirrt bald euphorisch folgten ihm die freunde die jünger
um bei seiner verhaftung ratlos unterzutauchen ins dunkel
über sein schweigen hin rollte der schnelle prozess
ein afrikaner schleppte für ihn den balken zum richtplatz hinaus
stundenlang hing er am kreuz:
folter mit tödlichem ausgang –
drei tage später die nicht zu erwartende wendung
anstatt sich verstummt zu verziehen ins bessere jenseits
brach er von neuem auf in das grausame diesseits
zum langen marsch durch die viellabyrinthe
der völker der kirchen und unserer unheilsgeschichte
oft wandelt uns jetzt die furcht an er könnte
sich lang schon verirrt und verlaufen haben
entmutigt verschollen für immer vielleicht –
oder bricht er
noch einmal (wie einst an ostern) den bann?
und also erzählen wir weiter von ihm
die geschichten seiner rebellischen liebe
die uns auferwecken vom täglichen tod –
und vor uns bleibt: was möglich wär' noch.

Kurt Marti

Sie war ebenso klug wie schön. Und sie war die Frau eines reichen und dummen Mannes: Nabal, zu Deutsch »Narr«, ein brutaler Geizhals und ein ekelhafter Charakter. Während er sich bis zur Besinnungslosigkeit besäuft, rettet sie zur selben Zeit Land und Leben für sich und ihre Leute und gewinnt dazu noch einen neuen Ehemann.

Es war zur Zeit der Schafschur, die am Rand der Wüste immer mit einem großen Fest endete. Diese Gelegenheit nutzte der Freischärler David, um von dem reichen Herdenbesitzer Nabal seinen Anteil zu fordern. Seinen Anteil? Nach seiner Trennung vom König Saul lebte David damals mit seiner Söldnertruppe von militärischen Streifzügen und vor allem von Schutzgeldern, die er von reichen Grundbesitzern erhob: So war er auch an den reichen Nabal geraten, hatte dessen dreitausend Schafe und viertausend Ziegen auf den Weiden im Auge behalten und schickte nun Boten, um eine angemessene Vergütung einzufordern.

Doch Nabal gab sich stur: »Wer ist David? Heutzutage gibt es viele Knechte, die ihren Herren davongelaufen sind. Und ich soll mein Brot und mein Fleisch nehmen, das ich für meine Männer geschlachtet habe, und es hergelaufenen Leuten geben?« *(1. Sam 25,10f.)* Als David das hört, wird er wütend und beschließt, sich für diese Beleidigung zu rächen. Er befiehlt: »Jeder hänge sein Schwert um!« *(V. 13)* und zieht mit 400 Mann los. David ist drauf und dran, unschuldiges Blut zu vergießen.

Hier greift Abigajil ein. Ein bestürzter Diener hatte sie informiert. Sofort erfasst Abigajil die gefährliche Lage und handelt entschlossen. Sie lässt 200 Brote, zwei Schläuche Wein, fünf fertig zubereitete Schafe, fünf Säcke geröstetes Korn, 100 Rosinenkuchen und 200 Feigenkuchen auf Esel packen – und macht sich mitsamt der Ladung auf den Weg, ohne ihrem Mann ein Wort zu sagen. Als sie den heranziehenden David sieht, wirft sie sich ihm zu Füßen. Den hoch zu Ross sitzenden Krieger David spricht sie mit »mein Herr« an, sich selbst, vor ihm im Staube liegend, bezeichnet sie als »deine Magd«. Sie allein, sagt sie rhetorisch geschickt, sei an allem schuld. Auf Nabal solle David gar nicht achten. Er sei, wie sein Name sagt, ein Dummkopf. Sie bittet David, die Geschenke anzunehmen – und setzt gleich hinzu, auch das eine Feinheit: man möge dies alles doch den jungen Leuten geben, die zu Davids Gefolge gehören.

Nachdem sie höflich darum gebeten hat, weitersprechen zu dürfen, erwähnt sie schmeichelnd Davids glänzende Zukunft unter dem Segen Gottes. Geschickt streut sie dabei ein: Wenn David zum Fürsten von Israel aufrücke, was ohne Zweifel bald geschehe, dann solle ihm sein Gewissen doch nicht den Vorwurf machen, auf dem Weg zum Thron unschuldiges Blut vergossen zu haben. Eine meisterhafte Rede, mit der die kluge Abigajil den aufstrebenden Helden David völlig für sich einnimmt und davor bewahrt, eine große Dummheit zu begehen. Abigajils Mission ist erfolgreich. David bricht den Angriff gegen Nabal ab und überlässt seine Rache Gott. Zurückgekehrt findet Abigajil ihren Mann nach dem Fest voll betrunken. Als er hört, was geschehen ist, trifft ihn der Schlag – und er stirbt. Nach Ablauf der Trauerzeit, schickt David Boten zu Abigajil mit der Frage, ob sie seine Frau werden wolle. Wieder verneigt sich die schöne Frau bis zur Erde – und macht sich dann eilends auf. Sie hat nicht nur ihr Leben und ihren Besitz gerettet, sie ist auch ihren ungehobelten Mann losgeworden und hat einen zukünftigen König gewonnen.

WOCHENSPRUCH

Also hat Gott die Welt geliebt, dass er seinen eingeborenen Sohn gab, damit alle, die an ihn glauben, nicht verloren werden, sondern das ewige Leben haben.

Johannes 3,16

LEBENSWEISHEIT

Dass ein guter Mensch an die Wand gestellt werden kann,
ist eine altbekannte Tatsache;
dass aber Gott ans Kreuz geschlagen werden kann,
das gereicht allen Insurgenten aller Zeiten zum Ruhm.
Das Christentum ist die einzige Religion der Welt,
die gefühlt hat, dass Allmacht Gott unvollständig machte.
Das Christentum allein hat gespürt,
dass Gott, um ganz Gott zu sein,
sowohl ein Rebell wie ein König gewesen sein muss.

Gilbert Keith Chesterton

GEBET

Christen und Heiden

Menschen gehen zu Gott in ihrer Not,
flehen um Hilfe, bitten um Glück und Brot,
um Errettung aus Krankheit, Schuld und Tod.
So tun sie alle, alle, Christen und Heiden.

Menschen gehen zu Gott in Seiner Not,
finden ihn arm, geschmäht, ohne Obdach und Brot,
sehn ihn verschlungen von Sünde, Schwachheit und Tod.
Christen stehen bei Gott in Seinen Leiden.

Gott geht zu allen Menschen in ihrer Not,
sättigt den Leib und die Seel mit Seinem Brot,
stirbt für Christen und Heiden den Kreuzestod,
und vergibt ihnen beiden.

Dietrich Bonhoeffer

Das Kreuz

Buddha starb nach einem harmonischen und erfolgreichen Leben, hochangesehen bei den Mächtigen, die Ausbreitung seiner Lehre noch erlebend, im hohen Alter von 80 Jahren an einer Lebensmittelvergiftung, umgeben von seinen Schülern. Mohammed starb als erfolgreicher Feldherr und geistliches sowie politisches Oberhaupt einer wachsenden Gefolgschaft mit 62 Jahren in Medina in den Armen seiner 18-jährigen Lieblingsfrau Aisha, einer seiner neun Frauen. Jesus von Nazareth starb als junger Mann nach einem erstaunlich kurzen Wirken von bestenfalls drei Jahren, möglicherweise aber auch nur einigen wenigen dramatischen Monaten, bevor sein Leben in Jerusalem gewaltsam beendet wurde. Nichts Abgeklärtes und Vollendetes; von Erfolg zu Lebzeiten keine Spur. Nach den vorliegenden Berichten stirbt Jesus als Verachteter und Verfluchter: verraten und verleugnet von seinen Jüngern, verspottet und verhöhnt von seinen Gegnern, verlassen von Gott und den Menschen. Das letzte, was sie von ihm hören, ist sein Schrei am Kreuz.

Wichtiger als dies, dass Jesus als Rabbi, als Prophet, als Wundertäter wirkte, war den ersten Christen, dass er der Leidende, der Gekreuzigte, der Auferstandene war. Das ist es auch, worin er sich unterscheidet von den vielen Göttern und Religionsstiftern, von allen religiösen Gurus und Genies. Im Zentrum des christlichen Glaubens steht ein Leidender, ein Hingerichteter, ein Gekreuzigter.

Ist das noch zeitgemäß? Was zeitgemäß ist, hat der Fußballtrainer Otto Rehhagel einmal in seiner unnachahmlichen Art so gesagt: »Es gibt nur eine Wahrheit – und das ist der Sieg!« Siegertypen sind gefragt – jung, dynamisch, gut aussehend und erfolgreich. Erfolgsorientierung, Durchsetzungsfähigkeit und Effizienz – das ist zeitgemäß. Die Passionsgeschichte ist keine Geschichte eines Siegers, sie eignet sich nicht so sehr als Logo, ein Lebensbaum oder ein Regenbogen sind bunter und sympathischer. Nicht wenige fragen offen: Muss man ein Leidenssymbol in den Mittelpunkt stellen? Kann man mit einem Gekreuzigten überhaupt für sich werben?

Ich glaube nicht, dass man die Passionsgeschichte oder das Kreuz liebenswürdig machen kann. Es ist unbegreiflich, auch wenn wir es mit Rosen bekränzt oder zu einem Schmuckobjekt verarbeitet haben. Trotzdem müssen wir die Passionsgeschichte erzählen, nicht nur weil sie zu den eindrücklichsten Passagen der Weltliteratur gehört, sondern weil sie zeigt, wie es um uns Menschen steht: Der Politiker Pilatus begeht sehenden Auges einen Justizmord. Die Militärmacht macht kurzen Prozess. Die Kriegsknechte, damals wie heute, lassen ihren Mutwillen an ihm aus. Die Gegner verspotten ihn, einer seiner Freunde verrät ihn, sein bester Freund verleugnet ihn. Die Menge lässt sich gegen ihn aufhetzen. Und sind es nicht gerade die Frommen, der religiöse Adel, der ihn ans Messer liefert? Wir sehen, die Menschen sind offenbar zu allem fähig – und wir wissen, wir sind es auch.

Das Kreuz zeigt, wie es um uns und die Welt bestellt ist. Zurzeit erleben wir einen Kult des Geldes und der Effizienz, der Macht und der Schönheit. Von allen Seiten wird uns suggeriert, sinnvolles Leben sei das Ergebnis von Geld, Einfluss und Erfolg.

Die Passionsgeschichte sagt es anders: Jesus ging den Weg des Leidens – und sein Tod erst machte sein Leben wirklich überzeugend. Er verzichtete auf Macht und Erfolg – und setzte sich so gerade durch. Er ging in den Tod – und fand das Leben. So ist sein Kreuz in Wahrheit ein Lebenszeichen, ein Symbol der Menschenliebe Gottes.

BARABBAS

Barabbas saß wieder einsam da. Er saß da, einsam während aller Tage, die sie im Gefängnis verbrachten, abseits und von ihnen geschieden. Er hörte sie ihre glaubensgewissen Lieder singen und voller Vertrauen über ihren Tod und über das ewige Leben sprechen, das sie erwartete. Besonders nachdem das Urteil gefallen war, sprachen sie viel darüber. Sie waren voller Zuversicht, es gab nicht den geringsten Zweifel bei ihnen. Barabbas hörte zu, aber versunken in seine eigenen Gedanken. Auch er dachte an das, was ihm bevorstand. Er dachte zurück an den Mann auf dem Ölberg, an ihn, der Brot und Salz mit ihm geteilt hatte und nun schon lange wieder tot war und dalag und mit seinem Totenschädel in das ewige Dunkel grinste.

Ewiges Leben ... Und gab es überhaupt einen Sinn in dem Leben, das er gelebt hatte? Nicht einmal daran glaubte er.

Da drüben saß der weißbärtige Alte mitten unter den Seinen. Er hörte ihnen zu, und er sprach auch selber zu ihnen in seiner treuherzigen galiläischen Mundart. Doch mitunter stützte er den Kopf in seine große Hand und saß eine Weile stumm da. Vielleicht dachte er zurück an den Strand des Sees Genezareth und dass er gern dort hätte sterben wollen. Doch darüber hatte nicht er zu befinden. Er hatte unterwegs seinen Meister getroffen, und der hatte gesagt: Folge mir nach! Und da hatte er das tun müssen. Er sah vor sich hin mit seinem Kinderblick, und von seinem alten, gefurchten Gesicht mit den eingefallenen Wangen strahlte ein großer Frieden aus.

Und dann wurden sie hinausgeführt, um gekreuzigt zu werden. Je zwei und zwei wurden sie aneinander gekettet, und da sie keine geraden Paare gaben, machte es sich so, dass Barabbas als Letzter im Zuge ging und mit niemandem zusammen gefesselt war. Das machte sich ganz zufällig so. Und auf diese Weise kam es auch, dass er allein für sich am äußersten Ende in der Reihe der Kreuze hing. Es hatte sich viel Volk versammelt, und es dauerte lange, bis alles zu Ende war. Aber die Gekreuzigten hielten die ganze Zeit hindurch tröstend und hoffnungsvoll Zwiesprache miteinander. Mit Barabbas sprach keiner.

Als die Dämmerung hereinbrach, waren die Zuschauer schon ihres Weges gegangen, überdrüssig, dort noch länger zu stehen. Und außerdem waren auch schon alle tot.

Nur Barabbas hing da noch allein, immer noch am Leben. Als er den Tod nahen spürte, den Tod, vor dem er immer so große Angst gehabt hatte, sagte er in das Dunkel hinein, als spreche er zu ihm:

Dir befehle ich meine Seele an! Und dann gab er den Geist auf.

Pär Lagerkvist

Für Israel wurde David (»Liebling«) zum König schlechthin, ein König nach dem Herzen Gottes, an dem alle seine Nachfolger gemessen wurden. Er regierte im frühen 10. Jahrhundert vor Christus, nach der Bibel 40 Jahre lang. David stammte aus Bethlehem, kam aber schon früh als Leierspieler und Waffenträger an den Hof Sauls, wo er durch menschlichen Charme und militärische Tüchtigkeit auffiel und zum Schwiegersohn Sauls aufstieg. Als Saul in ihm jedoch einen Rivalen erblickte, kam es zum Konflikt, und David musste fliehen. Er zog sich in die Steppe zurück und sammelte eine Söldnertruppe um sich, die allein ihm verpflichtet war. Im judäischen Bergland führte er mit seiner Truppe ein Guerillaleben, bekämpfte räuberische Nomaden, kassierte Schutzgelder von reichen Grundbesitzern und trat schließlich als Söldnerführer in den Dienst der mit Israel verfeindeten Philister. Nach Sauls Niederlage gegen die Philister schlug Davids Stunde. Im Handstreich besetzte er mit seiner Truppe das strategisch wichtige Hebron und ließ sich von den Ältesten des Stammes Juda dort zum König wählen. Von Hebron aus gelang es ihm, die Nachkommen Sauls auszuschalten und sich die Autoritäten der nördlichen Stämme gefügig zu machen, sodass diese ihn nach einigen Jahren auch zu ihrem König wählten. Zum ersten Mal waren die israelitischen Stämme unter einer Führung vereinigt.

Politisch klug war es, dass David die kleine, bisher unbedeutende Kanaanäerstadt Jerusalem eroberte und sie zur Hauptstadt seines Reiches machte. In einer großen Aktion holte David die Bundeslade, das alte Heiligtum der Stämme, nach Jerusalem und ließ sie dort in ein Zelt stellen, bereits mit der Idee, es später durch einen Tempel zu ersetzen. Damit machte er die Stadt zum politischen und religiösen Mittelpunkt Israels und schuf die Voraussetzung für die dreitausendjährige Geschichte Jerusalems als religiösem Zentrum von Juden und Christen. Mit großem politischen und militärischen Geschick gelang es ihm in kurzer Zeit, die bisher übermächtigen Philister zu besiegen, die umliegenden Kleinstaaten zu unterwerfen und seine Herrschaft bis nahe an den Euphrat auszuweiten. Damit schuf er ein Großreich, wie es niemals wieder im Gebiet Palästinas entstand, und führte Israel politisch auf eine Höhe, die es in seiner Geschichte nie wieder erreichte.

Gegen Ende der Regierungszeit Davids wurde die Nachfolgefrage zum alles beherrschenden Thema am Hof in Jerusalem. David hatte mindestens acht Frauen, die ihm 19 namentlich bekannte Söhne und Töchter gebaren. Die ältesten Söhne brachten sich jedoch gegenseitig um oder fielen im Aufstand gegen den Vater. Schließlich setzte sich mit Hilfe seiner Mutter Batseba der spätgeborene Salomo durch, den David dann auch zu seinem Nachfolger bestimmte. Nach 40-jähriger Regierungszeit starb David schließlich im Alter von etwa 70 Jahren und wurde in Jerusalem begraben.

David war ein großer König und eine starke Persönlichkeit, aber er war auch eine Gestalt mit Licht und Schatten: ein kluger, aber auch machtbewusster Politiker, ein zutiefst frommer König und ein begnadeter Dichter und Sänger, ein intriganter Frauenheld und ein besorgtes Familienoberhaupt.

WOCHENSPRUCH

Christus spricht: Ich war tot, und siehe, ich bin lebendig von Ewigkeit zu Ewigkeit und habe die Schlüssel des Todes und der Hölle.

Offenbarung 1,18

LEBENSWEISHEIT

»Die Rätsel Gottes sind befriedigender als die Lösungen der Menschen.«

Gilbert Keith Chesterton

GEBET

Gott,
was wir vor Augen haben, sind Friedhöfe voller Gräber -
frische Gräber, voller Blumen, und längst vergessene.
Was wir kennen, sind Todesanzeigen und Beerdigungen -
oft von Menschen, die wir gut kannten.
Wir ahnen, dass auch wir eines Tages
irgendwo begraben sein werden.
Wir spüren, dass gegen den Tod
kein Kraut gewachsen ist.
Darum können wir es kaum glauben,
was Ostern geschehen ist:
Der Stein ist vom Grab gewälzt,
der Tod hat seine Macht verloren,
Jesus ist auferstanden.
Wir bitten dich, Gott:
Lass es auch bei uns Ostern werden,
damit auch über unserm Dunkel dein Licht aufgeht,
so wie das Licht und der helle Tag heute Morgen
über allen Gräbern dieser Welt aufgegangen sind.
Amen.

Matthäus 28,1-10

Die Erzählung aus dem Matthäusevangelium ist ein Versuch, anschaulich zu machen, was sich der Anschauung entzieht, zu erzählen, wofür die Worte fehlen.

Die ersten Christen mussten ihre Freude mitteilen. Deshalb ließen sie ein Erdbeben geschehen, einen Engel herabkommen, den Stein wegwälzen und die Grabeswächter in Todesangst erstarren – kein historisches Protokoll der Ostereignisse, sondern Bilder, erzählerische Zeigefinger, die hinweisen wollen auf den Grund der ersten Osterfreude: Gott hat Jesus, der am Kreuz starb, auferweckt. Er lebt. Er geht seinen Jüngern und uns voraus, sendet uns hinaus in die Welt, nach Galiläa und weiter, bis an die Enden der Erde.

Warum ist es so schwer, die Auferstehung Jesu zu beschreiben? Man kann sagen: Es ist eben keiner dabei gewesen. Und: Sie hat sich nie wiederholt! Das stimmt. Vor allem aber: Die Auferstehung Jesu passt nicht in unser Denken. Es ist kein Wunder, dass die Botschaft von der Auferstehung von Anfang an auf Zweifel und Ablehnung gestoßen ist. Als eine Selbstverständlichkeit wurde sie niemals empfunden. Entsetzt flohen die Frauen vor dem leeren Grab. Als die Jünger hörten, dass der Gekreuzigte lebt, glaubten sie es nicht. Und als der Apostel Paulus vor den gebildeten Athenern von Ostern sprach und über die Auferstehung der Toten predigte, lachten die meisten seiner Zuhörer.

Paulus hätte es sich damals in Athen leichter machen können, wenn er nicht von der Auferstehung, sondern von der Unsterblichkeit der menschlichen Seele oder von der Wiedergeburt Jesu im Herzen seiner Jünger gesprochen hätte. Darüber hätten die Athener vielleicht mit sich reden lassen. Doch die Auferstehung Jesu, von der die Ostererzählungen berichten: Das ist etwas Ungeheuerliches, das sprengt den Rahmen des Vorstellbaren. Genau das ist aber die Meinung des Neuen Testaments. Gott handelt dort, wo schlechterdings kein Mensch mehr etwas ausrichten kann.

Im Grunde geht es um die Frage: Gibt es nur den Menschen mit seinen Gedanken, Träumen und Gefühlen – oder ist darüber hinaus auch noch mit einer anderen Wirklichkeit, der Realität Gottes zu rechnen? Ostern ist nur als neues Schöpfungshandeln Gottes zu verstehen, vergleichbar mit der Schöpfung am Anfang, von der wir ja auch nur stammeln, allenfalls in Bildern sprechen können. So wie es der amerikanische Staatsmann, Buchdrucker und Erfinder des Blitzableiters, Benjamin Franklin, in seiner Grabesinschrift getan hat – ein tiefsinnig heiteres Bild für die Hoffnung auf die Auferstehung:

»Hier ruht / Speise für die Würmer / Der Körper von / Benjamin Franklin / Buchdrucker / Gleich dem Deckel eines alten Buches / Aus welchem die Blätter gerissen / Dessen Einband abgebraucht ist / Aber das Werk wird nicht verloren sein / Denn es wird wieder erscheinen, so hofft er / in einer neuen Auflage / durchgesehen und verbessert / vom / Verfasser.«

OSTERGESCHICHTE

Die Wächter des Grabes
erschraken zu Tode
am Sonntagmorgen
als plötzlich die Erde bebte
und Dinge geschahen
jenseits des Dienstreglements.
Den Mut
ins Auge des Engels zu blicken
und in das Grab
das leer war
hatte allein
eine Prostituierte
Maria aus Magdala
sowie ihre Freundin.
Sie liefen sogleich
und erzählten den Jüngern
was sie gesehen
doch diese glaubten es nicht.
Wäre es demnach nicht richtig
das nächstemal
eine Hure als Papst zu wählen?
Männer
sind für Auferstehungen
einfach zu dumm.

Franz Hohler

Von allen Frauen des Alten Testaments hat Batseba bei Malern und Schriftstellern die größte Resonanz gefunden. Künstler aller Zeiten haben Batseba beim Baden dargestellt, in früheren Jahrhunderten eine Gelegenheit, mit biblischer Erlaubnis eine weibliche Aktdarstellung zu zeigen. In der Bibel tritt sie nur an drei Stellen in der Davids-Geschichte auf, dort aber in prominenter Weise.

Am bekanntesten ist die Szene, in der der König David eines Abends vom Dach seines Palastes aus ganz in der Nähe eine sehr schöne Frau beim Baden sieht. Er erkundigt sich nach der Frau und erfährt, dass sie Batseba heißt und mit dem Offizier Uria verheiratet ist, der gerade mit den Truppen des Königs auf einem Feldzug ist. David lässt Batseba in seinen Palast holen, er schläft mit ihr, sie wird schwanger. Ob Batseba damit einverstanden war, ob sie überhaupt gefragt worden war – über ihre Gefühle wird in der Bibel nichts gesagt. Sie erscheint als passives Opfer der sexuellen Leidenschaft des Königs.

Die Bibel erzählt auch, dass Batseba als Königin kurz vor dem Tode Davids zusammen mit dem Propheten Nathan an einer Verschwörung beteiligt ist, die dazu führt, dass ihr Sohn Salomo anstelle des legitimen Erben, Adonia, den Thron besteigt. Batseba erweist sich hier als äußerst klug und fähig, den alten König David dazu zu bringen, ihren Willen zu erfüllen. Und schließlich berichtet die Bibel, dass Batseba als Königinmutter ihre Macht nutzt, um den ältesten Davidssohn Adonia als potenziellen Rivalen ihres Sohnes, des neuen Königs Salomo, für immer auszuschalten. Sie hilft mit, Adonia und seine Anhänger zu töten oder außer Landes zu treiben.

Batseba, eine schöne, eine starke und aktive, aber auch eine undurchsichtige Frau, die offenbar genau weiß, was sie will.

War sie wirklich das unschuldige Opfer der sexuellen Leidenschaft und des Ehebruchs des Königs David? Sie badete, wo der König sie sehen konnte. Er hatte eine Liege auf seinem Dach und machte dort öfter sein Nickerchen. Batseba wird gewusst haben, wann und wo er schlief. Dass er sie nackt beim Baden sah, war kein Zufall, sondern gewollt. Ebenso, dass sie schwanger wurde. Nicht zufällig erzählt die Bibel, dass sie mit David schlief, als es für eine Empfängnis am günstigsten war.

Waren die Verführung Davids und die Schwangerschaft vielleicht geplant? Zumindest konnte Batseba so ihre Zukunft sichern und am Königshof aufsteigen. Das alles entschuldigt Davids Vorgehen in keiner Weise. Er missbrauchte seine Macht, um seine sexuelle Begierde zu befriedigen. Doch Batseba war wohl nicht nur ein Opfer. Klug und durchsetzungsfähig nutzte sie die Möglichkeiten, die sich ihr boten, auch zu ihrem Vorteil. Batsebas Erfolg war dabei, sieht man auf die untergeordnete Rolle der Frauen in der damaligen Gesellschaft, bemerkenswert.

WOCHENSPRUCH

Gelobt sei Gott, der Vater unseres Herrn Jesus Christus, der uns nach seiner großen Barmherzigkeit wiedergeboren hat zu einer lebendigen Hoffnung durch die Auferstehung Jesu Christi von den Toten.

1. Petrus 1,3

LEBENSWEISHEIT

»Was hilft aller Sonnenaufgang, wenn wir nicht aufstehen?«

Georg Christoph Lichtenberg

GEBET

Entwurf für ein Osterlied

Die Erde ist schön und es lebt sich
leicht im Tal der Hoffnung.
Gebete werden erhört.
Gott wohnt nah hinterm Zaun.
Die Zeitung weiß keine Zeile vom
Turmbau. Das Messer
findet den Mörder nicht.
Er lacht mit Abel.
Das Gras ist unverwelklicher
grüner als der Lorbeer.
Im Rohr der Rakete
nisten die Tauben.
Nicht irr surrt die Fliege an
tödlicher Scheibe.
Alle Wege sind offen.
Im Atlas fehlen die Grenzen.
Das Wort ist verstehbar.
Wer Ja sagt, meint Ja, und
Ich liebe bedeutet: jetzt und
für ewig.
Der Engel steht abends am Tor.
Er hat gebräuchliche Namen
und sagt, wenn ich sterbe:
steh auf.

Rudolf Otto Wiemer

Lukas 24, 13-35

Traurig und enttäuscht kehren zwei Männer vom Osterausflug zurück. Sie hatten sich der Jesus-Bewegung angeschlossen; hatten gehofft, dass Jesus in Jerusalem das Gottesreich ausrufen würde. Doch sie hatten erleben müssen, dass er eines elenden Todes starb. »Wir aber hofften, er würde Israel erlösen.« Nun kehren sie heim, wie die kleinen Leute schon immer aus Aufständen und Revolutionen heimgekehrt sind. Nichts gewonnen, aber viel Hoffnung verloren, und für den Spott werden die Nachbarn schon sorgen.

Ein Dritter, ein Fremder, schließt sich ihnen an und klinkt sich ganz selbstverständlich in ihr Gespräch ein. »Worüber redet ihr denn eigentlich?« Die Beiden sind dankbar, dass sie einen gefunden haben, dem sie alles noch einmal erzählen können. Auch von den Gerüchten, die einige Frauen ausgestreut haben, sie hätten das Grab leer gefunden. Der Fremde hört lange zu. Doch dann erzählt er »von Mose und den Propheten und legt ihnen aus, was in allen Schriften von ihm gesagt war.« Er erklärt ihnen die Bibel.

Bibel und Bibel – das kann zweierlei sein. Wie langweilig ist es, Bibelverse runterzuleiern, fromme Phrasen zu dreschen. Wie spannend kann es sein, wenn die Bibel zu sprechen beginnt. Man kann jemanden mit der Bibel erschlagen, man kann ihn mit der Bibel aber auch zum Leben erwecken. »Brannte nicht unser Herz, da er mit uns redete auf dem Wege und uns die Schrift öffnete?«, sagen die Beiden hinterher. Doch noch sind ihre Augen gehalten. Das wird anders am Abend. »Bleibe bei uns, denn es will Abend werden, und der Tag hat sich geneigt.« Am Abend wird es dunkel und kalt, die Straßen werden unsicher. Deshalb laden die Beiden den Weggenossen ein.

Beim Abendessen passiert es dann: »Und es geschah, als er mit ihnen zu Tisch saß, nahm er das Brot, dankte, brach's und gab's ihnen. Da wurden ihre Augen geöffnet und sie erkannten ihn.« Auf einmal ist alles klar. Das hatten sie schon mal erlebt. So hatte er immer das Brot ausgeteilt. So hatte er immer mit ihnen zusammengesessen. Er ist wieder in ihrer Mitte. Von ihm empfangen sie wieder das Brot.

»Und er verschwand vor ihren Augen.« Die Emmausjünger konnten Jesus nicht festhalten, auch wir können es nicht. Wir sind Jesus nicht persönlich begegnet. Wir haben nicht mit ihm am Tisch gesessen. Aber wir können ihn auch nicht vergessen. Dafür sorgt er selbst.

Wer seine Worte, seine Geschichten, das, was von ihm in der Bibel erzählt wird, gehört hat und nicht vergessen kann, dem wird er wieder einfallen: mitten im Alltag, bei der Arbeit, am Schreibtisch, bei den Nachrichten des Fernsehens, vielleicht dann und dort, wo wir nicht damit gerechnet haben. Und wir begreifen, dass der gekreuzigte und auferweckte Jesus von Nazareth kein Name der Vergangenheit, sondern eine Macht der Gegenwart ist. Einer, der uns im Leben begleitet, auch wenn unsere Augen meist gehalten sind und wir ihn nicht erkennen.

ZUSCHAUER GIBT ES NICHT

Die Vorstellung eines Welttheaters mit Gott und eventuell seinem himmlischen Hofstaat als Zuschauern reproduziert ein monarchisch feudales Weltbild, vor allem behauptet sie eine erhabene Distanz Gottes zum irdischen Leiden. Diese erhabene Distanz zum Leiden ist immer schon ein Wunschtraum sterblicher Menschen gewesen, den sie auf unsterbliche Zuschauergötter oder in die erhoffte Zukunft eigener Unsterblichkeit und Schmerzlosigkeit projizierten. Mit dem christlichen Gott hat diese Vorstellungsweise nichts zu schaffen. Sein Verhältnis zur Welt ist bestimmt durch den Schmerz seiner Liebe. »Der Schmerz Gottes ist der tiefste Hintergrund des geschichtlichen Jesus. Ohne diesen Hintergrund haben alle Lehren über Jesus keine Tiefe.« *(Kazoh Kitamori)* Den Schmerz Gottes bezeugt zentral die Hinrichtung auf Golgatha, wo »die Welt« schließlich nur mehr zuschaut und – im öffentlich zu Tode gefolterten Jesus – Gott das Drama ist. Ist Gott aber das Gegenteil eines Zuschauers, so wird die Position dessen, der Gott zuschaut, ebenfalls eine unmögliche, irreale, trotz unserer Versuche, gerade diese Position einzunehmen und zu halten. Auch die Zuschauer der Agonie Jesu waren nicht, was sie zu sein meinten, nämlich eben: Zuschauer. Sie waren, wie es die evangelischen Zeugnisse darstellen, Betroffene, Beteiligte, Akteure. Gerade der Schmerz Gottes, gerade Golgatha zeigt: den Zuschauer Gott gibt es so wenig wie den Zuschauer Gottes. Deshalb dulden die Auferstehung Jesu und seine Erscheinungen danach keine Zuschauer im theatralischen Sinn dieses Wortes. Wer dem Auferstandenen begegnet, stirbt als Zuschauer Gottes, um als dessen Zeuge und Akteur aufzuerstehen. Das lange anhaltende Misstrauen des Christentums gegenüber dem Theater wird von da her verständlich. Es richtet sich (zum mindesten auch) gegen die Rolle und Haltung des sich nicht engagierenden Zuschauers. Ein christlicher Wand- und Warnspruch in Zuschauerräumen und Theaterfoyers, als Kleber auch für Fernsehapparate zu empfehlen, müsste lauten: »Zuschauer gibt es nicht.«

Kurt Marti

Nach dem Tod des Königs David war sein jüngerer Sohn Salomo durch eine Hofintrige seiner Mutter Batseba und des Propheten Nathan an die Macht gekommen. Seine älteren Brüder hatte er dabei zunächst überlistet und dann töten lassen, damit sie seiner Herrschaft nicht gefährlich werden konnten. Da erscheint ihm Gott im Traum und stellt ihm in großzügiger Weise eine Bitte frei. Salomo bittet Gott um ein »hörendes Herz«, damit er angesichts seiner Jugend und Unerfahrenheit das Volk »richten kann und verstehen, was gut und böse ist«. Diese Bitte gefällt Gott gut und er verspricht, Salomo »ein weises und verständiges Herz« zu geben, aber auch noch Reichtum, Ehre und ein langes Leben dazu, solange »du in meinen Wegen wandelst«.

Salomos Weisheit wurde nicht nur in Israel, sondern überall in der damaligen Welt gerühmt, sodass auch die Königin von Saba mit großem Gefolge nach Jerusalem zog, um Salomo mit Rätselfragen auf die Probe zu stellen. Historisch richtig ist, dass unter Salomo Kunst und Literatur aufblühten, Wissenschaft und Bildung am Jerusalemer Hof gefördert wurden und die ersten großen Literaturwerke des Alten Testaments entstanden. Ob Salomo selber weisheitliche Texte verfasst hat, wissen wir nicht, aber er galt bald so sehr als Vorbild des Weisen, dass spätere weisheitliche Schriften *(Prediger Salomo, Sprüche Salomos, Hohes Lied)* nach ihm benannt wurden. Nicht weniger berühmt wurde Salomo dadurch, dass er in Jerusalem einen großartigen Tempel erbauen ließ. Damit schuf er ein religiöses Zentrum für die kultische Verehrung Gottes und festigte die Bedeutung Jerusalems als geistigen Mittelpunkt für ganz Israel.

Den großen Reichtum, den Salomo angehäuft hatte, nutzte er zu einer intensiven staatlichen Bautätigkeit. Er baute die Hauptstadt Jerusalem prächtig aus und überzog das Land mit einer Reihe von militärisch wichtigen Festungsstädten. Diese Bauleistungen Salomos waren nur dadurch möglich, dass auch freie israelitische Bauern zu Fronarbeiten herangezogen wurden. Auch die aufwändige Hofhaltung verschlang Unsummen von Geld, wofür die kleinbäuerliche Bevölkerung mit drückenden Steuern belastet wurde. Längst regierte Salomo wie einer der altorientalischen Herrscher seiner Zeit, die alten Freiheitsrechte des Volkes waren erheblich eingeschränkt. So verwundert es nicht, dass es noch zu Lebzeiten Salomos zum Aufstand kam. Jerobeam, den Salomo selbst zum Aufseher über die Fronarbeiten gemacht hatte, revoltierte gegen den König. Der Aufstand schlug zwar fehl, Jerobeam musste nach Ägypten fliehen, aber als Salomo kurze Zeit später (ca. 930 v. Chr.) nach fast 40-jähriger Herrschaft starb, zerfiel sein Reich in zwei Teile. Der biblische Bericht zeichnet ein idealisiertes Bild von Salomo. Er war weder der weiseste noch der reichste oder der bedeutendste König seiner Zeit. Das volkstümliche Bild von »Salomo in all seiner Pracht« stammt aus späteren trostloseren Zeiten, als man in der eigenen Vergangenheit Trost suchte und sie zu einem Goldenen Zeitalter überhöhte.

WOCHENSPRUCH

Christus spricht: Ich bin der gute Hirte. Meine Schafe hören meine Stimme, und ich kenne sie, und sie folgen mir; und ich gebe ihnen das ewige Leben.

Johannes 10,11.27.28

LEBENSWEISHEIT

Ein guter Hirte schert seine Schafe, aber er zieht ihnen nicht das Fell über die Ohren.

Australisches Sprichwort

GEBET

Wir machen den Weg frei,
sagt die Sparkasse.
Man gönnt sich ja sonst nichts,
sagt die Likörfirma.
Machen Sie das Beste aus ihrem Typ,
rät die Frauenzeitschrift.
Du sagst: Ich bin der gute Hirte.
Der gute Hirte lässt sein Leben für die Schafe.
Leben Sie, wir kümmern uns um die Details,
sagt die Kreditbank.
Nichts ist unmöglich,
sagt der Autohersteller.
Erfüllen Sie sich Ihre Träume, sagt die Lottogesellschaft.
Du sagst: Ich bin der gute Hirte.
Der gute Hirte zieht den Schafen nicht das Fell über die Ohren.
Wenn Ihr Schutzengel mal nicht aufpasst: Immer da, immer nah,
sagt die Versicherung.
Bei uns sitzen Sie in der ersten Reihe,
sagt der Fernsehsender.
Genieße den Duft von Abenteuer und Freiheit,
sagt die Tabakindustrie.
Du sagst: Ich bin der gute Hirte.
Meine Schafe hören meine Stimme, und ich kenne sie und sie folgen mir.
Amen.

Psalm 23

Der 23. Psalm gehört zum Restbestand dessen, was man heute aus der Bibel noch kennt, vielleicht sogar auswendig kennt. Wann dieser Psalm zuerst gesprochen wurde, wer ihn gedichtet hat und in welcher Situation er entstanden ist – wir wissen es heute nicht mehr. Es ist aber auch nicht entscheidend. Wichtiger ist etwas anderes. Der Psalm sagt in schönen Bildern etwas sehr Einfaches: Gott kümmert sich um uns, darum haben wir es gut und brauchen uns nicht zu fürchten. Das kann jedes Kind verstehen, aber es ist gar nicht kindlich und gar nicht naiv gemeint, sondern ganz elementar: Ich habe einen Hirten, einen Herrn. Ich muss nicht umherirren, ich weiß, wohin ich gehöre und an wem ich mich orientieren kann. Hirte und Herde – es mag sein, dass dieses Bild nicht bei allen Menschen spontane Zustimmung findet. Zu idyllisch sagen die einen, zu autoritär die anderen. Doch ein Hirte ist weder ein Romantiker noch ist er ein Chef. Er ist ein Mensch, der mit Lebendigem umgehen kann. Einer, der aufpasst, dass auch dem schwächsten Glied seiner Herde nichts Böses geschieht. Einer, der wacht, und einer, der kämpft, wenn der Wolf kommt.

Der Psalm fasziniert mit archaischen Bildern: Der Hirte, der mit seinem Stab den Weg weist und mit der Keule seine Herde gegen wilde Tiere verteidigt. Die Weideplätze mit frischem Gras und Wasser in Fülle. Aber auch die finstere Schlucht, durch die niemand ohne Beklemmung eilt. Gott, der den Verfolgten demonstrativ an seinen Tisch bittet. Und als Ziel der Wanderung die immerwährende Wohnung im Hause Gottes. Der 23. Psalm, uralt und makellos schön, ein Gedicht des Friedens und der Zuversicht und der Geborgenheit – aber doch unwirklich für die Welt, in der wir leben? Machen wir nicht auch andere Erfahrungen? Da kommt einer vom rechten Weg ab und findet nicht mehr zurück. Da gerät einer in Depressionen und hofft vergeblich auf eine Erquickung seiner Seele. Und im Alltag spürt man nicht immer etwas von der grünen Aue und dem frischen Wasser, sondern oft mehr von Überforderung und grauem Einerlei.

Doch der 23. Psalm ist kein Text, in dem die dunklen Seiten unseres Lebens verheimlicht oder verniedlicht werden. Er kennt auch die finsteren Schluchten, die das Leben kosten können, in denen der Tod seine Schatten vorauswirft. Die Realität wird nicht geleugnet. Wir leben in einer Welt, in der es immer wieder Unglücke gibt, und wir werden davon nicht verschont. Aber wir brauchen das Unglück nicht zu fürchten, denn – und hier geht der Psalm unvermittelt zum vertrauten »Du« über: »du bist bei mir«. So tröstet der Psalm zugleich und macht deutlich: Am Ende steht das Glück und nicht das Unglück, die Geborgenheit und nicht das Verlorensein. Kein Wunder, dass viele diesen Psalm gerade in Stunden der Bedrängnis gelesen haben und nicht wenige ihn ihr Leben lang mit sich tragen.

Gesetzt den Fall,
Jesus hätte sein junges Unternehmen von McKinsey&Company Inc., Zweigstelle Jerusalem, auf Effektivität prüfen lassen, so wäre das Ergebnis möglicherweise deprimierend ausgefallen (nebenbei gesagt: Er hätte es ja auch gar nicht bezahlen können.). In dem Bericht hätte vermutlich gestanden:
Dass erstens die Produkte der Jesusleute, speziell Markenartikel wie Feindesliebe oder Gottvertrauen, ziemlich marktfremd seien; dass es zweitens der Chef an Kundenorientierung fehlen lasse, indem er viel in der Halbwelt verkehre; dass drittens beim Personal ein Defizit an Eigeninitiative festzustellen sei und man sich nicht wundern würde, wenn einer der leitenden Angestellten den Herrn bei erster Gelegenheit verleugnen würde.

Nach der Heirat des Königs Ahab mit der phönizischen Prinzessin Isebel hatte der Kult des kanaanäischen Fruchtbarkeitsgottes Baal in Israel neuen Auftrieb bekommen. Dagegen erhob sich leidenschaftlicher Protest – am entschiedensten von Elia, einem Wanderpropheten aus dem Ostjordanland. Kompromisslos tritt er für die unbedingte Geltung des ersten Gebotes ein: »Ich bin der HERR, dein Gott. Du sollst nicht andere Götter haben neben mir.« *(2. Mose 20,2)*

Anlässlich einer katastrophalen Dürre, die seit drei Jahren auf dem Land lastete, kommt es zu einer Machtprobe. Elia fordert die Baalspriester auf dem Berg Karmel zu einem Gottesurteil heraus. Beide Seiten sollen jeweils auf einem Altar ein Brandopfer vorbereiten, aber noch kein Feuer anlegen; dann soll jeder zu seinem Gott beten, dass er Feuer vom Himmel herabsende. Die Bibel berichtet, dass die Gebete und ekstatischen Rituale der Baalspriester ohne Erfolg blieben, dass aber auf das Gebet des Elia hin Feuer vom Himmel herabgekommen sei und sein Opfer verzehrt habe. »Als das alles Volk sah, fielen sie auf ihr Angesicht und sprachen: Der Herr ist Gott, der Herr ist Gott!« *(1. Kön 18,39)*

Die Karmelgeschichte endet mit einem großen Triumph Elias: Das ganze Volk hatte den Gott Israels als den wahren Gott anerkannt, die Baalspriester waren besiegt, der Regen war wiedergekommen. Doch dann kippt alles. Elias Gegenspielerin, die Königin Isebel, schickt einen Boten zu Elia und lässt ihm ausrichten:

»Bist du Elia, so bin ich Isebel! Morgen um diese Zeit werde ich mit dir tun, was du den Baalspriestern getan hast.« *(1. Kön 19,2)* Da bekommt es Elia mit der Angst und er läuft um sein Leben, immer weiter nach Süden bis in die Wüste. Dort kauert er sich unter einen Ginsterstrauch und wünscht sich den Tod. In seiner Müdigkeit hört er eine Stimme: »Steh auf und iss!« Wie Elia sich umsieht, sieht er neben sich ein geröstetes Brot und einen Krug mit Wasser. »Du hast einen weiten Weg vor dir. – Und Elia stand auf und aß und trank und ging, durch diese Wegzehrung gestärkt, 40 Tage und 40 Nächte bis zum Berg Gottes, dem Horeb.« *(1. Kön 19,7f.)*

Dort, wo Gott sich vor langer Zeit dem Mose offenbart hatte, erscheint Gott jetzt auch dem Elia – wie die Bibel in einer eindrücklichen Szene erzählt. Zuerst kommt ein gewaltiger Sturm – aber Gott ist nicht im Sturm. Nach dem Sturm kommt ein Erdbeben – aber Gott ist nicht im Erdbeben. Nach dem Erdbeben kommt ein Feuer – aber Gott ist nicht im Feuer. Der Sturm, das Erdbeben, das Feuer: Sie unterstreichen die göttliche Macht, der sich nichts entgegenstellen kann.

Aber Gott ist nicht in ihnen, er ist über den Gewalten, die wir kennen und die uns imponieren. Nach dem Feuer kommt ein »leises, sanftes Wehen«, vernehmbar nur wie »ein verschwebendes Schweigen« *(M. Buber)*. Als Elia diese Stille wahrnimmt, verhüllt er sein Angesicht mit einem Mantel und tritt vor den Eingang seiner Höhle. Und dann spricht eine Stimme zu ihm, die Stimme Gottes, der ihm einen neuen Auftrag gibt.

WOCHENSPRUCH

Ist jemand in Christus, so ist er eine neue Kreatur; das Alte ist vergangen, siehe, Neues ist geworden.

2. Korinther 5,17

LEBENSWEISHEIT

Alle Menschen werden als Original geboren, die meisten sterben als Kopie.

Graffiti

GEBET

Gott,
wir beten heute für deine Schöpfung,
zu der wir gehören, von der wir leben, die wir zerstören.
Wir beten für den Boden,
dessen Fruchtbarkeit ein Wunder ist
und den wir immer mehr zubetonieren.
Wir beten für die Meere,
an denen wir so gern Urlaub machen
und die wir doch ständig verschmutzen.
Wir beten für die Wälder,
in denen wir so gern wandern
und die doch sterben an unseren Abgasen.
Wir beten für die Pflanzen, die Blumen und Sträucher,
mit denen wir unsere Häuser und Gärten schmücken
und die wir doch bespritzen ohne Ende.
Wir beten für die Tiere,
die wir uns zu Hause halten und in Zoos
und die wir doch quälen für unseren Luxus.
Gott, öffne uns die Augen für die Schönheit deiner Schöpfung!
Aber lehre uns auch, Frieden zu schließen mit der Natur
– für uns, für unsere Mitgeschöpfe, die Tiere und Pflanzen,
und für unsere Kinder.
Amen.

1. Mose 1,26-31

Am Anfang ist da nur ein nacktes Bündel: zwei Hand voll Leben, rot und runzlig, krumm und schreiend, 2500 Gramm schwer und 50 Zentimeter groß, ein hilfloser Säugling, allein gar nicht überlebensfähig, angewiesen auf Versorgung und Liebe, Tag und Nacht, ein neuer Mensch. So sind wir alle auf die Welt gekommen, so erleben wir es bei unseren Kindern und Enkeln. Und wenn man es erlebt, kann man nur staunen: Ein Wunder!

Was ist der Mensch? Ein hilfloser Säugling, ein Nobelpreisträger, ein Heroinsüchtiger, ein Bundeskanzler, ein ganz armer Hund, manchmal ein Engel, manchmal eine Bestie. Er hat die Erde erobert und jeden Winkel erforscht. Er hat gelernt, Krankheiten zu heilen und das eigene Leben zu verlängern. Er hat Maschinen erfunden, die ihm die Arbeit abnehmen. Er kann riesige Entfernungen in kürzester Geschwindigkeit überwinden. Der Mensch kann unendlich viel. Er kann sich selbst aber auch zur letzten und furchtbarsten Bedrohung werden, wenn er vergisst, dass seine Würde geliehen ist und seine Begabung Geschenk Gottes. Die Furcht vor dem, was der Mensch kann, ist heute größer als das Staunen: Klimaerwärmung und Zerstörung der Regenwälder, Ausrottung von Tier- und Pflanzenarten und Verschwendung des Trinkwassers, jährlich immer neue Kriege und immer noch so viele Hungertote – was ist daran staunenswert? Wen überkommt dabei nicht das Entsetzen?

Der Schöpfungsbericht am Anfang der Bibel nennt den Menschen Gottes Ebenbild. Wie in alter Zeit große Herrscher in den Gebieten, die zu ihrem Herrschaftsbereich gehörten, ihr Bild als Zeichen ihrer Macht und Herrschaft aufstellen ließen, so stellt Gott den Menschen als lebendiges Zeichen seiner Herrschaft in die Welt hinein. Wie ein König soll er unter den Geschöpfen für gerechte Verhältnisse sorgen, wie ein Richter bei Konflikten ausgleichend wirken.

Doch was ist daraus geworden? Katastrophal hat der Mensch unter den Tieren gewütet. Als ob er mit den Tieren und Pflanzen, mit dem Erdboden und der Natur einfach tun und machen könnte, was er will. Doch wir sind Geschöpfe unter Geschöpfen. Das ist es, was uns Menschen schwer zu schaffen macht. Wir wollen lieber selber Schöpfer spielen, wir wollen selber Gott sein. Ob nicht hier auch die treibende Kraft für die Gentechnologie liegt: heilen können, den Tod endgültig überwinden, den perfekten Menschen schaffen, der nicht nach Gottes Bild geschaffen ist, sondern nach unseren Vorstellungen? »Wir sind besser als Gott«, erklärt stolz der amerikanische Gentechnologe McKay.

Was ist der Mensch? Ein hilfloser Greis auf der Pflegestation, der nur noch liegen kann und gefüttert werden muss, der kaum noch sprechen kann und nur noch Geld kostet. Und doch ein Ebenbild Gottes, von Gott geschaffen und gewollt, von ihm geliebt und getragen auch über den Tod hinaus – eine Würde, die ihm keiner nehmen kann.

IN EINEM HOF

In einem Hof spielten einmal zwei Kinder ein lustiges Spiel. Sie dachten sich eine ganz besondere Sprache aus, in der sie miteinander reden konnten, ohne dass andere Leute eine Silbe davon verstanden. »Brif, braf«, sagte der Erste. »Braf, brof«, antwortete der Zweite. Und dann lachten alle beide ganz toll.

Im oberen Stockwerk des Hauses saß ein alter Herr auf dem Balkon und las seine Zeitung. Im Haus gegenüber lehnte eine alte Frau zum Fenster hinaus. »Was sind das für dumme Kinder, die zwei da unten«, sagte die Frau. Aber der alte Herr war nicht ihrer Meinung: »Das finde ich nicht.«

»Sagen Sie nur nicht, dass Sie verstanden hätten, was sie eben gesagt haben.« »Doch, ich habe alles verstanden. Der Erste sagte: ›Was für ein herrlicher Tag heute.‹ Und der Zweite antwortete: ›Morgen wird's noch viel schöner.‹«

Die alte Frau rümpfte die Nase, schwieg aber still, weil die Kinder unten im Hof wieder angefangen hatten, sich in ihrer Geheimsprache zu unterhalten. »Maraschi, barabaschi, pfiffirimoschi«, sagte der Erste. »Bruf«, antwortete der Zweite. Und wieder brach ihr tolles Gelächter los. »Wollen Sie das auch wieder verstanden haben?«, rief die alte Frau erbost ihrem Nachbarn zu. »Sicher«, antwortete der alte Herr lächelnd.

»Der Erste hat gesagt: ›Wie sind wir doch froh, dass wir auf der Welt sind!‹ Und der Zweite hat ihm geantwortet: ›Die Welt ist ganz wunderbar!‹«

»Aber ist sie wirklich wunderbar, die Welt?«, bohrte die alte Dame weiter. »Brif, bruf, braf«, antwortete der alte Herr.

Gianni Rodari

In Israel lebte ein Bauer namens Nabot, der neben dem Palast des Königs Ahab einen Weinberg besaß. Auf diesen Weinberg hatte der König schon lange ein Auge geworfen. Der König hat nicht vor, dem Bauern das Land einfach wegzunehmen, nein, er will es ihm mit Silber abkaufen oder gegen ein anderes Stück Land eintauschen. Doch Nabot ist an dem Handel nicht interessiert: »Davor bewahre mich der Herr, dass ich dir das Erbe meiner Väter geben sollte.« *(1. Kön 21,3)*

Enttäuscht und verärgert kehrt der König in seinen Palast zurück. Er weiß, dass er dem Nabot rechtlich nicht beikommen kann. Er legt sich auf sein Bett, dreht sich zur Wand und weigert sich, etwas zu essen. Das erfährt seine Frau Isebel: »Was ist mit dir? Bist du krank?« Ahab erzählt ihr die ganze Geschichte. »Und das lässt du dir gefallen?«, ruft Isebel. »Du bist doch König in Israel! Aber lass mal, ich werde dir den Weinberg Nabots schon verschaffen.« *(1. Kön 21,7)*

Isebel war eine phönizische Prinzessin. Sie hatte ein anderes Rechts- und Machtverständnis: Wer die Macht hat, der kann sich auch alles leisten. Damit der König an den Besitz von Nabots Weinberg kommen kann, wird ein Justizmord inszeniert, und zwar durch die obersten Staatsorgane selbst. Isebel lässt einen Schreiber kommen, diktiert einige Briefe und versiegelt sie mit dem Namen des Königs. Die königlichen Briefe schickt sie an die vornehmen und mächtigen Leute in der Stadt, Sie werden in den Briefen aufgefordert, ein »Fasten« auszurufen, eine Art Volksklagefeier, die einberufen wurde, wenn es irgendeinen Notstand im Lande gab und befürchtet wurde, dass dies eine Strafe Gottes sein könnte. Bei dieser Feier sollte Nabot »obenan im Volk« platziert werden und ihm gegenüber sollten zwei »Leute von Bosheit« gesetzt werden, bestochene falsche Zeugen. Die beiden Männer sollten auf Nabot zeigen und ihn beschuldigen: »Wir haben es gehört: Nabot hat den König verflucht und Gott gelästert.« *(1. Kön 21,13)*

Das war ein todeswürdiges Verbrechen damals. Das Eigentum von zum Tode Verurteilten aber fiel dem Staat zu, Ahab hätte seinen Weinberg. Der raffinierte Plan der Königin gelang vollkommen. Die Klagefeier ging in eine Gerichtsverhandlung über, aus dem Gottesdienst wurde ein Tribunal, das schließlich in einer Hinrichtung endete. Der Bauer Nabot wurde vor den Toren der Stadt gesteinigt.

Als Isebel hörte, dass Nabot tot war, ging sie zum König und sagte: »Auf! Geh zum Weinberg Nabots und nimm ihn dir. Der dumme Bauer lebt nicht mehr.« *(1. Kön 21,15)* Hier könnte die Geschichte zu Ende sein. Ein kleiner Bauer wird von den Mächtigen fertiggemacht. Doch an dieser Stelle greift Gott durch seinen Propheten ein. Als der König Ahab gerade dabei ist, den Weinberg Nabots in Besitz zu nehmen, tritt ihm der Prophet Elia entgegen. Unerschrocken tritt Elia vor den König:

»Du hast dich hergegeben, zu tun, was in den Augen Gottes böse ist. Darum wird Gott Unglück über dich bringen und dich wegfegen und wird ausrotten von Ahabs Geschlecht alles, was männlich ist.« *(1. Kön 21,20f.)*

Das ist ein hartes Urteil, und als Christen denken wir daran, dass Gott nicht den Tod, sondern die Umkehr und das Leben des Sünders will. Doch das harte Urteil zeigt auch, dass Gott das Schwache und Gefährdete unter seinen Schutz stellt und es nicht hinnimmt, wenn es von den Mächtigen einfach zertreten wird.

WOCHENSPRUCH

Singet dem Herrn ein neues Lied, denn er tut Wunder.

Psalm 98,1

LEBENSWEISHEIT

Wer Mitleid fühlen will mit einem Europäer, muss ihn tanzen sehen.

Afrikanisches Sprichwort

GEBET

Mein Gott,
ich möchte dich heute einmal nicht um etwas bitten.
Ich bringe einmal nicht meine Wünsche,
sondern ich bete zu dir,
dass du mir die Augen öffnest für das,
was du mir schon längst geschenkt hast.
Warum klage ich so viel und lache so wenig?
Warum seufze ich mehr, als dass ich mich freue?
Gott, ich übersehe so viel,
wofür ich dir dankbar sein kann.
Ich habe mich daran gewöhnt,
dass deine Wunder alltäglich sind.
Mein Gott, lass mich das Staunen nicht vergessen!
Lass mich den Blick für die Schönheit
und den Reichtum des Lebens nicht verlieren.
Lass mich erkennen, dass ich trotz all meiner Arbeit
im Grunde doch von nichts als deiner Güte lebe.
Nimm meine einfachen Worte, Gott,
als den Versuch, dich zu loben.
Amen.

Matthäus 11,28-30

Der Geschäftsmann ruft: Kommet her zu mir alle, bei mir gibt es alles, aber günstig. Die andere Firma lockt: Kommen Sie zu uns, bei uns können Sie sich verbessern. Die Versicherung ruft an: Kommen Sie mal vorbei, damit wir Ihnen ein neues Angebot unterbreiten können. Der Reiseunternehmer wirbt: Fliegen Sie mit uns, wir verwöhnen Sie. Alle Welt ruft: Kommet her zu mir! Nur ist dabei meist der Hintergedanke im Spiel: damit ich meinen Gewinn daraus ziehe.

Jesus ruft nicht die Zahlungskräftigen und Erfolgreichen, er ruft die »Kaputten« und Erschöpften: »Kommet her zu mir alle, die ihr mühselig und beladen seid! Ich will euch Ruhe geben.«

Man hat gesagt, diese Worte hätten eine natürliche Anziehungskraft: »Wenn vom Neuen Testament und seiner schriftlichen Überlieferung alles verloren gegangen wäre und es wäre bei Ausgrabungen im ägyptischen Sand ein Papyrusfetzen mit dieser Textstelle des Heilandsrufs gefunden worden, so würde ich aufgrund dieser Botschaft ein Anhänger des Nazareners geworden sein« *(O. Dibelius)*.

Warum? Weshalb ziehen diese Worte auch mich in ihren Bann? Vielleicht weil sie mich so sehen, wie ich wirklich bin, wie ich es aber zugleich meine Umwelt möglichst nicht wissen lasse: als hilflosen, mit mancher Last beladenen, mit häufigem Misserfolg sich abmühenden Menschen. Wer gibt das schon offen zu? Gefragt ist etwas anderes: »Sich gut verkaufen können«; sich so präsentieren, dass andere beeindruckt sind; in der täglichen Leistungsschau locker mithalten, egal, wie mir wirklich zumute ist. Bei Jesus hören wir es anders: Ich muss meine Schwäche nicht verbergen; ich bin eingeladen, ich kann kommen, so wie ich bin – wo gibt es das sonst noch?

Ich glaube, die Anziehungskraft dieser Worte aus dem Matthäusevangelium erklärt sich daher, dass sich im Grunde jeder durch sie angesprochen fühlen kann. Mir fallen Gespräche mit älteren Menschen ein, die in ihrem Leben viel erlebt haben: den Verlust der alten Heimat, Nächte im Bombenhagel, den Neuanfang in der Fremde, den Tod naher Menschen, Enttäuschungen in der eigenen Ehe, Ärger in der eigenen Familie, Krankheiten und Einsamkeiten. Das Materielle ist oft das Wenigste, schwerer wiegen die Wunden des Lebens, die Verletzungen der Seele. Das muss man auch mal loswerden können, mal aussprechen können. Wir möchten auch mal verstanden werden – von einem, zu dem wir kommen können, der zuhört und uns akzeptiert, der nicht alles gutheißt, der auch mit dem Kopf schüttelt, aber der uns nicht verurteilt, nicht verachtet. Jesus sagt: »Kommet her zu mir alle, die ihr mühselig und beladen seid! Ich will euch Ruhe geben.« Ruhe nicht erst nach dem Tod, Ruhe nicht erst im Ruhestand, sondern Ruhe, die Kraft gibt zum Leben – und Frieden mit sich selbst, mit Gott und mit anderen Menschen.

DER BETENDE GAUKLER

Eine französische Legende. Es war einmal ein Gaukler, der tanzend und springend von Ort zu Ort zog, bis er des unsteten Lebens müde war. Da gab er all seine Habe hin und trat in das Kloster zu Clairveaux ein. Aber weil er sein Leben bis dahin mit Springen, Tanzen und Radschlagen zugebracht hatte, war ihm das Leben der Mönche fremd, und er wusste weder ein Gebet zu sprechen noch einen Psalter zu singen.

So ging er stumm daher, und wenn er sah, wie jedermann des Gebetes kundig schien, aus frommen Büchern las und mit im Chor die Messe sang, stand er beschämt dabei: Ach, er allein, er konnte nichts. »Was tust du hier?«, sprach er zu sich, »ich weiß nicht zu beten und kann mein Wort nicht machen. Ich bin hier unnütz und der Kutte nicht wert, in die man mich kleidete.«

In seinem Gram flüchtete er eines Tages, als die Glocke zum Chorgebet rief, in eine abgelegene Kapelle. »Wenn ich schon nicht mitbeten kann im Konvent der Mönche«, sagte er vor sich hin, »so will ich doch tun, was ich kann.« Rasch streifte er das Mönchsgewand ab und stand da in seinem bunten Röckchen, in dem er als Gaukler umhergezogen war. Und während vom Hohen Chor die Psalmgebete herüberwehten, begann er mit Leib und Seele zu tanzen, vor- und rückwärts, links herum und rechts herum. Mal geht er auf seinen Händen durch die Kapelle, mal überschlägt er sich in der Luft und springt die kühnsten Tänze, um Gott zu loben. Wie lange auch das Chorgebet der Mönche dauert, er tanzt ununterbrochen, bis ihm der Atem verschlägt und die Glieder ihren Dienst versagen.

Ein Mönch aber war ihm gefolgt und hatte durch ein Fenster seine Tanzsprünge mitangesehen und heimlich den Abt geholt. Am anderen Tag ließ dieser den Bruder zu sich rufen. Der Arme erschrak zutiefst und glaubte, er solle des verpassten Gebetes wegen bestraft werden. Also fiel er vor dem Abt nieder und sprach: »Ich weiß, Herr, dass hier meines Bleibens nicht ist. So will ich aus freien Stücken ausziehen und in Geduld die Unrast der Straße wieder ertragen.« Doch der Abt neigte sich vor ihm, küsste ihn und bat ihn, für ihn und alle Mönche einzustehen: »In deinem Tanze hast du Gott mit Leib und Seele geehrt. Uns aber möge er alle wohlfeilen Worte verzeihen, die über die Lippen kommen, ohne dass unser Herz sie sendet.«

Quelle unbekannt

Abendgebet 21.5.2015

In der Mitte des achten Jahrhunderts v. Chr. erlebte Israel eine selten lange Friedenszeit. In der langen Regierungszeit Jerobeams II. blühten Wirtschaft und Handel auf, und ein gewisser Wohlstand breitete sich aus. Die inneren Verhältnisse waren stabil, es herrschten Ruhe und Ordnung. Da tritt der Prophet Amos auf mit einer schockierenden Nachricht: »Gefallen ist sie, die Jungfrau Israel, sie steht nicht wieder auf …« *(Amos 5,2)* Der Prophet kündigt ein bevorstehendes, unabwendbares Unheil über Israel an, das Gott selbst über sein Volk verhängt hat.

Amos schaut hinter die Kulissen: Der wachsende Wohlstand ist nur Fassade, dahinter werden krasse soziale Unterschiede sichtbar. Die führenden Kreise in der Hauptstadt – Hofbeamte, Militärs, Kaufleute und Großgrundbesitzer – leben in Luxus und Schwelgerei. »Sie schlafen auf elfenbeinverzierten Betten, ruhen auf weichen Polstern, trinken Wein aus großen Schalen, salben sich mit dem feinsten Öl und kümmern sich nicht um den Schaden des Volkes.« *(Amos 6,4ff.)* Die wohlhabende Oberschicht – sie ist es vor allem, die von Amos angesprochen wird. »Den Unschuldigen verkaufen sie für Geld und den Armen für ein Paar Sandalen.« *(Amos 2,6)*

Amos ist unbestechlich. Gegen jedes Zugeständnis an die Interessen seiner Zeitgenossen deckt er deren unsoziales Verhalten auf. Das geht der herrschenden Klasse zu weit. Der Oberpriester Amazja, der für das Staatsheiligtum in Bethel zuständig war, erstattet dem König Anzeige über das Auftreten des Propheten. »Der Amos macht einen Aufruhr gegen dich im Hause Israel; das Land kann seine Worte nicht mehr ertragen.« *(Amos 7,10)* Er verbietet dem Amos das Staatsheiligtum und fordert ihn auf, das Land zu verlassen und sich woanders eine Beschäftigung zu suchen. Selbstbewusst antwortet Amos: »Ich bin kein Berufsprophet und auch kein Mitglied einer Prophetenschule, sondern ich bin Viehzüchter und ich ziehe Maulbeerfeigen. Aber Gott hat mich hinter der Herde weggeholt und zu mir gesagt: Geh hin und tritt bei meinem Volk als Prophet auf.« *(Amos 7,14)*

Amos ist der erste und älteste der Propheten, deren Worte uns schriftlich überliefert sind. Seine Botschaft ist klar und kompromisslos und bestürzend: Gott beendet seine Geschichte mit dem Volk Israel. Das ist sein einziges Thema. In allem, was er sonst sagt, zieht er nur die Konsequenzen aus dieser Botschaft. Aber gibt es nicht die prachtvollen Gottesdienste, die großen Feste, die zahlreichen Opferfeiern, die organisierte Frömmigkeit im Lande? Auch sie können vor Amos nicht bestehen: »Ich verachte eure Feiertage, sagt Gott, und kann eure Feste nicht riechen … Tu weg von mir das Geplärr deiner Lieder, dein Harfenspiel mag ich nicht hören. Es ströme aber das Recht wie Wasser und die Gerechtigkeit wie ein nie versiegender Bach.« *(Amos 5,21-24)* Die Verehrung Gottes ließ man sich etwas kosten – die Gerechtigkeit trat man mit Füßen. Doch Gottesdienst ohne Gerechtigkeit, das ist für Amos Götzendienst.

Die Menschen damals haben Amos nicht verstanden. Er wurde aus dem Land ausgewiesen und über die Grenze gebracht. Zwei Jahrzehnte später trat ein, was er prophezeit hatte. Die Assyrer eroberten das Land und machten dem Nordreich Israel ein Ende. Die Hauptstadt Samaria zerfiel in Schutt und Asche.

WOCHENSPRUCH

Gelobt sei Gott, der mein Gebet nicht verwirft
noch seine Güte von mir wendet.

Psalm 66,20

LEBENSWEISHEIT

Die Klagemauer –
im Blitz eines Gebetes
stürzt sie zusammen.
Gott ist ein
Gebet weit
von uns entfernt.

Nelly Sachs

GEBET

Gott, wir bitten dich für die Menschen, die nicht beten können,
damit sie es ab und zu wieder lernen.
Wir bitten dich für die Menschen, die zu beten versuchen,
dass sie sich nicht zwingen, dass sie aber auch nicht verzweifeln.
Wir bitten dich auch für die Menschen, die beten können,
damit sie nicht selbstgerecht werden.
Gott, wir bitten dich für uns selbst,
damit wir uns Gedanken machen über dich und das,
was in der Welt geschieht.
Amen.

Lukas 11,1-4

»Herr, lehre uns beten!« Diese Bitte der Jünger ist erstaunlich. Denn die Juden kannten sich doch mit dem Beten aus. Es gab feste Gebetszeiten am Tage und Gebetsordnungen für die großen Feste. Keine Mahlzeit ohne Tischgebet.

Aber vielleicht spiegelt diese Bitte eine Erfahrung, die wir selbst auch gemacht haben. Viele sind mit Kindergebeten groß geworden. Doch mit zunehmendem Alter wurde man unsicher. Kann man so noch beten? Das Beten unterblieb ganz. Andere Gründe kamen hinzu: Ob das Beten wirklich helfen kann? Gibt es nicht für alles eine einfache, eine natürliche Erklärung? Vor allem aber: Wo rund um die Uhr gearbeitet wird, wo morgens die hektischste Zeit des Tages ist und abends der Fernseher erst um Mitternacht abgeschaltet wird, da bleibt für das Beten einfach keine Zeit mehr. Doch das Gebet ist auf ein wenig Ruhe und Konzentration angewiesen. Denn Beten beginnt dort, wo ich anfange, über das eigene Leben nachzudenken und alles, was mir dabei durch den Kopf geht, Gott zu erzählen: mit eigenen Worten, im Stillen, nur für mich oder mit anderen. Vielleicht am ehesten mit den Worten des Vaterunsers. Es ist das Gebet, das alle oder fast alle kennen. Es gehört zum christlichen Restbestand in einer nachchristlichen Gesellschaft. Wird es am Grabe gebetet, so stimmen auch die mit ein, die schon seit Jahren keinen Gottesdienst mehr besucht haben. Es hat etwas Elementares, das nicht mehr aus dem Kopf geht. Wie ein sicheres Geländer, an dem man sich festhalten kann, wenn die eigenen Worte nicht mehr ausreichen.

Festhalten kann ich mich schon an der Anrede, die alles Weitere ahnen lässt: Unser Vater im Himmel! Mit der größten Selbstverständlichkeit wird hier Gott, den wir nicht erforschen und nicht begreifen können, als »unser Vater« angesprochen. Was für ein unbegreifliches Vertrauen, in dem dieser Jesus gelebt hat und das er auch uns zutraut: Unsere Existenz kein Zufallsprodukt, sondern gehalten von einer ansprechbaren Macht, die uns mit Liebe gewollt hat, uns bejaht und in guten und bösen Tagen trägt. Gott wie ein Vater – oder auch wie eine Mutter, die uns geboren, großgezogen, gewärmt und getröstet hat.

So ist in diesen ersten Worten des Vaterunsers eigentlich alles schon enthalten. Wer sich in die Hand dieses Gottes geben kann, dem verändern sich die Maßstäbe und Prioritäten des eigenen Lebens. Es geht nicht mehr zuerst um unseren Namen, unsere Herrschaft, unseren Willen. Dreimal heißt es Dein – und nicht mein. Und dreimal heißt es Unser oder Wir – und nicht Ich. Umkehrung unserer Prioritäten und zugleich: Beschreibung der menschlichen Existenz ohne Wenn und Aber. Vom hungrigen, schuldigen, jede Stunde neu in Versuchung stürzenden, von allen Übeln bedrohten Menschen ist in den letzten Bitten die Rede. Von dem, der auf Brot angewiesen ist, in Schuld verstrickt ist und unfähig, sich selbst zu helfen, weil es nicht möglich ist, sich am eigenen Schopfe aus dem Sumpf zu ziehen. Im Vaterunser wird das ganze Leben ausgebreitet – aber vor dem, den wir voller Vertrauen »unseren Vater« nennen dürfen.

ZWEI LASTKUTSCHER

Zwei Lastkutscher kamen mit voll geladenen Karren einher. Die Wege waren verschlammt und beide Karren fuhren sich fest. Einer der beiden Kutscher war fromm. Er fiel dort im Schlamm auf die Knie und begann, Gott darum zu bitten, er möge ihm helfen. Er betete, betete ohne Unterlass und betrachtete dabei den Himmel.

Währenddessen fluchte der andere, arbeitete aber. Er suchte Zweige, Blätter und Erde zusammen. Er schlug auf den Esel ein. Er schob am Karren. Er schimpfte, was das Zeug hielt.

Und da geschah das Wunder. Aus der Höhe steigt ein Engel nieder. Zur Überraschung der beiden Kutscher kommt er jedoch demjenigen zur Hilfe, der geflucht hat. Der arme Mann wird ganz verwirrt und ruft aus: »Entschuldige, das muss ein Irrtum sein. Sicher gilt die Hilfe dem anderen.« Aber der Engel sagte: »Nein, sie gilt dir. Gott hilft dem, der arbeitet.«

nach Dom Helder Camara

Jesaja ragt unter den Propheten des Alten Testaments heraus. In der Bibel ist er der erste der Schriftpropheten. Das Jesajabuch ist immer wieder abgeschrieben worden und von allen Propheten wird Jesaja am häufigsten im Neuen Testament zitiert. Jesaja ist der Theologe unter den Propheten – ein sehr selbstständiger Denker, der sowohl mit den überlieferten Vorstellungen als auch mit den politischen Herausforderungen seiner Zeit eigenständig und souverän umging. Über die Person des Propheten wissen wir nur wenig. Er stammte wohl aus Jerusalem und gehörte dort zu den oberen Gesellschaftsschichten. Er hatte ungehinderten Zugang zum König und ist erstaunlich gut über die politischen und diplomatischen Ereignisse unterrichtet.

Umso erstaunlicher ist, wie scharf Jesaja den aufwändigen Lebensstil und die wirtschaftlichen Praktiken seiner eigenen Schicht kritisiert. Er geißelt die Putzsucht der vornehmen Jerusalemer Frauen (»gehen mit aufgerecktem Hals und lüsternen Augen …« *(3,16)*), den hemmungslosen Expansionsdrang der Großgrundbesitzer (»Weh denen, die ein Haus zum anderen bringen und einen Acker an den anderen rücken …« *(5,8)*) und verurteilt die Lügen seiner prophetischen und priesterlichen Kollegen (»… Denn wir haben Lügen zu unserer Zuflucht und Trug zu unserem Schutz gemacht …« *(28,15)*).

Zentraler noch als die soziale Kritik ist bei Jesaja die politische Anklage. Sie zieht sich wie ein roter Faden durch alle Phasen seines Wirkens. Die Zeit Jesajas war eine Zeit großer weltgeschichtlicher Veränderungen. Das kleine Land Juda war eingekeilt zwischen den beiden damaligen Weltreichen, Ägypten und Assyrien. Wie sollte sich der judäische König in dieser Situation verhalten? Angesichts eines vorrückenden feindlichen Heeres tritt Jesaja dem König Ahas entgegen und fordert ihn auf, ruhig zu bleiben und auf die Hilfe Gottes zu vertrauen: »Glaubt ihr nicht, so bleibt ihr nicht.« *(7,9)* Nicht in politischen und militärischen Aktionen, allein im Vertrauen auf den Beistand Gottes liegt die Rettung.

Jahre später wird der Staat Juda unter König Hiskija erneut von den Assyrern belagert. Wieder wendet sich Jesaja gegen den Plan des Königs, Ägypten um militärische Unterstützung zu ersuchen: »In Zurückhaltung und Gelassenheit liegt eure Rettung, in Stillehalten und Vertrauen eure Stärke.« *(Jes 30,15)* Jesajas Rat klingt utopisch, erweist sich jedoch als erstaunlich realistisch. Die Assyrer können die Stadt nicht einnehmen, der Assyrerkönig Sanherib muss wieder abziehen.

Jesaja bleibt aber nicht bei der politischen Anklage stehen, sondern blickt auch in die Zukunft. Die gegenwärtigen Ereignisse sind Teil eines weitgespannten göttlichen Planes. Gott wird sein Volk nicht untergehen lassen, der assyrische Welteroberer wird selbst zugrunde gehen, und aus dem Geschlecht Davids wird ein König kommen, der, begnadet mit »dem Geist der Weisheit und des Verstandes, dem Geist des Rates und der Stärke, dem Geist der Erkenntnis und der Gottesfurcht« die Gerechtigkeit in seinem Land wieder durchsetzt. Völker werden nach Jerusalem strömen, um dort politischen Streit schlichten zu lassen: »Da werden sie ihre Schwerter zu Pflugscharen schmieden und ihre Speere zu Winzermessern. Keine Nation wird gegen eine andere das Schwert erheben, und sie werden hinfort nicht mehr lernen, Krieg zu führen.« *(Jes 2,4)*

WOCHENSPRUCH

Christus spricht:
Wenn ich erhöht werde von der Erde, so will ich alle zu mir ziehen.

Johannes 12,32

LEBENSWEISHEIT

»Wer nur nach dem Himmel sieht, fällt leicht mit der Nase auf die Erde.«

Sprichwort

GEBET

Menschen waren auf dem Mond,
dich, Gott, haben sie nicht getroffen.
Weltraumsonden erkunden die fernsten Planeten,
von dir, Gott, keine Spur.
Für Blitz und Donner bist du, Gott, nicht mehr verantwortlich.
Das Wetter kann uns jetzt der Computer erklären.
Den Himmel haben wir vermessen, das Weltall haben wir erforscht,
dich, Gott, brauchen wir nicht, um fast alles zu erklären.
Doch wir können alles erklären und haben doch nichts verstanden.
Du bist größer als das Weltall und kleiner als ein Senfkorn.
Wer könnte dich begreifen?
Wo du bist, ist der Himmel – im Himmel und auf Erden.
Amen.

Apostelgeschichte 1,1-11

Zwei Professoren, Naturwissenschaftler der eine, Theologe der andere, kommen miteinander ins Gespräch. »Wo liegt eigentlich der Himmel?«, fragt der Naturwissenschaftler beiläufig. »Weit, sehr weit – noch hinter dem Stern Sirius«, lautet die Antwort. »So, und wie schnell ist Christus gen Himmel gefahren?« Der Theologe wittert jetzt Gefahr und meint vorsichtig, so schnell wie eine Kanonenkugel könne der Herr wohl geflogen sein. »Dann fliegt er noch«, erklärte der Naturwissenschaftler sachlich.

In dieser Anekdote aus dem 19. Jahrhundert kommen augenzwinkernd die Zweifel und Verlegenheiten zum Ausdruck, die viele Menschen mit der Himmelfahrt Jesu haben. Ist Jesus wirklich »aufgefahren in den Himmel«, wie es im Glaubensbekenntnis heißt?

Wer die Bibel aufschlägt, wird überrascht feststellen, dass die meisten Evangelisten, aber auch Paulus, von einer Himmelfahrt Jesu gar nichts wissen. Ausnahme: der Evangelist Lukas. Er weiß in der Apostelgeschichte als Einziger zu berichten, dass Jesus nach seiner Auferstehung noch 40 Tage lang seinen Jüngern erschienen ist. Er lässt sich von seinen Jüngern anfassen und betasten, er isst mit ihnen und gibt ihnen genaue Anweisungen für die Zukunft. Nach 40 Tagen führt er seine Jünger vor die Stadt in die Nähe des kleinen Ortes Bethanien, segnet sie zum Abschied und fährt vor ihnen in den Himmel hinauf.

Mit einiger Gewissheit lässt sich feststellen, dass die Himmelfahrt Jesu nicht so geschehen ist, wie Lukas sie hier beschrieben hat. Die ersten Christen haben es anders gesehen: Jesus ist schon bei seiner Auferstehung »erhöht« worden, erhöht worden in den Machtbereich Gottes.

Warum hat Lukas dann aber so ausführlich von einer Himmelfahrt Jesu erzählt? Lukas war ein guter Schriftsteller. Er wusste: »Erhöhung zu Gott« – darunter konnten sich seine griechischen und römischen Leser nichts vorstellen. Himmelfahrt – das war anschaulich. Und er wollte zeigen, dass die jetzt angebrochene Zeit der Kirche kein Missverständnis ist, sondern von Jesus so gewollt. Darum lässt er Jesus noch 40 Tage mit den Jüngern beisammen sein, damit er ihnen in dieser Zeit alles Wichtige über das Reich Gottes vermitteln kann. Und er verbietet ihnen, in den Himmel zu starren und auf seine Wiederkunft zu warten: »Ihr werdet meine Zeugen sein in Jerusalem ... und bis an das Ende der Erde.« »Aufgefahren in den Himmel« – das bedeutet zunächst ein Ende. Die irdische Geschichte des Juden Jesus ist zu Ende. Aber dieses Ende ist ein Anfang. Eine neue Zeit beginnt, in der wir mit Jesus anders dran sind als die Zeitgenossen von damals. Luther hat das so beschrieben: »Man soll nicht denken, er sei dahingefahren und sitze nun da oben und lasse uns hier regieren, sondern darum ist er hinaufgefahren, weil er dort am meisten schaffen und regieren kann ... Darum denke nicht, er sei nun weit von uns. Im Gegenteil. Als er auf Erden war, war er uns fern, jetzt ist er uns nah!«

Eine Zeitlang gehörte der französische Philosoph und Schriftsteller Voltaire zu den Tafel- und Gesprächsrunden Friedrichs des Großen. Als die Diskussion einmal auf den Himmel kam, äußerte der als Spötter bekannte Franzose: »Ich verkaufe meinen Platz im Himmel für einen Taler.«

Darauf antwortete ein mutiger und schlagfertiger Ratsherr: »Monsieur, Sie befinden sich in Preußen. Da muss jeder, der etwas verkaufen will, sein Eigentumsrecht an der Sache nachweisen. Wenn Sie mir nachweisen, dass Sie einen Platz im Himmel haben, werde ich Ihnen jede Summe dafür zahlen.«

Das Buch des Propheten Hosea steht in der Bibel am Anfang der zwölf »kleinen« Propheten, Hosea gehört aber in Wirklichkeit zu den ältesten Schriftpropheten. Er wirkte in den letzten Jahrzehnten vor der Eroberung des Nordreiches durch die Assyrer im Jahr 722. Es war eine wirre Zeit, geprägt durch die Expansion der assyrischen Großmacht. Nicht weniger als sechs Könige folgten einander innerhalb von 15 Jahren, ein Staatsstreich löste den anderen ab.

Von der Person des Propheten wissen wir nicht viel. Den Namen seiner Frau, Gomer, kennen wir, weil seine Ehe Teil seines prophetischen Auftrags ist. Von Gott bekommt er den Auftrag, eine Hure zu heiraten: eine symbolische Handlung, die die Schuld Israels herausstellen soll, das sich nach Überzeugung Hoseas von Gott abgewandt hat und der kanaanäischen Fruchtbarkeitsreligion verfallen ist. Auch die Kinder aus dieser Ehe, zwei Söhne und eine Tochter, erhalten symbolische Namen: »Jesreel« als Hinweis auf den Ort eines von Hosea verurteilten blutigen Staatsstreichs, »Ohne Erbarmen« und »Nicht-mein-Volk« – Namen, die Unheil für Israel ankündigen. Der erste Teil des Hosea-Buches enthält darum eine Auseinandersetzung eines betrogenen Ehemannes mit seiner untreuen Frau – wobei völlig klar ist, dass es in Wirklichkeit um das Verhältnis des biblischen Gottes JHWH zu seinem Volk Israel geht. Hosea gebraucht dafür immer wieder die Worte »Hurerei« und »Unzucht«, sie sind zentrale Stichworte seiner Kritik am damaligen Israel. Israel hat die »Ehe« gebrochen, den mit Gott in der Wüste geschlossenen Bund verlassen, indem es im Kulturland seine Traditionen aufgab, sich einen König gab, Ernährung und Wohlergehen den heimischen Fruchtbarkeitsgöttern zuschrieb, den neuen »Liebhabern nachlief« und dabei Gott vergaß.

Der Ehebruch Israels zeigt sich vor allem in den Gottesdiensten: Es sind Opferfeiern, bei denen Fleisch gegessen und Wein getrunken, Orakel eingeholt (»Mein Volk befragt sein Holz, und sein Stab soll ihm antworten« *(4,12)*) und in Form der Kultprostitution sexuelle Praktiken vollzogen werden (»wenn eure Töchter zu Huren und eure Bräute zu Ehebrecherinnen werden, weil ihr selbst abseits geht mit den Huren und mit den Tempeldirnen opfert …« *(4,14)*) Die Priester vernachlässigen ihre Aufgabe: Sie vermitteln keine »Gotteserkenntnis« und sind daran schuld, dass das Volk vergessen hat, wem es seine Rettung zu verdanken hat. »Denn ich habe Lust an der Liebe und nicht am Opfer, an der Erkenntnis Gottes und nicht am Brandopfer« *(6,6)*, so fasst Hosea seine Kritik am Gottesdienst zusammen. Was dem Volk am meisten fehlt, sind Erkenntnis und Einsicht.

Jede Hoffnung auf Besserung hängt davon ab, ob sich Israel noch einmal von den fremden Fruchtbarkeitskulten trennen und auf die Traditionen der Anfangszeit zurückbesinnen kann, die Israel seine besondere Identität gegeben haben.

Hosea geht mit dem Volk hart ins Gericht. Doch er lässt am Schluss auch erkennen, dass das Gericht über Israel vielleicht nicht das letzte Wort Gottes sein wird. Auch wo Israel alle Fürsorge Gottes in seiner Geschichte vergessen und alle Warnungen in den Wind geschlagen hat, bleibt Gott unfähig, Israel aufzugeben: Er hat sich unwiderruflich an dieses Volk gebunden: »Denn ich bin Gott und nicht ein Mensch und bin der Heilige unter dir und will nicht kommen, zu vernichten.« *(11,9)*

WOCHENSPRUCH

Christus spricht: Wenn ich erhöht werde von der Erde, so will ich alle zu mir ziehen.

Johannes 12,32

LEBENSWEISHEIT

Nur wer selbst brennt, kann Feuer in anderen entfachen.

Augustinus

GEBET

Ach Gott,
ich kenne so viele.
Man trifft sich hier, man trifft sich dort.
Wie geht's? Wie steht's?
Hauptsache gesund!
Lauter unverbindliche Worte.
Ach Gott,
ich kenne so viele,
aus der Schule, von der Arbeit,
aus der gleichen Straße.
Wir nicken uns zu,
manchmal wechseln wir ein paar Worte.
Aber im Grunde sind wir einander
ganz fremd,
jeder lebt in einer eigenen Welt.
O Gott, warum leben wir nebeneinander her,
warum interessieren wir uns so wenig füreinander,
warum bleiben so viele einsam?
Amen.

1 Mose 11,1-9

»Wir wollen uns einen Namen machen«, heißt es in der Turmbaugeschichte, »damit wir uns nicht zerstreuen.« Wer sich einen Namen machen will, der will durch eine große Leistung auf sich aufmerksam machen. Ein Symbol der Einheit, ein Symbol der Stärke soll der Turm werden. Das richtet sich vielleicht gar nicht ausdrücklich gegen Gott, aber das rechnet auch nicht mit Gott. Man weiß gar nicht, dass man ihn herausfordert. Man entthront ihn nur dadurch, dass man ihn als irrelevant behandelt.

Beschreibt die Turmbaugeschichte hier nicht auch die Geschichte der großen Reiche: des babylonischen, des römischen, des britischen Kolonialreiches, der Sowjetunion und ihrer Satellitenstaaten, heute der Herrschaft der USA und ihres *American way of life*? Viele Völker und viele Länder unter einer Herrschaft vereint: eine Sprache, eine Kultur, eine militärische Macht. Alles im Namen des Friedens und des Rechts, alles angeblich zum Segen und Ruhm der Menschheit. Doch auf dem Höhepunkt beginnt jedes Mal wie beim Turmbau zu Babel auch schon der Zerfall: Die Pläne werden maßlos, Größenwahn macht sich breit, die Macht wird egoistisch, die Menschen verstehen sich nicht mehr – und am Ende steht das Gegenteil von dem, wofür man gearbeitet hat: »und wurden zerstreut über die ganze Erde«.

Gott setzt dem Menschen eine Grenze: »Dies ist erst der Anfang ihres Tuns. Nun wird ihnen nichts mehr unmöglich sein, alles, was sie planen, auch auszuführen.« Mag der Anfang auch noch bescheiden sein, bald wird es für die Menschen keine Grenzen mehr geben. Sie werden jeden noch so verrückten Plan zu ihrer Selbstdarstellung in Angriff nehmen. So setzt Gott eine Grenze – nicht durch eine Strafaktion vom Himmel, sondern indem er, verborgen, die großen Pläne vereitelt: »dass keiner des anderen Sprache verstehe«.

Die Aktualität der alten Erzählung vom Turmbau zu Babel liegt auf der Hand. Wir stehen vor den Trümmern eines Fortschrittsoptimismus, der glaubte, durch technische Lösungen Menschheitsträume erfüllen zu können: durch neue Waffen den Frieden zu sichern; durch genetische Veränderungen Krankheiten zu besiegen, durch neue Kommunikationstechnologien das Wissen über die ganze Welt zu verbreiten. Wir sollten es besser wissen. Technischer Fortschritt allein vermag kein einziges Problem zu lösen: Frieden muss durch politische Lösungen erarbeitet, Hunger durch mehr Gerechtigkeit bekämpft werden, und mit Krankheiten gilt es leben zu lernen.

Wir sind begrenzte Geschöpfe Gottes, die sich irren, die Fehler machen und die die Folgen ihres Tuns meist nicht überblicken können. Das zu begreifen mag schwer fallen. Doch angesichts der technischen Systeme, über die wir inzwischen verfügen und die scheinbar keinen Fehler mehr zulassen, ist es lebensnotwendig.

DIE REDLICHEN

von redlichen redet man nicht
und auch sie machen nicht reden von sich
von redlichen redet man nicht
sie sind die stillen im land
von redlichen redet man nicht
man verlässt sich auf sie
von redlichen redet man nicht
geduldig lassen sie sich vieles gefallen
von redlichen redet man nicht
man beutet sie stillschweigend aus
von redlichen redet man nicht
denn man glaubt sie nicht fürchten zu müssen
von redlichen redet man nicht
man klopft ihnen gönnerhaft auf die schulter
von redlichen redet man nicht
man braucht sie aber
von redlichen redet man nicht
nur die bibel redet häufiger von ihnen
von redlichen redet man nicht
doch um ihretwillen lässt gott
die welt trotz allem
noch immer bestehen

Kurt Marti

Wir wissen kaum etwas von diesem Propheten, nicht einmal seinen wirklichen Namen kennen wir. Was von ihm überliefert worden ist, hat man dem Buch Jesaja angefügt, wo es jetzt die Kapitel 40 – 55 bildet. Seine Worte gehören zu den eindrücklichsten und schönsten im Alten Testament. Aufgetreten ist er wohl in der zweiten Hälfte des babylonischen Exils.

Sein erstes Wort für seine Landsleute war ein Wort des Trostes: »Tröstet, tröstet mein Volk!, spricht euer Gott. Redet mit Jerusalem freundlich und predigt ihr, dass ihre Knechtschaft ein Ende hat.« *(Jes 40,1-2)* Gott selbst wird sein Volk durch die Wüste in die Heimat zurückführen. Um dies zu verdeutlichen, greift der Prophet auf die alte Überlieferung vom Auszug aus Ägypten zurück. Doch der neue Zug durch die Wüste wird den alten Exodus bei Weitem übertreffen. Aus der unwegsamen Einöde zwischen Babylon und Jerusalem wird eine gerade Straße (»alle Täler sollen erhöht und alle Berge und Hügel sollen erniedrigt werden« *(40,4))*, sodass die Verbannten im Triumph heimkehren können. Und Gott wird »Ströme von Wasser auf die Wüste gießen *(Jes 43,19)*, sodass die Rückkehrer unterwegs nicht verdursten müssen.

Woher nimmt der Prophet diese Gewissheit? Letztlich aus der Überzeugung, dass der Gott, dem Israel immer wieder in seiner Geschichte begegnet ist, der einzige und wahre Gott ist. Deuterojesaja ist im Alten Testament der Erste gewesen, der eindeutig und massiv den Gott Israels als einzigen Gott, also auch als den Gott aller anderen Völker, verkündet hat: »Wendet euch zu mir, so werdet ihr gerettet, aller Welt Enden; denn ich bin Gott, und sonst keiner mehr.« *(Jes 45,22)*

Das babylonische Exil ist die Geburtsstunde des biblischen Monotheismus, des Bekenntnisses zu dem einen Gott, neben dem keine anderen existieren. Für Deuterojesaja steht fest: Dieser Gott hat auch die Macht, jetzt sein Volk aus der Gefangenschaft zu befreien und in die Heimat zurückzuführen.

Wie ist die Botschaft des Propheten von seinen Landsleuten aufgenommen worden? Wir wissen es nicht genau, aber wahrscheinlich scheint er damals nicht viel Anklang gefunden zu haben. Vieles spricht dafür, dass es sich bei dem rätselhaften »Gottesknecht«, von dem immer wieder die Rede ist, um den Propheten selbst handelt. Er hatte von Gott den Auftrag, »das geknickte Rohr nicht zu zerbrechen und den glimmenden Docht nicht auszulöschen« *(Jes 42,3)*, »die Stämme Jakobs aufzurichten und die Zerstreuten Israels wiederzubringen« *(Jes 49,6)*. Doch offenbar ist er mit seiner Mission gescheitert, er hat bei seinem Auftrag Gewalt und Spott erfahren und ist schuldlos angeklagt worden. Er ist sich sicher, dass Gott ihn rehabilitieren wird. Doch als Prophet teilt er das Schicksal der meisten Propheten Gottes: Er wird verachtet, angefeindet und zuletzt getötet. Sein persönliches Schicksal gehört zu seinem Auftrag. Leiden und Sterben des Gottesknechts geschehen stellvertretend für die vielen.

Knapp 600 Jahre später haben die ersten Christen in den alttestamentlichen Worten vom Gottesknecht eine Verheißung auf Jesus Christus gesehen. Auch er hat das geknickte Rohr nicht gebrochen und den glimmenden Docht nicht ausgelöscht. Auch er hat leiden müssen, auch ihm ist der Prozess gemacht worden – wie den Propheten und Gottesknechten im Alten Testament.

WOCHENSPRUCH

Es soll nicht durch Macht und nicht durch Gewalt geschehen, sondern durch meinen Geist, spricht Gott, der Herr.

Sacharja 4,6

LEBENSWEISHEIT

»Wer alles beim Alten lassen will, soll nicht zum Heiligen Geist beten.«

Sprichwort

GEBET

Herr, wir feiern Pfingsten,
den Geburtstag deiner Kirche;
doch in der Kirche herrscht Ruhe,
kein Brausen vom Himmel.
Wir sind unter uns, keine Geburtstagsgäste von fern und nah.
Wir sitzen in unseren Bänken und bleiben uns fremd.
Wir singen, wir beten, aber alle meinen etwas anderes.
Wir hören die Predigt, doch sie trifft uns nicht und ändert nichts.
Unser Glaube ist klein und unser Herz träge,
nicht Feuer und Flamme für dich und deine Sache.
Wir feiern Pfingsten, den Geburtstag deiner Kirche.
Doch alles wie immer –
vom heiligen Geist keine Spur.
Amen.

Apostelgeschichte 2,1-18

Weihnachten feiern wir die Geburt Jesu, Ostern feiern wir seine Auferstehung, aber was feiern wir Pfingsten? Pfingsten ist für viele zur Verlegenheit geworden: ein Sommerfest, ein Ausflugsfest – oder doch ein christliches Fest?

Die Bibel erzählt, dass Gottes Geist am Pfingsttag über die Jünger kommt und ein großes Sprachenwunder bewirkt, dass Petrus eine große Predigt hält, die zur Gründung der ersten Gemeinde führt. Alles läuft sehr dramatisch ab: Ein Brausen vom Himmel ertönt, Feuerzungen setzen sich auf die Jünger, Festpilger aus aller Welt hören die Jünger in ihrer Muttersprache predigen, die Menge ist ergriffen und alle fragen: »Was sollen wir tun?« und Dreitausend lassen sich an diesem Tag taufen.

Was ist an Pfingsten passiert? Vermutlich ist es am Pfingsttag, dem jüdischen Erntefest, an dem viele Juden auch aus dem Ausland in Jerusalem weilten, zu einem ersten öffentlichen Auftreten der neuen Christengruppe gekommen. Und gleich mit missionarischem Erfolg – vielleicht waren es nicht gerade dreitausend – mit dieser großen Zahl wollte Lukas der bedrängten Gemeinde seiner Zeit wohl Mut machen –, aber einige dürften es an diesem Pfingsttag doch gewesen sein.

Pfingsten hat es gegeben, auch wenn Lukas die Pfingstgeschichte mit wunderhaften Zügen ausgestattet hat. Diese stehen aber nicht im Mittelpunkt. Im Mittelpunkt steht etwas anderes: Pfingsten ist die Geburtsstunde der Kirche. Doch die Kirche entsteht nicht durch einen Gründungsakt ihrer Mitglieder – und auch nicht durch das Engagement der Jünger. Es geschieht etwas, mit dem niemand rechnen konnte. Die Jünger und Anhänger Jesu, die sich eben noch zurückgezogen und versteckt hatten, sie verlieren alle Angst, gehen auf die Straße und reden in aller Öffentlichkeit. Die zuvor noch wankelmütigen Schüler ihres Herrn, allesamt aus einfachen Verhältnissen und ohne Schulbildung, sie verstehen plötzlich, was es mit Jesus auf sich hat, mit seinem Tod, mit seiner Auferstehung, und sie erzählen jedermann davon. Mit dem Wehen des göttlichen Geistes, nicht mit einer Regung des menschlichen Herzens hat die Kirche angefangen.

Gottes Geist weht, wo er will; er lässt sich nicht berechnen und nicht einfangen, weder in der Kirche noch in einem Amt oder in religiösen Institutionen. Er weht über christliche Zäune hinweg, bringt Austausch mit anderen Religionen, weht in die Offenheit und Weite der Welt hinaus. Er bringt Christen und Muslime zusammen und lässt sie gemeinsam für den Frieden beten. Und er sorgt dafür, dass auch heute noch Glauben entsteht, überall in der Welt, – dass Menschen jeglicher Hautfarbe, aus den verschiedensten Kulturen und mit unterschiedlichsten politischen Auffassungen über Differenzen und Unterschiede hinweg im Glauben an Jesus Christus einig werden.

All das geschieht oft unauffällig, aber der heilige Geist kommt eben nicht immer mit so einem lauten Getöse wie damals am Pfingsttag in Jerusalem.

PFINGSTEN

Aus einem Gemeindebrief

Zwei Tage vor Pfingsten erkranken in einer Kirchengemeinde auf einen Schlag der Pfarrer, die Organistin, die Küsterin und die vier Presbyterinnen und Presbyter. Sie hatten sich einige Tage zuvor im Anschluss an eine Sitzung bei einem gemeinsamen Essen mit einem Magen-Darm-Virus angesteckt. Muss der Pfingstgottesdienst ausfallen?

Als die Nachricht von den Erkrankungen die Runde macht, treffen im Supermarkt einige Frauen zusammen, aus der Frauenhilfe und aus dem Abendkreis:

»Gottesdienst ausfallen lassen? Das geht nicht! Vielleicht könnten wir selber... Aber wer soll denn die Predigt halten? – Das brauchen wir gar nicht. Eine Geschichte aus der Bibel könnte ich wohl vorlesen und dazu auch etwas sagen.«

So wie hier im Supermarkt wird auch an anderen Orten über den Gottesdienst zu Pfingsten gesprochen: vor dem Kindergarten, in der Post, beim Bäcker, in manchen Familien.

Eine Ex-Presbyterin übernimmt die Organisation. Bald melden sich bei ihr zwei junge Männer, die man noch nie in der Kirche gesehen hat. Sie spielen Schlagzeug und Gitarre und wollen im Gottesdienst musizieren. Eine Konfirmandin, die sich inzwischen mit der Liturgie auskennt, will Gebete sprechen und die Lieder ansagen. Die Vorsitzende der Frauenhilfe übernimmt das Glaubensbekenntnis. Zwei Konfirmandenväter wollen mit ihren Söhnen die Glocken läuten und die Kollekte einsammeln.

Eine junge Frau möchte gern die Kirche schmücken. Von allen Seiten werden Blumensträuße angeboten. Das Ehepaar, das neben der Kirche wohnt, bietet an, Kaffee zu kochen und Kuchen zu backen, damit auch das Kirchenkaffee nach dem Gottesdienst nicht ausfallen muss.

Am Pfingstsonntag ist die Kirche voll, wie schon lange nicht mehr. Die Ex-Presbyterin begrüßt alle, die gekommen sind, und sagt: »Lasst uns das Gesangbuch aufschlagen und ein Loblied singen auf den Heiligen Geist.«

Als junger Mann, etwa 20 Jahre alt, wird Jeremia aus Anatot, nördlich von Jerusalem, im Jahr 626 oder 627 zum Propheten berufen. Jeremia sperrt sich: »Ach, Herr, mein Gott, ich verstehe nicht zu reden, ich bin noch so jung. Aber Gott antwortete mir: Sag nicht, ich bin noch so jung, sondern geh, zu wem immer ich dich sende, und rede, was immer ich dir auftrage.« *(Jer 1,6-8)* Mit der Berufung begann für Jeremia ein langer Leidensweg. Eine »eiserne Säule« und »eherne Mauer« soll der Prophet sein – gegen die Könige und Großen in Juda, gegen die Priester und das Volk. Denn sie haben Gott verlassen und sich mit fremden Göttern eingelassen: »Mich, die lebendige Quelle, verlassen sie und machen sich Zisternen, die doch rissig sind und kein Wasser geben.« *(Jer 2,13)*

Sie suchen ihre Sicherheit im offiziellen Tempelkult Jerusalems, doch zugleich treten sie das Recht mit Füßen und üben Gewalt gegen Fremdlinge, Witwen und Waisen. Am Hof in Jerusalem träumt man noch immer von nationaler Größe, Jeremia aber rät zur Kapitulation und zur Verständigung mit den Babyloniern. Deswegen legt er sich ein hölzernes Joch um den Hals und geht damit durch die Straßen Jerusalems – und als ihm ein nationaler Heilsprophet entgegentritt und das hölzerne Joch demonstrativ zerbricht, legt Jeremia sich ein neues um, aus Eisen.

40 Jahre wird Jeremia seinen Auftrag durchhalten, 40 Jahre wird er gegen den Strom schwimmen. In seinem Volk wird er zu einer einsamen Gestalt. Gott hatte ihm verboten, eine Frau zu nehmen und Kinder zu haben. Sein Weg als Prophet ist von Folter und Kerker gekennzeichnet. Er erhält Berufsverbot und wird geschlagen, das Volk droht ihn zu lynchen, der Oberaufseher der Tempelpolizei lässt ihn in den Block legen, seine eigene priesterliche Familie will ihn mundtot machen, er wird eingekerkert und wegen Landesverrats in eine Jauchegrube geworfen. Als es seinem Schreiber Baruch gelingt, eine Buchrolle mit den Worten Jeremias dem König vorzulesen, schneidet dieser Stück für Stück von der Rolle ab und wirft die Texte ins Feuer.

Jeremia hat unter der Last des Prophetenauftrags gelitten, ja manchmal droht er darunter zusammenzubrechen. »Nie saß ich fröhlich im Kreise der Scherzenden; von deiner Hand gebeugt saß ich einsam; denn mit Grimm hast du mich erfüllt.« *(Jer 15,17)*

Doch er kommt von seinem Auftrag nicht los. »Das Wort des Herrn bringt mir den ganzen Tag nur Spott und Hohn. Aber wenn ich dachte: Ich will nicht mehr an Gott denken und nicht mehr in seinem Namen sprechen – so war es mir, als brenne in meinem Herzen ein Feuer, unlöschbar in meinem Innern. Ich quälte mich, es auszuhalten und konnte es nicht.« *(Jer 20,8f.)*

Es ist alles so eingetroffen, wie Jeremia es jahrzehntelang vorhergesagt hatte. Er muss schließlich ohnmächtig mitansehen, wie sein Volk in die Katastrophe schlittert. Immer wieder hatte er davor gewarnt, verhindern konnte er sie nicht. Jerusalem wird von den Babyloniern dem Erdboden gleichgemacht.

Die Geschichte Gottes mit Israel ging auch nach der Zerstörung Jerusalems und der Exilierung des Volkes weiter. Jeremia selbst hat dafür eine Zukunftsvision entworfen: Gott wird einen neuen Bund mit Israel aufrichten – einen Bund, dessen Satzungen unmittelbar im Herzen des Menschen geschrieben sind, sodass er nicht mehr gebrochen werden kann: »Ich will mein Gesetz in ihr Herz geben und in ihren Sinn schreiben, und sie sollen mein Volk sein und ich will ihr Gott sein.« *(Jer 31,33)*

WOCHENSPRUCH

Heilig, heilig, heilig ist der Herr Zebaoth; alle Lande sind seiner Ehre voll.
Jesaja 6,3

LEBENSWEISHEIT

An einen Gott glauben heißt, die Frage nach dem Sinn
des Lebens verstehen.
An einen Gott glauben heißt sehen, dass es mit den Tatsachen der
Welt noch nicht abgetan ist. An Gott glauben heißt sehen,
dass das Leben einen Sinn hat.
Ludwig Wittgenstein

GEBET

Großer Gott,
in einer Zeit, in der das Internet alle
Daten der Welt zur Verfügung stellt,
täglich mehrere Billionen Euro an den Börsen
gehandelt werden,
fünfzig Fernsehprogramme
um die Einschaltquoten kämpfen,
in einer Zeit, in der viele Menschen im
Urlaub um die ganze Welt reisen,
das ewige Leben für medizinisch machbar,
die Auferstehung der Toten aber für Unsinn halten,
in der vielen Menschen nichts so heilig ist
wie das eigene Ich, doch Gutes und Böses
nur schwer unterscheiden können,
in einer Zeit, in der viele nicht wissen,
wo sie eigentlich zu Hause sind,
in einer solchen Zeit ist es gut zu wissen,
dass du heute noch bist, der du gestern warst,
als die Erde und die Welt geschaffen wurden:
Barmherzig und gnädig, geduldig,
von großer Güte und Treue
und von Ewigkeit zu Ewigkeit.
Amen.

Römer 11,33-36

»O welch eine Tiefe des Reichtums, der Weisheit und der Erkenntnis Gottes! Wie unbegreiflich sind seine Gerichte und unausforschlich sind seine Wege! Denn wer hat des Herrn Sinn erkannt, oder wer ist sein Ratgeber gewesen? Oder wer hat ihm zuvor etwas gegeben, dass Gott es ihm vergelten müsste? Denn von ihm und durch ihn und zu ihm sind alle Dinge. Ihm sei Ehre in Ewigkeit. Amen.«

Ein Lob des unbegreiflichen Gottes, von dem alles kommt, durch den alles besteht und zu dem hin sich alles bewegt. Paulus hat es aufgeschrieben, damit die Römer, die damals junge römische Gemeinde, »sich nicht selbst für klug halten«. Sie stehen in Gefahr, Israel, die Juden, als Gottes Volk abzuschreiben. Und sie glauben, es sei offenbar das Ende der Wege Gottes, dass die Christen nun als Gottes Volk an die Stelle Israels getreten seien. Wer so denkt, sagt Paulus, rechnet nicht mit Gott. Er bleibt der Gott seines Volkes Israel, und er hat Mittel und Wege, seine Ziele durchzusetzen. Unausforschbar, unergründbar. Aber so, dass man am Ende nur staunen und verwundert loben kann: O welch eine Tiefe des Reichtums, der Weisheit und der Erkenntnis Gottes!

1950 Jahre sind vergangen, wir leben zu Beginn des 21. Jahrhunderts. Noch gehören in Deutschland 48 Millionen Menschen einer der großen Kirchen an, das sind 60 % der Bevölkerung; aber eine gesellschaftlich bestimmende Macht ist die Kirche nicht mehr.

Gott hat es unter uns zur Zeit schwer. Ein anderer Gott hat ihm den Rang abgelaufen. Noch nie regierte das Geld so unangefochten die Welt. Geld erklärt alles, Geld rechtfertigt alles: ein Gott, der die Menschen aller Länder, aller Erdteile miteinander verbindet. Fast möchte man mit den Worten des Paulus sagen: »Denn von ihm und durch ihn und zu ihm sind alle Dinge«. Der Markt ist zum Maß aller Dinge geworden.

Er bevorzugt die Tüchtigen und benachteiligt die Schwachen. Es zählt nur noch, was einer leistet und was einer sich leisten kann. So sorgt der Markt für soziale Kälte. Es muss sich eben alles rechnen: der Sozialstaat, die Renten, die Schulden, die Arbeitsplätze.

Ist das unsere Zukunft? Eine Zukunft, in der Aktienkurse wichtiger sind als Arbeitsplätze, in der sich alles rechnen muss?

Paulus würde sagen: Wo bleibt Gott in eurer Rechnung? Gott, der sich nicht berechnen lässt; von dem und durch den und zu dem alle Dinge sind. Habt ihr den nicht vergessen?

Der Markt als Maß aller Dinge – eine solche Zukunft wünsche ich mir nicht. Da bleibt die Menschenwürde auf der Strecke. Menschlich bleibt der Mensch nur, wenn er seine Grenzen anerkennt und sich nicht zum Gott dieser Welt aufspielt, sondern sich als Geschöpf vor seinem Schöpfer beugt.

Drei Tage im Bauch eines Wals?

In der Bibel wird von Jona erzählt, der von einem großen Fisch verschluckt und nach drei Tagen wieder ausgespuckt wird. Drei Tage im Bauch eines Fisches – ist das möglich? Noch im 18. Jahrhundert musste ein Helmstedter Theologieprofessor 100 Gulden Strafe zahlen, weil er die Geschichte nicht für historisch hielt. Und ein Göttinger Professor meinte zur selben Zeit, der Fisch sei gar kein Fisch gewesen, sondern ein Schiff mit dem Namen »Der große Fisch« habe Jona aus dem Meer gefischt. Wie war das mit Jona und dem Fisch?

Die im Alten Testament erzählte Geschichte vom Propheten Jona ist kein historischer Bericht, sondern eine Lehrerzählung, die zeigen soll: Gott ist ein Gott für alle Menschen, nicht nur für die Frommen, sondern auch für die Fremden und vermeintlich Bösen. Humorvoll und zugleich voll tiefem Ernst wird erzählt, wie Jona von Gott den Auftrag erhält, nach Ninive zu gehen und gegen die Stadt zu predigen, weil ihre Bosheit so groß geworden sei, dass sie zum Himmel schreie. Ninive hatte als Großmacht das kleine Nordreich Israel zerstört und für immer vernichtet. Für die Juden war Ninive die Stadt des Bösen, ein Symbol für die Hölle auf Erden wie für uns heute Auschwitz. Ausgerechnet dort sollte Jona von Gott predigen.

Doch Jona weigert sich und läuft davon. In Jaffa besteigt er ein Schiff und fährt in die genau entgegengesetzte Richtung, nach Tharsis in Spanien, dem westlichsten Punkt der damals bekannten Welt. Hier glaubt sich Jona vor dem Auftrag Gottes sicher. Doch kaum ist Jona auf dem Meer, bricht ein fürchterlicher Sturm los und bringt Schiff und Besatzung in größte Seenot. Tiefe Angst packt die Seeleute, sie beten – es ist schon damals eine international zusammengewürfelte Besatzung – ein jeder zu seinem Gott und werfen, um das Schiff zu erleichtern, die Ladung über Bord! Nur Jona beteiligt sich weder am Gebet noch an der Arbeit. Er liegt unten im Bauch des Schiffes und schläft.

Die Mannschaft spürt, dass mit diesem merkwürdigen Passagier etwas nicht stimmt, und vermutet, dass einer an Bord für das Unglück des Schiffes verantwortlich ist. Um das herauszufinden, werfen sie das Los – und das Los fällt auf Jona. »Sage uns, warum trifft uns dieses Unglück? Wer bist du, woher kommst du und was hast du getan?« *(1,8)* Nun muss Jona Farbe bekennen: »Ich bin ein Hebräer und fürchte den Herrn, den höchsten Gott, der Land und Meer geschaffen hat.« *(1,9)*

Die Seeleute wollen sich nicht gern an dem Diener eines so mächtigen Gottes vergreifen und versuchen es erst noch mit kräftigem Rudern, doch es hilft nichts, das Meer tobt immer stürmischer. Da bietet sich Jona als Opfer an: »Nehmt mich und werft mich ins Meer, dann wird es sich beruhigen.« *(1,12)* Und tatsächlich, die Seeleute werfen Jona ins Meer, und nach kurzer Zeit legt sich der Sturm.

Jona will lieber sterben, als die Sache Gottes in Ninive zu vertreten. Doch was geschieht: Mitten im Tod wird er von Gott erwartet und bewahrt. »Da ließ Gott einen großen Fisch kommen, Jona zu verschlingen.«

Drei Tage und drei Nächte hockt Jona im Bauch des Fisches, dann spuckt der Fisch Jona an Land. Nun ist der Prophet wieder dort, von wo er vergeblich Gott davonlaufen wollte. Zum zweiten Mal erhält er den Auftrag, nach Ninive zu gehen – und diesmal geht er. Seine Predigt in Ninive ist ganz kurz, und doch setzt sie in der Riesenstadt eine ungeheure Bußbewegung in Gang: »Es sind noch 40 Tage, dann wird Ninive untergehen! Da glaubten die Leute von Ninive an Gott und ließen ein Fasten ausrufen, und alle, Reiche wie Arme, gehen zum Zeichen der Buße in Sack und Asche.« *(3,4f.)*

Das Unglaubliche geschieht: Ninive tut Buße – von den Tieren im Stall über die Händler auf den Straßen bis hinauf zum König und seiner Regierung. Das alles wird mit groteskem Humor beschrieben: Selbst die Tiere dürfen nicht fressen, sondern müssen fasten, Trauerkleider tragen und laut zu Gott schreien. »Wer weiß? Vielleicht zeigt Gott Geduld und lässt sich umstimmen.« *(3,9)* Und tatsächlich. »Da tat es Gott leid, Ninive zu vernichten, und er tat es nicht.« *(3,10)*

Hatte Jona schon die Schiffsbesatzung, ohne es zu wollen, zum Gott Israels geführt, so gelingt ihm das auch mit den Bewohnern der bösen Stadt Ninive. Doch Jona freut sich nicht darüber, im Gegenteil: »Er zürnte einen großen Zorn« *(4,1)*, heißt es in der Bibel. Jona ist böse, weil Gott gnädig ist. Er wirft Gott vor, seine Güte an Heiden, an Unwissende, an Gottlose zu verschwenden. Wenn kein Unterschied mehr sein soll zwischen denen, die schon immer Gott gedient haben, und denen, die bis vor Kurzem nichts von ihm wissen wollten, dann will Jona nicht länger Prophet sein.

Hier wird deutlich, wie die Botschaft des Buches Jona für die Juden damals lautete: »Nehmt zur Kenntnis, dass auch die Heiden, auch wenn sie Gottes Gebote nicht bekommen haben, auch wenn sie nicht zum erwählten Gottesvolk gehören, genauso Gottes Geschöpfe sind wie ihr auch. Und wenn sie auch Fremde sind und eine andere Religion haben – Gott ist auch ihnen gnädig.«

Unterdessen hat sich Jona außerhalb der Stadt niedergelassen. Im Schutz einer Laubhütte will er abwarten, wie es mit der Stadt weitergeht. Da lässt Gott eine großblättrige Rizinusstaude wachsen, um Jona Schatten zu spenden und seinen Ärger zu vertreiben. Und wirklich: »Jona freute sich sehr über die Staude.« *(4,6)* Doch am Morgen schickt Gott einen Wurm, der die Staude sticht, sodass sie verdorrt. Damit nicht genug, Gott lässt auch noch einen heißen Ostwind kommen, der Jona so zusetzt, dass er nun, ohne Schatten, halb ohnmächtig wird. Voller Selbstmitleid wünscht Jona zu sterben – »Ich möchte am liebsten tot sein.« *(4,8)* Er hat Gottes Lektion immer noch nicht begriffen.

Doch nun hat Gott das letzte Wort, und seine souveräne Antwort entlarvt nicht nur den Propheten Jona, sondern zerstört auch alles fromme Schwarz-Weiß- und Freund-Feind-Denken: »Du trauerst um den Rizinus, um den du dich nicht gemüht hast und den du auch nicht groß gezogen hast; der in einer Nacht gewachsen und in einer Nacht wieder abgestorben ist. Und mir sollte nicht diese große Stadt Ninive leidtun, in der mehr als 120.000 Menschen leben, die nicht wissen, was rechts oder links ist, und dazu noch die vielen Tiere?« *(4,10f.)*

WOCHENSPRUCH

Christus spricht zu seinen Jüngern: Wer euch hört, der hört mich; und wer euch verachtet, der verachtet mich.

Lukas 10,16

LEBENSWEISHEIT

Die wirksamste Art, Erkenntnisse zu verbreiten, ist, nach ihnen zu leben.

Erwin Strittmatter

GEBET

Es gibt so viele Menschen, die leiden und büßen,
nur weil viele nicht wissen oder vergessen haben,
dass wir alle Schwestern und Brüder sind.

Es gibt so viele Menschen, die hungern und es schwer haben,
nur weil viele nicht wissen oder vergessen haben,
dass wir alle Schwestern und Brüder sind.

Es gibt so viele Menschen, die betrogen und ausgebeutet werden,
nur weil viele nicht wissen oder vergessen haben,
dass wir alle Schwestern und Brüder sind.

Es gibt so viele Menschen ohne Arbeit und ohne ein Dach über dem Kopf,
nur weil viele nicht wissen oder vergessen haben,
dass wir alle Schwestern und Brüder sind.

Es gibt so viele Menschen, die das Leben genießen, ohne an die zu denken,
die leiden, nur weil sie nicht wissen oder vergessen haben,
dass wir alle Schwestern und Brüder sind.

Aus Brasilien

Lukas 16,19-31

»Es war aber ein reicher Mann ... Ein Armer aber mit Namen Lazarus lag vor seiner Tür.« Eine einprägsame Szene, eine Geschichte, die sich überall und immer noch abspielt. Dass Ähnliches in einem ägyptischen Märchen und in einer jüdischen Legende erzählt wird, überrascht nicht. Denn das Gleichnis beschreibt die Wirklichkeit, wie wir sie kennen.

Da lebt jemand »alle Tage herrlich und in Freuden«, kostbar gekleidet, mit Luxus ausgestattet. So etwas gibt es, gar nicht so selten. Reichtum kommt vor unter uns, in vielen Varianten. Reich ist, der von allem nicht nur genug, sondern viel zu viel hat. In dieser Lage sind wir auch, jeder auf andere Weise. Doch jeder kennt Menschen, denen gegenüber er zu den Reichen zählt. Sie leben vor unserer Tür. Sie wohnen um die Ecke. Lazarus hat viele Gesichter. Aber uns gegenüber ist so einer arm dran. Ihm fehlt vieles, vielleicht alles, was für uns selbstverständlich ist: Freunde, Beziehungen, gehobener Lebensstandard, Eigentum, Rücklagen. Ein »armes Schwein«. Wir kennen ihn – aber »nur so«. Für mehr haben wir keine Zeit. Wie es ihm geht, was er denkt – keine Ahnung, damit können wir uns nicht auch noch beschäftigen.

Die Tragödie des reichen Mannes ist nicht, dass er Lazarus verachtet, sondern dass er ihn nicht sieht. Der Arme ist Teil der Landschaft; es scheint »normal«, dass es Lazarus gibt.

Im Himmel kehrt sich das Verhältnis um: Als Lazarus stirbt, landet er direkt in Abrahams Schoß. Der Reiche dagegen endet im ewigen Feuer. So wie Lazarus nur die Abfälle von seinem Tisch haben wollte (und nicht bekam), so bettelt nun der Reiche bei ihm um ein bisschen Zuwendung, um einen Tropfen kühlen Wassers. Doch dieses Minimum bekommt er nicht. Vater Abraham bleibt hart, er pocht auf das Ausgleichsprinzip.

»Sie haben Mose und die Propheten.« Wir haben alles, was wir wissen müssen. Wir haben die Bibel und die Zeitung, Fernsehberichte und Informationen. Wir brauchen auf keine neue Offenbarung Gottes zu warten. Wir haben reichlich Gelegenheit zur Umkehr. Es ist nicht wahr, dass wir nicht an Gott glauben können, weil er sich uns noch nicht gezeigt hätte. Gott ist uns so nah wie dem reichen Mann der Lazarus vor der Tür.

Der arme Reiche macht einen letzten Versuch: »Wenn einer von den Toten ...« Etwas Phantastisches müsste eintreten, ein Wunder soll uns die Augen öffnen. Eine törichte Hoffnung! Wer ein Interesse daran hat, Gott auszuweichen, wird auch eine Totenerscheinung für leeren Spuk und Einbildung halten. Für den armen, in der Hölle schmorenden Reichen endet das Gleichnis gnadenlos. Gibt es denn für Gott Grenzen der Barmherzigkeit? Hatte Jesus nicht gesagt, bei Gott sei alles möglich? Jesus erzählt dieses Gleichnis, damit es uns nicht geht wie dem reichen Mann. Der kam erst zur Einsicht, als es zu spät war.

HIMMEL ODER HÖLLE – (NUR) EIN TRAUM?

Ein Mann träumte:

Er war gestorben und befand sich in einem herrlichen Land voller Bäume, bunter Blumen und anmutiger Bäche. Er ließ sich nieder und ruhte sich aus. Dann befiel ihn die Langeweile und er rief: »Ist da jemand?«

Es erschien eine weiß gekleidete, freundliche Gestalt und fragte ihn, ob er einen Wunsch habe. »Ich möchte etwas essen«, sagte der Mann. »Was bitte?« Der Hungrige stellte ein köstliches Menü zusammen. Sekunden später stand es vor ihm. Er speiste und schlenderte weiter und freute sich an der Pracht der Gefilde. »He!«, rief er wieder. Und schon stand der Dienstbare vor ihm. »Golf würde ich gern spielen.« »Bitte«, sprach der Unbekannte, fasste den Besucher am Arm und führte ihn um eine Waldspitze, an den Rand eines bezaubernden Feldes. Schläger und Bälle standen bereit. Der Mann spielte und aß wieder und wanderte und erhielt alles, was er sich wünschte ...

Eines Tages war alle Freude von ihm gewichen. Er zitierte den Freundlichen herbei und klagte: »Ich habe es satt, das Leben hier. Gib mir was zu tun!«

»Bedaure«, erwiderte der Weiße. »Arbeit – das ist das Einzige, was ich dir nicht bieten kann.«

»Dann pfeif' ich auf den Laden hier«, schrie der Mann. »Schicke mich in die Hölle!«

Der andere lächelte: »Wo glauben Sie eigentlich, dass Sie sind?«

Quelle unbekannt

Längst nicht alle Juden waren nach dem babylonischen Exil in die Heimat zurückgekehrt. Sie lebten in Babylon und auch in anderen Ländern in der Diaspora. Hier achteten sie sehr darauf, ihren Glauben zu bewahren, aber sie gerieten auch in Konflikte. Davon berichtet das Buch Daniel.

Es zeigt auch, dass Juden in fremden Ländern zu hohen Ämtern aufsteigen konnten. Daniel brachte es, wie die Bibel erzählt, bis zum Statthalter im babylonischen Reich. Aber dann ergeben sich Konfliktsituationen: Die jüdischen Speisegesetze machen es Daniel und seinen Freunden unmöglich, die Speisen aus der königlichen Küche zu essen. Sie ernähren sich von vegetarischer Kost und von Wasser und wirken doch gesünder und frischer als gleichaltrige Babylonier. Sie verweigern einem Standbild des Königs die Anbetung und wollen trotz schwerster Strafandrohung nicht aufhören, zum Gott Israels zu beten: »Auch wenn uns unser Gott nicht retten sollte, sollst du dennoch wissen, dass wir deinen Göttern nicht dienen und dein goldenes Bild nicht anbeten werden« *(Dan 3,18)*, lassen sie dem König Nebukadnezar ausrichten. Gefesselt werden sie in einen Feuerofen geworfen – und dort von Gott bewahrt. Daniel wird schuldlos Opfer einer Intrige und von König Darius zu den Löwen in die Grube geworfen, doch am nächsten Tag zog man Daniel aus der Grube »und fand keine Verletzung an ihm, denn er hatte seinem Gott vertraut« .

Die Erzählungen von Daniel und seinen Freunden tragen einen beispielhaften Charakter. Sie berichten nicht in erster Linie von bestimmten Ereignissen und Schicksalen, sondern sie wollen Vorbild und Belehrung für die in fremder Umgebung lebenden Juden geben. Und sie zeigen zugleich, dass der Gott Israels die Seinen auch in der Fremde, auch bei schweren Gefährdungen nicht im Stich lässt.

Das Bild Daniels trägt aber noch andere Züge. Im zweiten Teil des Buches ist Daniel ein Seher, den Gott in mehreren Visionen die Zusammenhänge der Weltgeschichte schauen lässt. In einer berühmten Vision *(Dan 7)* sieht Daniel vier Tiere aus dem Meer aufsteigen, vier Weltreiche, eins immer schrecklicher als das andere, bis schließlich ein neues, endgültiges Reich an ihre Stelle tritt. Dabei taucht eine geheimnisvolle Gestalt auf: »Und siehe, es kam einer mit den Wolken des Himmels wie eines Menschen Sohn.« *(Dan 7,13)*

Diesem »Menschensohn« werden Macht, Ehre und Königsherrschaft gegeben, und alle Völker müssen ihm dienen. Nach den Weltreichen, die durch Tiere symbolisiert werden, bricht das Reich des Menschen an. Dieser Mensch, und darin besteht ein deutlicher Zusammenhang mit der prophetischen Messiaserwartung, ist der von Gott eingesetzte Herrscher der Endzeit.

Bei Daniel ist zum ersten Mal im Alten Testament von der Weltgeschichte im Ganzen die Rede. Weltreiche kommen und gehen, und in allem Geschehen zeigt sich der souveräne Geschichtsplan Gottes.

WOCHENSPRUCH

Christus spricht: Kommt her zu mir, alle, die ihr mühselig und beladen seid; ich will euch erquicken.

Matthäus 11,28

LEBENSWEISHEIT

Wo Gott wohnt, ist es nicht warm.

Friedrich Christian Delius

GEBET

Gott,
heute bitten wir dich ganz besonders für die, die nicht glauben können,
und auch für die, die gar nicht glauben wollen.
Für die, die gerne glauben möchten,
aber über schwere Lebenserfahrungen nicht hinwegkommen.
Gott, wir bitten dich auch für die, die den Glauben für Kinderkram halten
und glauben, nur sich selbst vertrauen zu können.
Wir bitten dich auch für die,
denen ihre Frömmigkeit zur Heuchelei geworden ist,
und für die, die in ihrem Glauben intolerant geworden sind.
Wir bitten dich schließlich für uns selbst, dass wir nicht hochmütig werden,
denn von allem, was wir an den anderen sehen, steckt ein Teil in uns selbst.
Du bist größer, Gott, als alle, die von dir nichts wissen wollen.
Wir wissen nicht, wie ihnen geholfen werden kann.
Du weißt es. Rette jeden aus seiner heimlichen Not.
Amen.

Lukas 14,15-24

Das Fest ist vorbereitet: Das Essen ist sorgfältig zusammengestellt, der Wein ist ausgesucht, die Musik ist bestellt, die Gäste sind eingeladen. Es soll an nichts fehlen. Gott lädt an seinen gedeckten Tisch. Eine Einladung zu einem Fest, keine Vorladung zu einem Termin. Die Eingeladenen sollen bei ihm erfahren, was Leben ist: mit Gott im Gespräch sein wie mit einem Freund, immer wieder von ihm angenommen werden, getröstet werden, einen haben, zu dem man immer kommen kann, der einen nie aufgibt. Jesus vergleicht das Leben mit einem großen Fest.

Gott lädt ein, aber seine Einladung wird nicht angenommen. Alle haben triftige Gründe. Keiner sagt: Mit Religion haben wir nichts am Hut. Die Kirche kann uns gestohlen sein. Nein, es sind lauter plausible Gründe: Ich mache gerade einen Weiterbildungskurs, wir sind gerade am Renovieren, wir haben Karten fürs Musical.

Wer je mit Gottes Einladung unterwegs war, kennt das. Keine gehässige Ablehnung, sondern verständliche Erklärungen – warum wird der Gastgeber dann so zornig? Weil hinter den so harmlos scheinenden Entschuldigungen die Auffassung steckt: Es gibt zur Zeit Wichtigeres. Für Gott ist immer noch Zeit, so schlecht geht's mir noch nicht. Jetzt ist erst etwas anderes dran. »Ich sage euch: Keiner von denen, die eingeladen waren, wird an meinem Gastmahl teilnehmen.« Es gibt auch ein zu spät. Gott bietet sein Heil nicht an wie saures Bier. Er lädt uns herzlich ein, er bittet uns, zu kommen, aber er wirft uns die Einladung nicht hinterher.

Das Fest wird nicht abgesagt. Der Bote muss noch einmal los. Auf die Straßen und Gassen. Er lädt ein, wem er da begegnet: Blinde und Lahme, Krüppel und Arme. Hinkend und stolpernd, zerlumpt und gezeichnet nehmen sie an der reich gedeckten Tafel Platz und lassen sich von der Großzügigkeit des Gastgebers beschenken. Lauter Leute, mit denen kein Staat, mit denen aber offenbar Kirche zu machen ist.

Aber noch immer ist Platz. Der Bote muss noch einmal los – auf die Landstraßen und an die Zäune, zu den Fremden und Kirchenfernen. Auch da hat Gott sein Volk. Sie zögern und sagen: Da passen wir doch gar nicht hin. Wir sind nicht einmal getauft. Doch – sie dürfen kommen, wie sie sind. Sie müssen sich nicht erst kirchlich zurechtmachen. Gottes Tische bleiben nicht leer. Sein Haus wird auf alle Fälle voll.

Das Gleichnis vom großen Festmahl hat eine Vorgeschichte. Jesus hat es erzählt, als ihm einmal ein Pharisäer sagte, das Wichtigste sei doch, später einmal, am Ende der Zeit, am himmlischen Fest Gottes teilnehmen zu können. Wir hören aber: Es gibt kein später, das nicht heute schon anfängt. Das Fest Gottes ist jetzt schon im vollen Gange. Feiere mit, verschieb das Leben nicht auf später. Jetzt wird die Einladung zugestellt, nicht später einmal.

Hiob – das ist große Weltliteratur. Generationen von Lesern, Künstlern und Dramatikern haben sich damit auseinandergesetzt. Hiob stellt die Frage nach der Gerechtigkeit Gottes angesichts des Leids und der Ungerechtigkeit der Welt.

Das Buch ist vermutlich im 4. Jhd. v. Chr. entstanden, aber es hat eine weiter zurückreichende Vorgeschichte. Es gab wohl eine alte Volkserzählung von einem gerechten und gottesfürchtigen Mann, der unverschuldetes Leid in großer Geduld getragen hat. Darin wird erzählt, dass der reiche, hoch angesehene und fromme Hiob zum Gegenstand eines Gespräches in der himmlischen Ratsversammlung wird. Satan, der himmlische Staatsanwalt, äußert Zweifel an Hiobs Frömmigkeit: Es ist leicht, fromm zu sein, wenn es ihm so gut geht. Doch wird Hiob nicht Gott lästern, wenn er seinen Besitz einbüßt und seine Gesundheit verliert?

Satan erhält von Gott die Erlaubnis, Hiob zu prüfen – und nun bricht das Unglück über Hiob herein: Seine Rinder, Esel und Kamele werden von Räuberbanden gestohlen, seine Knechte erschlagen, Feuer verbrennt Schafe, Ziegen und die dazugehörigen Stallungen, ein Orkan zerstört das Haus, in dem Hiobs Kinder feiern, alle finden den Tod. »Da stand Hiob auf, zerriss sein Kleid, schor sich den Kopf kahl, warf sich zur Erde nieder und sagte: Der Herr hat's gegeben, der Herr hat's genommen, der Name des Herrn sei gelobt!« *(1,21)* Standhaft hält Hiob an seiner Frömmigkeit fest.

Das ändert sich nicht, als Satan ihm auch die Gesundheit nimmt und ihn »mit bösen Geschwüren von der Sohle bis zum Scheitel« *(2,7)* schlägt. Als Hiobs Frau ihn daraufhin auffordert: »Verfluche Gott und stirb!«, antwortet Hiob: »Das Gute nehmen wir an von Gott, und das Böse sollten wir nicht annehmen?« *(2,10)* Auch jetzt, wo Hiob das Leid am eigenen Körper zu spüren bekommt, hält er an Gott fest. Satan hat nicht Recht behalten.

Die alte Erzählung endet damit, dass Hiobs Gesundheit und Wohlstand wiederhergestellt werden und er schließlich im hohen Alter lebenssatt stirbt. In diese Rahmengeschichte ist im Hiob-Buch ein großer Dialog zwischen Hiob und seinen drei Freunden eingeschaltet, die gekommen sind, ihn zu trösten. In immer neuen Ansätzen werden dabei zwischen Hiob und seinen Freunden die Probleme des menschlichen Lebens und der Stellung des Menschen vor Gott diskutiert. Ausgangspunkt der Freunde ist dabei die antike Vorstellung, dass das Leiden in einem engen Zusammenhang mit dem Tun und Verhalten eines Menschen stehen muss: Wer leidet, muss gesündigt haben.

Sein Freund Elifas fragt ihn: »Denk einmal nach: Ging je ein Mensch zugrunde, der treu und ehrlich war und ohne Schuld?« *(4,7)*

Und er rät ihm: »Ich würde mich an Gott wenden und meine Sache vor ihn bringen ... Wenn er dich jetzt erzieht, lehn dich nicht auf!« *(5,8.17)*

Sein Freund Bildad ermahnt ihn: »Denkst du im Ernst, dass Gott das Recht verdreht? Meinst du, er hält sich nicht an sein Gesetz?« *(8,3)*

In den Reden der Freunde stecken eine Menge praktischer Lebenserfahrung und ein großes seelsorgerliches Bemühen. Aber sie erreichen Hiob nicht. Er fordert seine Freunde auf, ihm doch seine Schuld zu zeigen, von der er nichts weiß. Und er wendet sich direkt an Gott, ihm doch zu sagen, was er Hiob vorzuwerfen hat: »Im Himmel muss doch einer für mich aufstehen, der dort mein Recht vertritt und für mich bürgt. Von meinen Freunden habe ich nichts als Hohn, doch unter Tränen blick ich hin zu Gott. Gott, der mein Freund ist, muss mir Recht verschaffen und Gott, den Feind, in seine

Schranken weisen.« *(16,19-21)* Er fordert Gott auf, in einem ordentlichen Gerichtsverfahren die Rechtsfrage zwischen ihnen klären zu lassen: »Was ich gesagt habe, kann ich unterschreiben. Gott, der Allmächtige, soll Antwort geben! Er zeige mir die Klageschrift des Gegners! … Ich würde Gott mein Leben offenlegen und ohne Furcht ihm nahen wie ein Fürst!« *(31,37)*

Gott nimmt die Herausforderung an. Er antwortet Hiob aus dem Sturm heraus: »Wer bist du, dass du meinen Plan anzweifelst, von Dingen redest, die du nicht verstehst? … Wo warst du denn, als ich die Erde machte? Wenn du es weißt, dann sage es mir doch!« *(38,4)*

Gott entfaltet die Größe und Unergründlichkeit, aber auch die Rätsel seiner Weltschöpfung. Dabei ist von lauter Dingen die Rede, die weit außerhalb des Gesichtskreises Hiobs liegen: Von den Sternen des Weltalls und von den Quellen des Meeres, von den Urelementen Licht und Finsternis und vom Lauf der Jahreszeiten. Gott führt Hiob die Schöpfung in ihrer Buntheit und Widersprüchlichkeit vor Augen: das Leben der Tiere, die nicht den Interessen der Menschen dienen, Wildesel und Löwe, Straußenhenne und Rabe. Alles hat seinen Platz im Ganzen der Schöpfung wie der Mensch selbst. Die Gottesreden demonstrieren eine Welt, in der es Leid und Wunder, Schönheit und Rätsel gibt, die der Mensch nicht durchschaut. Doch Gott sorgt dafür, dass sie nicht im Chaos versinkt. Hiobs Leiden ist damit weder erklärt noch gerechtfertigt, dennoch zeigt er sich von Gottes Antwort beeindruckt. »In meinem Unverstand habe ich geredet von Dingen, die mein Denken übersteigen … Ich kannte dich ja nur vom Hörensagen; jetzt aber hat mein Auge dich geschaut.« *(42,3.5)*

Das Hiobproblem bleibt im Buch Hiob ungelöst. Hiobs Fragen müssen gestellt werden, solange Menschen leben und leiden wie Hiob. Die Frage nach dem »Warum?« muss aber nicht ins Leere gehen. Hiob bekommt Antwort, Gott redet mit ihm. Hiob erfährt, dass der Gott, auf den er von Anfang an baute, ihn hört und begreift. »Er hat die Erde« nicht »Schurken übergeben« und »für die Ängste der Menschen nur ein Lachen«, wie Hiob vermutete, sondern bleibt, jenseitig und überlegen, der dem Menschen zugewandte Gott. Deutlich wird in den Gottesreden aber auch, dass diese Welt nicht in sich »sinnvoll« und für den Menschen einsehbar, sondern voller Rätsel ist. Doch »diese Rätsel ruhen am Herzen Gottes« *(G. von Rad)*, dem deshalb auch Hiob mit all seinen Fragen vertrauen darf.

WOCHENSPRUCH

Der Menschensohn ist gekommen, zu suchen und selig zu machen, was verloren ist.

Lukas 19,10

LEBENSWEISHEIT

Die meisten Menschen brauchen mehr Liebe, als sie verdienen.

Marie von Ebner-Eschenbach

GEBET

Lobe den Herrn, meine Seele, und vergiss nicht, was er dir Gutes getan hat.
Der dich nicht festnagelt auf deine Versäumnisse und Fehler,
sondern dir entgegenkommt und dir verzeiht.
Barmherzig und gnädig ist Gott, geduldig und von großer Güte.
Der es gut mit dir meint ein Leben lang und dir eine Krone aufsetzt
wie einem König. Allen Unterdrückten verhilft er zu ihrem Recht,
allen, die sonst wenig zu lachen haben.
Barmherzig und gnädig ist Gott, geduldig und von großer Güte.
Er geht nicht so mit uns um, wie wir es verdienten.
Er rechnet nicht nach unseren Schulden mit uns ab.
Barmherzig und gnädig ist Gott, geduldig und von großer Güte.
So hoch der Himmel über der Erde ist, so weit wirft er weg,
was wir auf dem Kerbholz haben.
Wie ein guter Vater zu seinen Kindern,
so bist du, Gott, zu allen, die zu dir finden.
Amen.

Lukas 15,11-32

Die Geschichte vom verlorenen Sohn – unser aller Lebensgeschichte: Abschied von den Eltern – das haben wir hinter uns oder es steht uns noch bevor. Aber es ist unausweichlich. Ebenso das Loslassen-Müssen der eigenen Kinder. Unerfüllte Träume, zerplatzte Hoffnungen – davon wird keiner verschont: ob im Beruf, in der Ehe oder im Verhältnis zu den eigenen Kindern. Streitigkeiten in der Familie, Entfremdung zwischen Freunden – vieles geht im Laufe eines Lebens kaputt, und wir haben nicht immer die Kraft zu einem neuen Anfang. Und dennoch wohnt tief in unserem Herzen, gegen alle Erfahrungen, das starke Gefühl: Nicht die Trennungen und nicht die Konflikte, nicht die Enttäuschungen und nicht die Niederlagen bis hin zum Tod sind der letzte Akt der Geschichte. Am Schluss herrscht einzig die Liebe. Gott wird alles gut machen. Der Vater holt uns in jene Heimat, die wir verloren haben, aber die zu suchen wir doch niemals aufgeben können.

Das ist die unwahrscheinliche Hoffnung der Geschichte vom verlorenen Sohn. Einer Geschichte, die uns so einleuchtet, weil sie ausspricht, wonach wir uns zutiefst sehnen. Doch wo gibt es solch einen Vater?

Die Geschichte vom verlorenen Sohn ist in Wahrheit eine Geschichte von Gott – einem Gott, so unfassbar, dass selbst seine Kinder ihn nicht kennen. So wird die Begegnung mit dem Vater für den jüngeren Sohn zu einer einzigen Überraschung. Noch ehe der Sohn eine Silbe sagen kann, handelt der Vater. Schon von weitem sieht er seinen Sohn kommen, läuft ihm entgegen, lässt ihn gar nicht ausreden, fällt ihm um den Hals und ist außer Rand und Band. Keine Abrechnung, keine Vorhaltungen, keine Bedingungen, keine Bewährungsfrist. Mit einem solchen Vater hatte der Sohn nicht gerechnet. Aber so ist Gott, so kümmert er sich um den Menschen, vor allem um den, der ihm verloren ging. Das kann der ältere Bruder nicht akzeptieren. Er war immer korrekt geblieben, hatte sein Erbteil nicht durchgebracht, sondern gearbeitet und sich um den Hof gesorgt: »Da wird doch die Gerechtigkeit mit Füßen getreten«, bricht es aus ihm heraus. Dieser Sohn kann den Vater nicht verstehen, denn er versteht die Logik der Liebe nicht.

So ist Gott, will Jesus mit diesem Gleichnis sagen: in seiner Menschlichkeit menschlicher zu uns Menschen als wir Menschen zueinander. Wo wir Bestrafungen fordern und Bedingungen stellen, da breitet Gott seine Arme aus. Er gibt keinen auf und niemanden her. So geht er auch dem älteren Bruder nach, entlässt ihn nicht aus seiner Liebe, wirbt und bangt um ihn nicht weniger als um den jüngeren: »Aber man musste doch einfach fröhlich sein und sich freuen. Denn dieser dein Bruder war tot und ist wieder lebendig geworden; er war verloren und ist nun wiedergefunden.«

Das klingt fast hilflos, aber so spricht Liebe, die niemanden zwingen, sondern nur für sich werben kann.

AM ENDE DIE RECHNUNG

Einmal wird uns gewiss
die Rechnung präsentiert
für den Sonnenschein
und das Rauschen der Blätter,
die sanften Maiglöckchen
und die dunklen Tannen,
für den Schnee und den Wind,
den Vogelflug und das Gras
und die Schmetterlinge,
für die Luft, die wir
geatmet haben, und den
Blick auf die Sterne
und für alle die Tage,
die Abende und die Nächte.

Einmal wird es Zeit,
dass wir aufbrechen und
bezahlen;
bitte die Rechnung.
Doch wir haben sie
ohne den Wirt gemacht:
Ich habe euch eingeladen,
sagt der und lacht,
soweit die Erde reicht:
Es war mir ein Vergnügen!

Lothar Zenetti

Durch seine Überschrift wird das Buch Kohelet dem König Salomo zugeschrieben. Es entstand jedoch lange nach Salomos Tod gegen Ende des 2. Jahrhunderts v. Chr. vermutlich in Jerusalem. Das hebräische Wort »kohelet« meint den Leiter einer Versammlung. Kohelet war möglicherweise ein Weisheitslehrer, der als Leiter einen Kreis von Hörern um sich versammelte.

Kohelet sucht nach dem, »was gut ist für die Menschen, was sie tun sollten unter dem Himmel, so lange sie leben«. Zu Beginn schlüpft er in die Rolle eines Königs, der sich durch große Werke, durch Besitz und Reichtum, durch die Anhäufung von Wissen, aber auch durch viele Frauen Glück verschaffen will. »Was immer meine Augen begehrten, verwehrte ich ihnen nicht. Keine Freude versagte ich meinem Herzen.«

Doch er muss erkennen, dass ein äußerlich glanzvolles Leben, dem es an Lust und Freude nicht mangelt, angesichts der Erfahrung des Todes in die Verzweiflung führt. »Alles war nichtig und ein Haschen nach Wind.« Es sind drei grundlegende Einsichten, die Kohelet fortan in immer neuen Anläufen vertieft:

1. Es ist alles nichtig. »Was hat denn der Mensch von all seinem Mühen und Streben, davon, dass er sich abmüht unter der Sonne? Sein Leben bringt ihm nur Leiden und seine Mühe Verdruss, und selbst bei Nacht kommt sein Herz nicht zur Ruhe.«

Die Tränen der Unterdrückten trocknet niemand, »sie haben keinen, der sie tröstet«. Moral und Rechtschaffenheit lohnen sich nicht. Oft geht es dem Bösen viel besser, und der Tod macht zuletzt doch alle einander gleich, »den Gerechten und den Gottlosen, … den, der opfert, wie den, der nicht opfert«. Der Tod ist das große Thema bei Kohelet – der Tod, der alles zunichte macht, worum Menschen sich in diesem Leben mit so viel Einsatz bemüht haben.

2. Alles hat seine Zeit. Dennoch weiß Kohelet, dass eine geheimnisvolle Ordnung allem Geschehen zugrunde liegt. »Alles, was auf der Erde geschieht, hat seine von Gott bestimmte Zeit.« Alles hat seine ihm zugewiesene Zeit, jedes Verhalten, jedes Geschehen ist vom Schöpfer der Zeit zugeordnet, in der allein es gelingen kann. Es ist Gott selbst, der die Zeiten bestimmt. »Ich erkannte, dass alles, was Gott tut, für ewig feststeht. Man kann nichts hinzutun noch wegtun. Und Gott hat es so gemacht, dass man sich vor ihm fürchte.«

3. Genieße die Freude, die Gott dir schenkt! Gott hat die Welt schön gemacht und wohl geordnet, »nur dass der Mensch das Werk, das Gott gemacht hat, nicht von Anfang bis Ende begreifen kann. Da erkannte ich, dass sie nichts Besseres zustande bringen, als sich zu freuen und Gutes zu tun im Leben«. Die Werke Gottes, »das Ganze«, kann der Mensch nicht verstehen, er kann sich aber an dem »Teil«, den Gott ihm schenkt, freuen. »Auf, iss dein Brot mit Freude und trink deinen Wein mit frohem Herzen, denn dieses Tun hat Gott schon längst gefallen … Genieße das Leben mit einer Frau, die du liebst, all die Tage deines flüchtigen Lebens, die er dir gegeben hat unter der Sonne. Das ist dein Teil im Leben.«

WOCHENSPRUCH

Einer trage des andern Last, so werdet ihr das Gesetz Christi erfüllen.

Galater 6,2

LEBENSWEISHEIT

Ich halte nichts von Mitleid,
das sich nur in Hilfsbereitschaft und nicht auch in Zorn verwandelt.

Bertolt Brecht

GEBET

Mein Gott, es gibt so viele Vorurteile,
unter den einfachen Leuten, unter Gebildeten, unter uns.
Zwischen Frauen und Männern, zwischen Jungen und Alten,
zwischen Stadt und Land, zwischen politisch anders Denkenden,
zwischen Evangelischen und Katholischen, zwischen Christen und Muslimen,
zwischen denen da oben und denen da unten.
Auch ich habe meine Vorurteile:
Urteile, die ich übernommen habe;
Urteile, an denen ich festhalte;
Urteile, mit denen ich andere messe.
Vergib mir, Gott, meine Fehlurteile,
die entstanden sind durch meine Vorurteile!
Amen.

Lukas 19,1-10

In der alten Palmenstadt Jericho, letzte Station vor Jerusalem, stehen die Menschen dicht gedrängt an den Straßen. Alles ist auf den Beinen. Jesus von Nazareth, der Rabbi, von dem man sich Wunderdinge erzählt, ist in der Stadt angekommen. Den muss man gesehen haben...

In der Stadt lebt auch ein reicher Unternehmer, Zachäus. Jeder kennt ihn, keiner liebt ihn. Er hat die Zollstellen in der Stadt gepachtet. Bei jeder Feige, jedem Sack Mehl, jedem Stück Vieh, die die Tore der Stadt passieren, kassiert er mit. Geld hat er genug, Freunde hat er keine.

Auch er hat von Jesus gehört – und er ist neugierig geworden. Doch als er an die Straße kommt, lassen ihn die Leute nicht durch. »Was hat denn dieser Halsabschneider hier zu suchen?«, ruft jemand in der Menge. »Erst den Leuten das Geld aus der Tasche ziehen und dann ›auf fromm markieren‹?« Alle lachen, und sie machen sich breit, als Zachäus sich durchdrängen will. Doch Zachäus ist raffiniert. Er läuft vor bis zu einer Stelle, an der ein Baum steht, ein Maulbeerbaum. Von diesem Baum aus sieht er Jesus kommen, näherkommen – und unter seinem Baum stehen bleiben.

Jesus hebt den Kopf – und Zachäus hört seinen Namen: »Zachäus, komm herunter, beeil dich, heute bin ich dein Gast.«

Ein starkes Stück! Ausgerechnet Zachäus! Man hört Buh-Rufe und Pfiffe! Ausgerechnet Zachäus, der sich nur gelegentlich heimlich in die Synagoge schlich! Zachäus hört die Buh-Rufe und spürt die Entrüstung. Aber das ist ihm in diesem Augenblick gleichgültig. Wichtig ist ihm nur, dass einer ihn gesehen, beachtet und angesprochen hat – so als hätte Jesus gesagt: Zachäus, dein Beruf, dein Reichtum, deine Vergangenheit interessieren mich nicht – aber du selbst interessierst mich!

Die Erzählung geht noch weiter. Zachäus verspricht, alles zurückzugeben und zu ersetzen, was er sich unrechtmäßig ergaunert hat. Aber das ist erst später in der Bibel dazugekommen. Der Volksmund sagt: »Jeder kriegt das, was er verdient!« Der christliche Glaube behauptet: »Wir leben davon, dass wir mehr Liebe kriegen, als wir verdienen.« Für die Leute in Jericho hat Zachäus seinen Ruf weg. Er ist der reiche Unternehmer, der fiese Betrüger. Doch nur die wenigsten Leute in Jericho werden ihn wirklich gekannt haben. Und in sein Herz haben sie schon gar nicht geschaut. Trotzdem ist Zachäus festgelegt auf die Rolle, die er zu spielen hat. Geht es nur Zachäus so? Vermutlich spielt jeder nicht nur eine, sondern viele Rollen. Auch ich habe meine Fassaden. Wer kennt mich denn wirklich? Bin ich nur der, den die Leute in mir sehen? Tief in mir – und ich bin überzeugt, auch tief in jedem Menschen – steckt der Wunsch, dass es einen geben möge, der mich wirklich kennt – und der mich nicht verurteilt.

Der Husar in Neiße

Zur Zeit der Französischen Revolution, als die Preußen mit den Franzosen Krieg führten, drang ein preußischer Husar in das Haus eines französischen Bürgers ein, raubte ihm sein ganzes Geld, zuletzt auch noch das schöne Bett mit nagelneuem Überzug und misshandelte den Mann und seine Frau. Das Kind, das für seine Eltern bittet, stößt er unbarmherzig von sich. Die Tochter, die um Barmherzigkeit bittet, wirft er in den Brunnen und verschwindet. Als der Feldzug vorbei ist, nimmt der Husar seinen Abschied und lässt sich in Neiße nieder. Im Jahre 1806 rücken die Franzosen in Neiße ein und ein junger Sergeant wird bei einer Frau einquartiert und von ihr bewirtet. Er erkennt in dem Bett, in dem er schläft, die Überzüge wieder, die seinen Eltern vor vielen Jahren in Frankreich geraubt worden waren. Von der Frau erfährt er, dass sie das Bettzeug von einem Husaren gekauft habe, der immer noch in Neiße lebe.

Der Sergeant geht zu dem Haus des Husaren und erkennt ihn sofort wieder. Der Husar fällt vor dem Franzosen auf die Knie und stammelt »Pardon«, denkt aber: Es wird nicht viel heißen. Der geneigte Leser denkt vielleicht auch: Jetzt wird der Franzose den Husaren zusammenhauen, und freut sich schon darauf. Allein das könnte mit der Wahrheit nicht bestehen. Denn wenn das Herz bewegt ist und vor Schmerz fast brechen will, mag der Mensch keine Rache nehmen. Da ist ihm die Rache zu klein und zu verächtlich, sondern er denkt: Wir sind in Gottes Hand, und will nicht Böses mit Bösem vergelten. So dachte der Franzose auch und sagte: »Dass du mich misshandelt hast, das verzeihe ich dir. Dass du meine Eltern misshandelt und zu armen Leuten gemacht hast, das werden dir meine Eltern verzeihen. Dass du meine Schwester in den Brunnen geworfen hast und ist nimmer davongekommen, das verzeihe dir Gott.« – Mit diesen Worten ging er fort, ohne dem Husaren das Geringste zuleide zu tun, und es ward ihm in seinem Herzen wieder wohl.

Johan Peter Hebel

Im Gegensatz zu den Assyrern und Babyloniern verfolgten die Perser, die neuen Herren im Alten Orient, eine andere Politik gegenüber den von ihnen unterworfenen Völkern. Sie gestanden ihnen das Recht zu, ihre eigenen Angelegenheiten weitgehend selbstständig zu regeln. Vor allem ließen sie ihnen im Bereich der Religion ihre Freiheit und Selbstständigkeit. So hatte schon der Großkönig Kyros im Jahr 539 den Juden die Erlaubnis zum Wiederaufbau ihres zerstörten Tempels gegeben. Die Verhältnisse in Jerusalem waren allerdings kümmerlich und die Mutlosigkeit war groß, sodass es länger als 20 Jahre dauerte, bis der neue Tempel geweiht werden konnte. Der Wiederaufbau der Stadt ging jedoch nur schleppend voran, und die Stadtmauer lag immer noch in Trümmern.

In dieser Situation kam Nehemia nach Jerusalem. Er war als Jude am persischen Hof zum Mundschenk aufgestiegen. Von Verwandten hatte er über die Lage in Jerusalem erfahren. Daraufhin erbat er sich vom persischen König die Erlaubnis, »die Stadt, in der die Gräber meiner Väter sind« *(Neh. 2,5)*, wieder aufzubauen. Er erhielt die königliche Erlaubnis, entsprechende Papiere, eine militärische Begleitung und kam im Jahr 445 in Jerusalem an. Bald nach seiner Ankunft nahm Nehemia den Wiederaufbau der noch zerstört daliegenden Stadtmauer in Angriff, gegen den massiven Widerstand der Statthalter der persischen Nachbarprovinzen, die eine Konsolidierung der Verhältnisse in Jerusalem zu verhindern suchten. Es gelang Nehemia, zusammen mit den Bürgern Jerusalems die Mauer in 52 Tagen wiederaufzubauen. Die Einweihung wurde in feierlicher Form begangen.

Als Nächstes widmete sich Nehemia dem Bevölkerungsmangel in Jerusalem. Ein Zehntel der Bewohner der übrigen Orte in Judäa ließ er nach Jerusalem übersiedeln. Er sorgte auch dafür, dass in Jerusalem die Sabbatruhe wieder eingehalten wurde, und regelte die Abgaben für den Tempel, sodass Jerusalem seine Rolle als religiöses Zentrum erfüllen konnte.

Dramatischer war die Beilegung der tiefgreifenden sozialen Spannungen, von denen das 5. Kapitel des Nehemia-Buches berichtet. Die Landbevölkerung klagte über ihre zunehmende Verarmung, die sie in wirtschaftliche Abhängigkeit brachte und schließlich in die Schuldsklaverei trieb. Besonders skandalös war hierbei, dass es jüdische »Brüder« waren, die diese Ausbeutung betrieben, genauer »Vornehme« und »Vorsteher«. Als Nehemia sie mit ihrem Verhalten konfrontierte, »da schwiegen sie und fanden nichts zu antworten« *(Neh. 5,8)*. Nehemia setzte einen allgemeinen Schuldenerlass durch, zu dem sich die Gläubiger in einer öffentlichen Versammlung und durch einen religiösen Eid verpflichten mussten.

Zwölf Jahre war Nehemia Statthalter des persischen Königs in Juda, übrigens, wie er nicht zu berichten vergisst, unter Verzicht auf alle eigenen Einkünfte – »denn die Arbeit lastete schon schwer genug auf dem Volk«. In dieser Zeit schuf er durch den Wiederaufbau Jerusalems und durch soziale Regelungen die Bedingungen für die Konsolidierung der jüdischen Gemeinde nach dem Exil. Danach ging Nehemia an den persischen Königshof zurück.

WOCHENSPRUCH

Aus Gnade seid ihr selig geworden durch Glauben;
und das nicht aus euch: Gottes Gabe ist es.

Epheser 2,8

LEBENSWEISHEIT

»Hoffentlich ist Gott nicht gerecht, sondern lieb.«

August Everding

GEBET

Dir, Gott, vertraue ich meine Sorgen an und ich bin zuversichtlich,
dass sie bei dir gut aufgehoben sind.
Dir vertraue ich meine Fehler an und hoffe,
dass du mich nicht verurteilst.
Dir vertraue ich meinen Kummer an und ich bin getrost,
dass du ihn verwandeln kannst.
Dir vertraue ich meine Zweifel an, weil ich glaube,
dass du sie beantworten kannst.
Dir, Gott, vertraue ich meine Geheimnisse an, weil ich weiß,
dass sie bei dir geschützt sind.
Amen.

1. Mose 12,1-9

»Zieh weg aus deinem Land, von deiner Verwandtschaft und aus deinem Vaterhaus in das Land, das ich dir zeigen werde.« Abrahams Abschied war ein Schritt ins Ungewisse. Er wusste, was er zurückließ: Heimat, Verwandtschaft, Freunde, Sicherheit. Aber er wusste nichts von dem, war vor ihm lag. Eine ziemliche Zumutung, die Gott von ihm forderte. Doch es wird von keinem Zögern, von keinen Bedenken, von keiner Wehmut berichtet. Da steht nur der einfache Satz: »Da brach Abraham auf, wie Gott es ihm geboten hatte.« Machte es ihm nichts aus, alles loszulassen, woran er bisher gehangen hatte?

In einer der Geschichten Abrahams gibt es eine Gestalt, die es nicht gelernt hat, loszulassen: »Frau Lot«. Sie war als Frau des Neffen Abrahams schon einmal aus Wohlstand und Geborgenheit aufgebrochen. Mit Töchtern, Herden und Hausrat war sie ins Ungewisse gezogen, zusammen mit ihrem Mann Lot, der sich Abraham angeschlossen hatte. Nach endlosen Strapazen hatte sie einen Ort gefunden, wo sie zu bleiben hoffte. Sie richtete sich ein, fand Männer für ihre Töchter und begann, sich zu Hause zu fühlen.

Da geschieht das Schreckliche: Die Stadt hat schwerste Schuld auf sich geladen, sie soll untergehen. Nur Familie Lot soll gerettet werden, aber für Frau Lot heißt es: Sie muss von Neuem alles hinter sich lassen. Nicht einmal umblicken soll sie sich. Das geht über ihre Kraft. Was sie gehabt hatte, wusste sie. Was auf sie zukam, war ungewiss. Und so erzählt die Bibel von Frau Lot: »Als Lots Frau zurückblickte, da erstarrte sie zu einer Salzsäule.«

Rückwärtsgewandt das Leben verlieren oder nach vorn gerichtet das Leben riskieren? Auch Abraham hatte sich eingerichtet an einem Ort, der ihm vertraut war. Aber als es darauf ankam, blickte er nicht zurück und klammerte sich auch nicht an Gewesenes. Nach vorn gerichtet das Leben riskieren. Woher nahm er die Kraft dazu? Es heißt lapidar: »Abraham glaubte dem Herrn.« Das unbeweisbare, aber erfahrbare Vertrauen, dass Gott mich nicht verlassen wird, verändert die Einstellung zum Leben.

Ohne aufzubrechen werden wir das Leben nicht finden. Wer nur bewahren, nur festhalten will, dreht sich schließlich nur noch im Kreise. Erinnerungen werden dann wichtiger als Veränderungen. Doch wer nichts wagt, wird auch nichts gewinnen. Abraham wagt es und gewinnt den Segen für sein Leben.

NUR FÜR HEUTE ...

Nur für heute werde ich mich bemühen, den Tag zu erleben, ohne das Problem meines Lebens auf einmal lösen zu wollen.

Nur für heute werde ich die größte Sorge für mein Auftreten pflegen: vornehm in meinem Verhalten; ich werde niemand kritisieren; ja, ich werde nicht danach streben, die anderen zu verbessern, nur mich selbst.

Nur für heute werde ich in der Gewissheit glücklich sein, dass ich für das Glück geschaffen bin, nicht nur für die andere, sondern auch für diese Welt.

Nur für heute werde ich mich an die Umstände anpassen, ohne zu verlangen, dass die Umstände sich an meine Wünsche anpassen.

Nur für heute werde ich zehn Minuten meiner Zeit einer guten Lektüre widmen; wie die Nahrung für das Leben notwendig ist, so ist die gute Lektüre notwendig für das Leben der Seele.

Nur für heute werde ich eine gute Tat vollbringen, und ich werde es niemand erzählen.

Nur für heute werde ich etwas tun, das ich keine Lust habe zu tun; sollte ich mich in meinen Gedanken beleidigt fühlen, werde ich dafür sorgen, dass niemand es merkt.

Nur für heute werde ich ein genaues Programm aufstellen. Vielleicht halte ich mich nicht genau daran, aber ich werde es aufsetzen. Und ich werde mich vor zwei Übeln hüten: vor der Hetze und der Unentschlossenheit.

Nur für heute werde ich fest glauben – selbst wenn die Umstände das Gegenteil zeigen sollten –, dass die gütige Vorsehung Gottes sich um mich kümmert, als gäbe es sonst niemand in der Welt.

Nur für heute werde ich keine Angst haben. Ganz besonders werde ich keine Angst haben, mich an allem zu freuen, was schön ist, und an die Güte zu glauben.

Johannes XXIII.

Als »Sekretär vom Gesetz des Himmelsgottes« *(Esra 7,12)* war der jüdische Priester Esra am persischen Hof als staatlicher Kommissar für jüdische Religionsangelegenheiten zuständig. In dieser Funktion wurde er mit einer Vollmacht des Perserkönigs Artaxerxes nach Jerusalem mit dem Auftrag entsandt, aufgrund der Bestimmungen des »Gesetzes Gottes« die Verhältnisse in der Provinz Juda zu untersuchen. Bei dieser Visitation ging es offenbar darum, für die Einhaltung und Durchführung des jüdischen Gesetzes unter den Untertanen des persischen Reiches zu sorgen, die sich zum jüdischen Volk und zur jüdischen Religion rechneten.

Mit der Beauftragung Esras war eine Genehmigung zur Rückwanderung von Juden aus dem Exil und die Überbringung von Spenden des Königshauses sowie der im Exil verbleibenden Juden an den Tempel in Jerusalem verbunden. In Begleitung von etwa 5000 Juden, zu denen sich noch 238 Leviten und Tempeldiener gesellten, machte sich Esra im Jahr 397 auf die Reise und kam nach vier Monaten in Jerusalem an.

Als Erstes las Esra dem versammelten Volk auf dem Platz vor dem Wassertor jeden Tag von einer eigens errichteten Holztribüne herab das »Gesetz des Mose« vor, vermutlich die fünf Bücher Mose. Der Eindruck war so groß und nachhaltig, dass sich die ganze Gemeinde auf das Gesetz Gottes verpflichtete: In einem großen Bußgottesdienst bekannten alle ihre Sünden und »verpflichteten sich unter Eid, das Gesetz Gottes zu befolgen« *(Nehemia 10,30)*. Das war ein Vorgang von grundlegender Bedeutung für die ganze weitere Geschichte Israels und des Judentums. Esra machte die Thora, das Gesetz Gottes, für alle verbindlich, die sich zu Israel zählten. Die religiösen schriftlichen Überlieferungen Israels wurden nun zur Grundlage des jüdischen Volks.

Die zweite Reform, die Esra begann, betraf die zahlreichen »Mischehen« in der damaligen Zeit. Viele der schon vor Esra aus dem Exil zurückgekehrten Juden hatten sich mit der inzwischen ortsansässigen nichtjüdischen Bevölkerung verbunden. Rigoros bestimmte Esra, dass Mischehen verboten seien, und verlangte, dass alle Ehen zwischen Juden und Nichtjuden geschieden werden müssten. Esra ging es um die Wiederherstellung der »Reinheit« des Gottesvolkes. Immerhin erreichte er in einer Volksversammlung, dass über 100 jüdische Männer ihre nichtjüdischen Frauen »entließen«, auch wenn sie von ihnen Kinder hatten.

Ob Esra sich mit seinen rigorosen Forderungen im Volk wirklich durchsetzen konnte, ist jedoch zweifelhaft. Seine Maßnahme brachte erhebliche Unruhe ins Land, was die Perser gerade nicht erreichen wollten. Vermutlich ist Esra an den persischen Hof zurückbeordert worden und von dort nicht mehr zurückgekehrt. Trotzdem war seine Mission für das Judentum von großer Bedeutung. Seine Neubestimmung Israels im Sinne einer um die Thora, das Gesetz Gottes, versammelten Gemeinschaft ist eine der Wurzeln des späteren Judentums.

WOCHENSPRUCH

So spricht der Herr, der dich geschaffen hat: Fürchte dich nicht, denn ich habe dich erlöst; ich habe dich bei deinem Namen gerufen; du bist mein!

Jesaja 43,1

LEBENSWEISHEIT

»Jedes Kind hat das Recht auf einen Namen von Geburt an.«

UN-Kinderrechtskonvention § 7,1

GEBET

Guter Gott,
du hast uns ein Geschenk gemacht,
ein Geschenk, das uns auf dem Weg durchs Leben begleitet.
Wir sind getauft auf deinen Namen.
Es liegt an uns, wie wir uns zu diesem Geschenk verhalten -
ob wir im Glauben antworten oder in Gleichgültigkeit schweigen.
Manchmal können wir das eine nicht vom anderen unterscheiden.
Hilf uns, dass wir offen bleiben für die Zusage deiner Liebe;
hilf uns, dass wir dein Werben um uns im Lärm des Alltags nicht überhören.
Lass Glauben in uns wachsen, Hoffnung und Vertrauen.
Sei und bleibe du unser Gott.
Darum bitten wir dich in Jesu Namen.
Amen.

Apostelgeschichte 8,26-39

Da ist einer auf der Suche – einer, der viel erreicht hat in seinem Leben. Bis zum Finanzminister der mächtigen Königin von Äthiopien hat er es gebracht. Doch dafür hat er auch einen hohen Preis zahlen müssen. Äthiopische Minister waren damals Eunuchen, hatten sich kastrieren lassen müssen, weil es zwischen ihnen und der Königin zu keinen intimen Beziehungen kommen sollte. Nun hat er Karriere gemacht, ist oben angekommen – doch irgendwann stellt sich die Frage: Hat sich das alles gelohnt? War es das?

Für seine Seele will der Kämmerer etwas tun, er wendet sich der Religion zu. Warum es gerade Jerusalem sein muss, erfahren wir nicht. Vielleicht hat er in Äthiopien von dem Tempel gehört und von dem Gott, der kein Bild von sich duldet. Dreitausend Kilometer legt er zurück, aber die Hoffnungen erfüllen sich nicht. Er, der Eunuch, darf nicht in den Tempel, darf nicht dazugehören. Traurig und unverrichteter Dinge kehrt er zurück, kauft in Jerusalem noch eine der teuren Bibelhandschriften, in der er nun liest, allein in seinem Reisewagen. »Verstehst du auch, was du liest?« Er versteht nichts. Allein müht er sich vergebens, allein kommt er nicht weiter. Jetzt aber tritt jemand an seine Seite und spricht ihn an.

Wenn ich verstehen will, dann brauche ich einen anderen Menschen. Nicht jemand, der mich belehrt, sondern der zu mir steigt in meinen »Lebenswagen« und ein Stück mitfährt – wie Philippus.

»Und predigte ihm das Evangelium von Jesus.« *(V.35)* Wir wissen nicht, was Philippus dem Kämmerer im Einzelnen von Jesus erzählt hat. Doch der Kämmerer muss gespürt haben: Das ist es, was ich gesucht habe. Ich muss mich nicht mehr um meine Karriere kümmern, ich muss nicht mehr ruhelos nach einem Sinn suchen. Gott hat mich längst gefunden.

»Siehe, da ist Wasser ...« Der Kämmerer meint es ernst: »Was hindert's, dass ich mich taufen lasse?« *(V. 36)* Er hätte sich auch anders verhalten können: erst einmal die Sache in Ruhe bedenken, abwarten, sich nicht festlegen – und dabei bleibt es dann meistens. Nein, der Kämmerer will den Kontakt zu Gott nicht mehr abreißen lassen. Er begnügt sich nicht damit, das Evangelium einmal gehört zu haben, er will mehr davon, will es in seinem Leben ausprobieren.

Die Erzählung vom Kämmerer aus Äthiopien – eine Wundergeschichte. Denn ein Wunder ist es, dass hier zwei Menschen zusammentreffen, die ursprünglich nichts miteinander zu tun haben: ein Finanzminister und ein einfacher Missionar, einer aus Palästina und einer aus Äthiopien, ein geborener Jude und ein schwarzer Afrikaner. Aber Gott hat alle Hebel in Bewegung gesetzt, dass sie sich treffen.

So ist Gott am Werk und verknüpft die Lebenswege, damit am Ende ein fröhlicher Mensch dabei herauskommt – damals auf der Straße von Jerusalem nach Gaza, heute vielleicht auf dem Weg, der morgen vor mir liegt.

Der Adler

Ein Mann ging in einen Wald, um nach einem Vogel zu suchen, den er mit nach Hause nehmen konnte. Er fing einen jungen Adler, brachte ihn heim und steckte ihn in den Hühnerhof zu den Hennen, Enten und Truthühnern. Und er gab ihm Hühnerfutter zu fressen, obwohl er ein Adler war, der König der Vögel.

Nach fünf Jahren erhielt der Mann den Besuch eines naturkundigen Mannes. Und als sie miteinander durch den Garten gingen, sagte der: »Dieser Vogel dort ist kein Huhn, er ist ein Adler.«

»Ja«, sagte der Mann, »das stimmt. Aber ich habe ihn zu einem Huhn erzogen. Er ist jetzt kein Adler mehr, sondern ein Huhn, auch wenn seine Flügel drei Meter breit sind.« »Nein«, sagte der andere. »Er ist noch immer ein Adler, denn er hat das Herz eines Adlers, und das wird ihn hoch hinausfliegen lassen in die Lüfte.«

»Nein, nein«, sagte der Mann, »er ist jetzt ein richtiges Huhn und wird niemals fliegen.« Darauf beschlossen sie, eine Probe zu machen.

Der naturkundige Mann nahm den Adler, hob ihn in die Höhe und sagte beschwörend: »Der du ein Adler bist, der du dem Himmel gehörst und nicht dieser Erde: Breite deine Schwingen aus und fliege!«

Der Adler saß auf der hochgereckten Faust und blickte um sich. Hinter sich sah er die Hühner nach ihren Körnern picken, und er sprang zu ihnen hinunter.

Am anderen Tag stieg der Mann mit dem Adler auf das Dach des Hauses, hob ihn empor und sagte: »Adler, der du ein Adler bist, breite deine Schwingen aus und fliege!« Aber als der Adler wieder die scharrenden Hühner im Hof erblickte, sprang er abermals zu ihnen hinunter und scharrte mit ihnen.

Da sagte der Mann wieder: »Ich habe dir gesagt, er ist ein Huhn.« – »Nein«, sagte der andere, »er ist ein Adler, und er hat noch immer das Herz eines Adlers. Lass es uns noch ein einziges Mal versuchen; morgen werde ich ihn fliegen lassen.«

Am nächsten Morgen erhob er sich früh, nahm den Adler und brachte ihn hinaus aus der Stadt, weit weg von den Häusern an den Fuß eines hohen Berges. Er hob den Adler hoch und sagte zu ihm: »Adler, du bist ein Adler. Du gehörst dem Himmel und nicht dieser Erde. Breite deine Schwingen aus und fliege!«

Der Adler blickte umher, zitterte, als erfülle ihn neues Leben – aber er flog nicht. Da ließ ihn der naturkundige Mann direkt in die Sonne schauen. Und plötzlich breitete er seine gewaltigen Flügel aus, erhob sich mit dem Schrei eines Adlers, flog höher und höher und kehrte nie wieder zurück.

James Aggrey

Das schöne jüdische Waisenmädchen Ester wird persische Königin und rettet sein jüdisches Volk vor der drohenden Vernichtung. Zum Gedenken an dieses Ereignis feiern die Juden bis heute am 14. Adar (= März) das karnevalsähnliche Freudenfest Purim. Das biblische Esterbuch, das diese Geschichte erzählt, schildert keine historischen Ereignisse. Es ist ein historischer Roman, die Handlung ist frei erfunden. Sie spielt um das Jahr 480 v. Chr. in der Zeit der jüdischen Diaspora unter dem persischen König Xerxes I. am Königshof in Susa. Xerxes, im Esterbuch heißt er Ahasveros, hatte seine Frau Waschti verstoßen, weil sie sich geweigert hatte, sich in »ihrer Schönheit« vor betrunkenen Männern, nämlich dem König und seinen fürstlichen Saufkumpanen, zu zeigen. Die schöne Ester wird neue Königin, doch auf Rat ihres Vetters und Vormunds, des jüdischen Beamten Mordechai, verschweigt sie, dass sie Jüdin ist. Der loyale Mordechai deckt eine Verschwörung gegen den König auf, aber er verweigert auch Haman, dem Günstling des Königs, den Kniefall. Daraufhin erwirkt der einen königlichen Erlass, dass an einem durch Los auf den 13. Adar festgesetzten Tag alle Juden im persischen Reich getötet werden sollen. Mordechai bittet die zögernde Ester, bei ihrem Mann, dem König, gegen den Erlass zu intervenieren: »Bilde dir nicht ein, im Haus des Königs gerettet zu werden, anders als alle anderen Juden! Wenn du schweigst, wird den Juden von anderer Seite Hilfe und Rettung erstehen ... Wer weiß, ob du nicht gerade dafür in dieser Zeit Königin geworden bist?«

Ester lädt den König und Haman zu Festmahlen ein. In der Zwischenzeit hat Haman einen Galgen für die Hinrichtung des ihm verhassten Mordechai aufbauen lassen. Doch da dem König Mordechais Verdienste bei der Aufdeckung der Verschwörung wieder eingefallen sind, muss Haman seinen Intimfeind öffentlich ehren, statt ihn aufhängen zu können. Beim zweiten Festmahl bekennt sich Ester zu ihrer jüdischen Herkunft und bittet um die Rettung ihres Volkes. Als sich der König erkundigt, wer der Verfolger ist, wirft sich Haman flehend auf den Diwan der Königin. Der König missdeutet Hamans Geste als Vergewaltigungsversuch und lässt ihn an dem ursprünglich für Mordechai errichteten Galgen aufhängen. Der Jude Mordechai wird an Hamans Stelle zweiter Mann im Reich.

Der König gestattet nun den Juden, sich an ihren Feinden zu rächen – was im Esterbuch mit großer Freude und Begeisterung aufgenommen wird. 75.000 Judenfeinde werden daraufhin im ganzen Perserreich getötet.

Das biblische Esterbuch enthält auch befremdliche Züge. Kritiklos ist von der Ermordung von zehntausenden Feinden der Juden die Rede. Gott wird in diesem Buch an keiner einzigen Stelle erwähnt.

Aktualität bekommt das Buch, weil es eine literarische Auseinandersetzung mit dem Problem der Judenfeindschaft bietet. Haman steht für die Judenfeinde aller Zeiten. Seine Argumentation vor dem König lebt von den typischen Vorurteilen, die bis heute jede antijüdische Hetze begleiten: die Juden lebten verstreut und abgesondert, sie seien reich, sie lebten nach eigenen, unverständlichen Gesetzen, sie seien eben »anders«.

WOCHENSPRUCH

So seid ihr nun nicht mehr Gäste und Fremdlinge, sondern Mitbürger der Heiligen und Gottes Hausgenossen.

Epheser 2,19

LEBENSWEISHEIT

Das größte Übel, das wir unsern Mitmenschen antun können, ist nicht, sie zu hassen, sondern ihnen gegenüber gleichgültig zu sein.
Das ist die absolute Unmenschlichkeit.

George Bernhard Shaw

GEBET

Herr, unsere Erde ist nur ein kleines Gestirn im großen Weltall.
An uns liegt es, daraus einen Planeten zu machen, dessen Geschöpfe
nicht von Kriegen gepeinigt werden,
nicht von Hunger und Furcht gequält,
nicht zerrissen in sinnloser Trennung
nach Rasse, Hautfarbe oder Weltanschauung.
Gib uns den Mut und die Voraussicht,
schon heute mit diesem Werk zu beginnen,
damit unsere Kinder und Kindeskinder einst mit Stolz
den Namen Mensch tragen.
Amen.

Johannes 6,1-15

Fünftausend hungrige Menschen, keine Läden weit und breit, kein Geld, keine Vorräte, nur ein Kind mit fünf Broten und zwei Fischen – »aber was ist das für so viele?«

Jesus hat die Hungrigen satt gemacht. Mit fünf Broten und zwei Fischen. Wie er das bewirkt hat, wird in der Bibel nicht gesagt. Es heißt nur: Alle wurden satt. Man kann sich denken, dass die Theologen immer wieder versucht haben, hinter dieses Geheimnis zu kommen. Einer hat gemeint: Als die Menge sah, dass Jesus alles gab, was er auftreiben konnte, um ihren Hunger zu stillen, da kramten die vielen Menschen auch in ihren Taschen. Der eine zog ein Butterbrot hervor, der zweite ein paar Sonnenblumenkerne und der dritte einen Apfel, und so wurden alle satt.

Doch so ist es bestimmt nicht gewesen. Der Evangelist Johannes, der uns diese Geschichte erzählt, hat in dieser Speisung der Fünftausend ein Zeichen gesehen. Denn es wurden nicht nur alle satt, sondern es war so viel da, dass am Ende zwölf Körbe gefüllt werden konnten von dem, was übrigblieb.

Jesus hat die Menschen nicht nur einmal zufällig satt gemacht, sondern er kann den Hunger an Leib und Seele stillen, den Hunger nach Leben. Grundsätzlich. Dieses Zeichen haben die Menschen damals missverstanden. Wer so satt machen kann, der muss der große Prophet sein, der Befreier, auf den alle Welt wartet. Und so wollen sie ihn zu ihrem König machen, damit er mit umsichtiger Verteilung des Brotes immer wieder Wunder bewirkt. Eine Wiederholung des Wunders, möglichst auf Bestellung.

Doch Jesus sagt: »Der Mensch lebt nicht vom Brot allein.« Das ist kein Wort für Hungernde. Wer dies einem Menschen sagt, der nicht weiß, wie er sich und seine Familie ernähren kann, der macht sich schuldig. Jeder sechste Mensch auf dieser Erde muss mit einem Dollar am Tag auskommen. Dabei würden 20 Milliarden Dollar jährlich ausreichen, um diese Armut zu bekämpfen – das ist weniger, als die Europäer jährlich für Zigaretten ausgeben.

»Der Mensch lebt nicht vom Brot allein« – das ist ein Satz für uns, die Satten, deren Leben geprägt wird durch die Jagd nach immer mehr Brot, nach immer mehr Wohlstand.

»Der Mensch lebt nicht vom Brot allein« – das ist eine Wahrheit, die wir verdrängt haben. Inzwischen ist aber eine andere Wahrheit offenkundig geworden:

»Der Mensch stirbt am Brot allein.« Er erstickt im Müll, den er hinterlässt; er verblödet durch die Berieselung des Fernsehens; er vergiftet sich an den Drogen, mit denen er seine Langeweile betäubt.

Man kann an vollen Schüsseln verhungern.

Jesus kann Hungrige satt machen. Mit fünf Broten und zwei Fischen. Aber vor allem durch seine Worte und Geschichten. Mit seiner Wahrheit und Liebe. Und weil man bei ihm die Fülle des Lebens finden kann, die satt macht.

Das Brot des Bäckers

An der Jakobstraße in Paris liegt ein Bäckerladen, da kaufen viele hundert Menschen ihr Brot. Meistens ist nämlich der alte Bäcker im Laden und verkauft. Dieser alte Bäcker ist ein spaßiger Kerl. Manche sagen: Er hat einen Tick. Aber nur manche; die meisten sagen: Er ist weise, er ist menschenfreundlich. Einige sagen sogar: Er ist ein Prophet. Aber als ihm das erzählt wurde, knurrte er vor sich hin: »Dummes Zeug...«

Der alte Bäcker weiß, dass man Brot nicht nur zum Sattessen brauchen kann. Manche erfahren das erst in diesem Bäckerladen – zum Beispiel der Busfahrer Gerard, der einmal zufällig in den Brotladen an der Jakobstraße kam.

»Sie sehen bedrückt aus«, sagte der alte Bäcker zum Busfahrer. »Ich habe Angst um meine kleine Tochter«, antwortete der Busfahrer Gerard. »Sie ist gestern aus dem Fenster gefallen, vom 2. Stock!«

»Wie alt?«, fragte der Bäcker. »Vier Jahre«, antwortete Gerard.

Da nahm der alte Bäcker ein Stück vom Brot, das auf dem Ladentisch lag, brach zwei Bissen ab und gab das eine Stück dem Busfahrer. »Essen Sie mit mir«, sagte der alte Bäcker zu Gerard, »ich will an Sie und Ihre kleine Tochter denken.«

Der Busfahrer hatte so etwas noch nie erlebt, aber er verstand sofort, was der alte Bäcker meinte, als er ihm das Brot in die Hand gab. Und sie aßen beide ihr Brotstück und schwiegen und dachten an das Kind im Krankenhaus.

Zuerst war der Busfahrer mit dem alten Bäcker allein. Dann kam eine Frau herein. Sie hatte auf dem nahen Markt zwei Tüten Milch geholt und wollte nun eben noch Brot kaufen. Bevor sie ihren Wunsch sagen konnte, gab ihr der alte Bäcker ein kleines Stück Weißbrot in die Hand und sagte: »Kommen Sie, essen Sie mit uns: Die Tochter dieses Herrn liegt schwer verletzt im Krankenhaus – sie ist aus dem Fenster gestürzt. Vier Jahre ist das Kind. Der Vater soll wissen, dass wir ihn nicht allein lassen.«

Und die Frau nahm das Stückchen Brot und aß mit den beiden.

Solange Judit lebte, »wagte niemand, Israel anzugreifen«. Hoch geehrt im ganzen Land, wurde sie sehr alt und starb im Alter von 105 Jahren. Als sie starb, »trauerte das ganze Volk um sie sieben Tage lang« *(Judit 16,29f.)*. Wer war diese bemerkenswerte Frau? Judit, auf deutsch »Jüdin«, ist die Heldin des Judit-Buches, das Martin Luther, obwohl er es als »fein, gut, heilig, nützlich Buch, uns Christen wohl zu lesen« hoch schätzte, nicht zum Kernbestand des Alten Testaments, sondern zu den »Apokryphen« rechnete.

Das Buch Judit erzählt von Nebukadnezar, dem »König von Assyrien«, der in seinem Größenwahn die universale Weltherrschaft beansprucht. Er schickt Holofernes, den Oberbefehlshaber seiner Truppen, mit einer großen Streitmacht aus, um alle Länder der Erde zu erobern. Unaufhaltsam rückt Holofernes vor, er erobert Volk um Volk, plündert Stadt um Stadt und zerstört alle Götterbilder – denn Holofernes hatte den Auftrag, »alle Götter der Erde zu vernichten, damit alle Völker Nebukadnezar allein dienen und ... ihn allein als ihren Gott anrufen« *(Judit 3,11)*.

Als Holofernes sich dem Gebiet von Judäa nähert, gerät sein Siegeszug ins Stocken. Der erstaunte Holofernes erfährt von Achior, dem Führer seiner ammonitischen Hilfstruppen, dass dem jüdischen Volk »ein Gott beisteht, der das Unrecht hasst« und die Juden, solange sie sich zu diesem Gott bekennen, unbesiegbar seien. Holofernes ist empört, lässt Achior fesseln und zu den Juden in die von ihm belagerte Bergfestung Betulia bringen. Zugleich schneidet er die Stadt von der Wasserzufuhr ab.

In dieser Situation ergreift Judit, eine schöne, reiche und fromme Witwe, die Initiative. Sie fleht Gott um Kraft an und geht, festlich gekleidet und reich geschmückt, als vermeintliche Überläuferin in das Lager des Holofernes, wo sie sogleich wegen ihrer Schönheit großes Aufsehen erregt. Holofernes, der »vor Begierde nach ihr entbrannt war«, lädt Judit nach einigen Tagen zu einem intimen nächtlichen Festmahl ein. Judit geht scheinbar auf sein Angebot ein. Doch als er sich bei dem Mahl sinnlos betrinkt und in seinem Rausch einschläft, schlägt Judit dem Holofernes mit dessen eigenem Schwert den Kopf ab. Dann steckt sie diesen in einen Sack und eilt in die Stadt zurück, wo sie der erstaunten Menge den Kopf des Holofernes zeigt. Als die Assyrer am nächsten Morgen ihren Feldherrn tot in seinem Zelt auffinden, bricht im Lager Panik aus, und alle Truppen rennen in wilder Flucht davon. Die Bewohner der Stadt Betulia plündern daraufhin das feindliche Lager und machen reiche Beute. In einer Prozession ziehen alle hinauf nach Jerusalem, wo ein dreimonatiges Fest im Tempel gefeiert wird.

Beim Buch Judit handelt es sich nicht um ein »historisches« Geschehen, sondern um eine romanhafte Lehrerzählung. Judit und Holofernes stehen für zwei entgegengesetzte Welten. Er ist der Vertreter einer selbstüberheblichen, gottfeindlichen Weltmacht, dem nicht zufällig eine fromme und mutige Frau als Repräsentantin des kleinen und bedrängten Gottesvolks entgegentritt. Der Kampf, den Judit und Holofernes stellvertretend austragen, ist der Kampf zwischen dem Gott Israels und den selbsternannten Weltherrschern, die mit Gewalt daherkommen und sich gottgleich gebärden.

WOCHENSPRUCH

Lebt als Kinder des Lichts; die Frucht des Lichts ist lauter Güte und Gerechtigkeit und Wahrheit.

Epheser 5,8.9

LEBENSWEISHEIT

Wer gerade Furchen ziehen will,
der hänge seinen Pflug an einen Stern.

Arabisches Sprichwort

GEBET

Gott, wir bitten dich für uns und unsere Kirche!
Wenn andere lästern, wer geht denn heute noch zur Kirche?
dann lass uns mutig und selbstverständlich sagen: Wir!
Wenn uns eingeredet werden soll,
Glaube sei nur etwas für Kinder und alte Leute -
dann lass uns in aller Höflichkeit widersprechen.
Wenn in den Kirchen darüber geklagt wird,
dass die Menschen nicht mehr kommen wollen -
dann lass uns hingehen und mit denen reden, die nicht mehr kommen.
Wenn in der Kirche nur noch vom Geld gesprochen wird -
dann lass uns, Gott, vom Glauben reden.
Wenn die Konfessionen sich untereinander streiten -
dann wollen wir uns gegenseitig einladen.
Wenn die Kirche die Zeit verschläft und
notwendige Reformen hinausschiebt -
dann lass uns, Gott, damit schon einmal anfangen.
Amen

Jesaja 2,2-5

Der Nahe Osten ist ein Pulverfass: Der Konflikt zwischen Israelis und Palästinensern beherrscht seit Jahren die Schlagzeilen. Islamische Fundamentalisten und israelische Siedler sorgen immer wieder für Unruhe.

Krieg im Nahen Osten: Davon kann man auch auf vielen Seiten des Alten Testaments lesen. Kriege begleiten die Geschichte Israels von den Tagen Josuas und Davids bis zum Befreiungskampf der Makkabäer. Das Alte Testament ist voller Kriegsgeschrei – aber auch voller Kritik am Militär, voller Klage über die Gewalt, voller Sehnsucht nach Frieden.

Am Anfang findet man kaum Kritik an der Gewalt. Ausführlich wird von den Heldentaten Simsons, Sauls und Davids erzählt. Doch dann brechen über Israel die Katastrophen herein: Bürgerkrieg, Eroberung und Besetzung, Teilung des Landes, Verschleppung und Umsiedlung. So wächst die Überzeugung, dass Waffen Israel nicht schützen können und das Vertrauen auf militärische Stärke Israels Überleben nicht garantieren kann.

Vor allem bei den großen Propheten wird das Nein zum Krieg unüberhörbar, vielleicht am eindringlichsten beim Propheten Jesaja: Es kommt eine Zeit, die den Krieg und die Gewalt nicht mehr kennt. Alle Völker werden sich an den Geboten Gottes orientieren. Dann werden die Streitigkeiten zwischen den Völkern geschlichtet, Waffen werden nicht mehr gebraucht: Schwerter werden umgeschmiedet zu Pflugscharen und Speere zu Winzermessern. Keiner wird mehr da sein, der Freude an militärischer Technik hat; niemand will mehr lernen, mit Waffen umzugehen und Menschen zu töten.

Ein schönes Bild, eine großartige Verheißung! Keiner wird dagegen etwas einzuwenden haben. Nur – zur Zeit kommt einem diese Vision der Bibel vor wie reines Wunschdenken, wie eine weltfremde Utopie. Müssen nicht erst die Terroristen, die religiösen Fanatiker, die Diktatoren aus der Welt verschwinden? Doch der Prophet Jesaja sagt auch: »Kommt und lasst uns Schritte tun im Lichte Gottes!«

Wenn es Frieden geben soll, dann muss einer anfangen. Wenn es Frieden geben soll, dann muss man miteinander reden, aber einer muss den ersten Schritt tun. Nicht abwarten, bis irgendwann einmal alle sich friedlich verhalten, sondern einseitig vorangehen und mit konkreten Schritten den Frieden ansteuern, der am Ende für alle gelten soll – das ist die biblische Vorstellung vom Weg zum Frieden.

Vermutlich werden sich Terroristen, Fanatiker und Diktatoren davon nicht beeindrucken lassen. Aber man kann sie auch nicht aus der Welt bomben. Man kann sie nur durch kluge Politik bekämpfen, aber nicht durch Vergeltungsschläge und Raketenbeschuss. Im nahen Osten gibt es viele Gründe dafür, warum Israelis und Palästinenser sich so verhalten, wie sie es tun. Noch setzen beide Parteien auf Gewalt und militärische Stärke. Frieden lässt sich dadurch nicht herstellen. Das könnte man, gerade in Israel, aus der Bibel lernen.

Die Legende vom Großinquisitor

In dieser Legende erzählt der russische Schriftsteller Fjodor Dostojewski, dass Jesus im 16. Jahrhundert wieder zurück auf die Erde kommt – in Spanien zur Zeit der Inquisition. Überall brennen Scheiterhaufen, Ketzer werden verbrannt. Jesus kommt leise und unauffällig, doch alle erkennen ihn. Wie damals heilt er Blinde, erweckt ein totes Kind und löst im Volk Bestürzung aus. In diesem Moment geht der neunzigjährige Großinquisitor über den Platz, sieht Jesus, erkennt ihn und lässt ihn verhaften.

In der Nacht sucht der Großinquisitor Jesus in seinem Kerker auf.

»Warum bist du gekommen, uns zu stören? Weißt du, dass ich dich morgen richten und als den schlimmsten aller Ketzer auf dem Scheiterhaufen verbrennen werde?« Der Großinquisitor wirft Jesus vor, dass er den Menschen die Freiheit gebracht habe, doch »nichts ist jemals dem einzelnen Menschen unerträglicher gewesen als die Freiheit«. Ein Glaube aus Freiheit, ohne Zwang, ohne Lohn, ohne Beweise, das sei allenfalls etwas für eine kleine idealistische Minderheit. Die Masse will keine Freiheit, sie will gelenkt werden, sie will satt werden.

»Wir, die Kirche, haben dein Evangelium darum abgeändert und es begründet auf dem Wunder, dem Geheimnis und der Autorität. Da waren die Menschen froh, dass man sie wiederum wie eine Herde führte.« Und der Großinquisitor fährt fort: »Ich sage dir ein Geheimnis, aber du kennst es längst: Wir sind schon lange nicht mehr mit dir, sondern mit ihm, dem Teufel, schon seit Jahrhunderten.«

Lange redet der Großinquisitor auf Jesus ein.

Als er verstummt, wartet er, was sein Gefangener ihm antwortet. Doch Jesus blickt dem Greis ruhig in die Augen, sagt aber nichts. Der Großinquisitor möchte eine Antwort haben. Da nähert sich Jesus »schweigend dem Greis und küsst ihn still auf seine blutleeren neunzigjährigen Lippen. Der Greis fährt zusammen, er zittert, geht zur Tür, öffnet sie und sagt zu Jesus: »Geh und komm nie wieder!«

Matthäus war nach den Angaben des Matthäusevangeliums *(9,9)* ein Zöllner aus Kapernaum, den Jesus von seiner Zollstation wegholte und zu einem seiner Jünger machte. Nach alter kirchlicher Überlieferung soll dieser Matthäus als Erster ein Evangelium in hebräischer Sprache verfasst haben. Das uns überlieferte Matthäusevangelium wurde jedoch in griechischer Sprache geschrieben und ist nicht das zeitlich erste Evangelium, sondern benutzt als eine seiner Quellen für die eigene Darstellung das etwas ältere Markusevangelium. Das Matthäusevangelium stammt nicht von einem Augenzeugen der Jesusgeschichte, sondern entstand einige Zeit nach den dramatischen Ereignissen des Jahres 70 n. Chr., als Jerusalem von den römischen Truppen erobert und der Tempel zerstört wurde. Es richtet sich in erster Linie an jüdische Christen, die vermutlich im syrischen Raum in engem Kontakt mit jüdischen Synagogengemeinden lebten. Als Verfasser nimmt man heute einen uns namentlich nicht näher bekannten judenchristlichen Lehrer an, der wahrscheinlich zur zweiten Generation der Christen gehörte.

Matthäus hat Jesus in seinem Evangelium vor allem als »Lehrer der Kirche« dargestellt. Das zeigen etwa die fünf großen Reden, die das Evangelium prägen: besonders die Bergpredigt *(5–7)*, die Jüngeraussendungsrede *(10)*, die Gleichnisrede *(13)*, die Gemeinderede *(18)* und schließlich die große Endzeitrede *(24–25)*.

»Bessere Gerechtigkeit« ist das Stichwort, unter dem er die ethische Verkündigung Jesu zusammenfasst. Der Maßstab, an dem sie sich auszurichten hat, ist das Liebesgebot. Von diesem Gebot her unterscheidet er Wichtiges und Unwichtiges im alttestamentlichen Gesetz und ordnet er die persönliche Barmherzigkeit allen gottesdienstlichen Ritualen und Opfern über. Charakteristisch für Matthäus ist auch seine Polemik gegen Pharisäer und Schriftgelehrte. Ihre Frömmigkeit wird pauschal als Heuchelei verurteilt *(23)*. Das Bild, das hier von den Pharisäern gezeichnet wird, wirkt leider bis heute nach. Die Polemik des Matthäus ist nur auf dem Hintergrund der damaligen Auseinandersetzungen zwischen den pharisäisch dominierten Synagogengemeinden und den judenchristlichen Gemeinden zu verstehen.

Andererseits gibt es keine andere Schrift im Neuen Testament, die die Gültigkeit des alttestamentlichen Gesetzes auch für die Christen mit ähnlicher Entschiedenheit behauptet *(5,17)*. Jesus ist im Matthäusevangelium derjenige, der den ursprünglichen Sinn des alttestamentlichen Gesetzes wieder freilegt. Er ist der von den Propheten angekündigte Messias, der aber von Anfang an von den religiösen Führern seines Volkes abgelehnt und verfolgt, von Sündern und Nichtjuden aber anerkannt worden ist. Nach dem Matthäusevangelium ist Jesus zunächst nur zu Israel gesandt. Mit der Auferstehung beginnt aber etwas Neues – die Zeit der Völkermission *(28,16–20)*. In der Geschichte der Kirche wurde das Matthäusevangelium zum Hauptevangelium, das am meisten gelesen wurde. Es galt als Werk eines Jüngers und Augenzeugen, bot den Stoff in einer klaren Ordnung und zeigte Jesus als vollmächtigen Lehrer und Weltherrscher. Seine ethische Interpretation der Jesus-Botschaft prägte das Christentum ganz wesentlich. Nicht zufällig wurde Matthäus in der Kunstgeschichte darum immer wieder mit einem Engel dargestellt: Nur ein Engel konnte ihm die Worte eingegeben haben.

WOCHENSPRUCH

Wem viel gegeben ist, bei dem wird man viel suchen;
und wem viel anvertraut ist, von dem wird man umso mehr fordern.

Lukas 12,48

LEBENSWEISHEIT

Vor dem Ende sprach Rabbi Sussja: In der kommenden Welt wird man mich nicht fragen: Warum bist du nicht Mose gewesen?
Man wird mich fragen: Warum bist du nicht Sussja gewesen?

Martin Buber

GEBET

betrauern wir diesen mann
nicht weil er gestorben ist
betrauern wir diesen mann
weil er niemals wagte
glücklich zu sein
betrauern wir diesen mann
der nichts war als arbeit und pflicht
betrauern wir diesen mann
weil er immer getan hat
was man von ihm verlangte
betrauern wir diesen mann
der nie mit der faust auf den tisch schlug
betrauern wir diesen mann
weil er nie auf das urteil anderer pfiff
und einfach tat was ihm passte
betrauern wir diesen mann
der fehlerfrei funktionierte
betrauern wir diesen mann
weil er streit und frauen vermied
und heute von allen gerühmt wird
betrauern wir diesen mann
nicht weil er gestorben ist
betrauern wir diesen mann
weil er war wie auch wir sind –
betrauern wir uns

Kurt Marti

Matthäus 25,14-30

Jesus verurteilt einen Mann, der eigentlich nichts Unrechtes getan hat. Er hat das Geld weder verjubelt noch mit ihm spekuliert. Er hat zwar nichts vermehrt, aber auch nichts verloren. Er hatte Angst, ein Risiko einzugehen und nachher mit leeren Händen dazustehen. Er setzte eben mehr auf Sicherheit – gehörte vielleicht auch zu den vorsichtigen Menschen, die nicht alles auf eine Karte setzen. Doch der Herr zeigt keinerlei Mitgefühl. Knallhart sagt er dem Knecht: »Du hast deine Chance gehabt, du hast sie vertan.« Nicht nur, dass der Knecht entlassen wird – er verliert auch noch das Wenige, das ihm gegeben wurde. Ausgerechnet der bekommt es, der ohnehin schon das meiste hat. So ist das Leben: Wo etwas ist, da kommt immer noch etwas dazu. So ist es immer gewesen. Aber ist das gerecht? Redet Jesus hier wirklich von Gott – einem Gott der Reichen und der Tüchtigen? Jesus hält keinen Vortrag über Geldwirtschaft, sondern er erzählt ein Gleichnis. Er spricht von Geld und Zinsen, von Gewinn und Verlust, aber er fragt damit nach dem, was einer aus seinem Leben gemacht hat.

Jeder hat von Gott Begabungen bekommen. Die eine hat ein musikalisches Talent, der andere kann besser organisieren. Aber ohne Begabungen ist niemand: Ich kann gut pflegen und erziehen, Streit schlichten und mich nützlich machen. Du kannst gut feiern und kochen, Freundschaften stiften und gesellig sein. Wir sind unerschöpflich begabt.

Der Herr im Gleichnis überlässt den Knechten sein ganzes Vermögen – ohne alle Auflagen, in aller Freiheit. Jedem so viel, wie er verkraftet, überfordert wird niemand, übernehmen soll sich keiner.

Wir scheitern nicht, weil die Aufgabe zu groß wäre. An den ungesagten Worten, an den verweigerten Hilfen, an den nicht genutzten Chancen, an der totgeschlagenen Zeit, an dem ungetanen Guten gehen wir zugrunde – und stehen schließlich mit leeren Händen da: »Da hast du mein Leben zurück, ich habe nichts daraus gemacht. Der silberne Löffel zur Taufe und das bronzene Kreuz zur Konfirmation – alles noch nagelneu und mit Verpackung. Da hast du es wieder.« Da hat einer nicht nur sein Talent, sondern sich selbst begraben.

»Ihr wisst weder Tag noch Stunde«, sagt Jesus. Es kann plötzlich geschehen, und dann wird der Herr Rechenschaft fordern, wird nach den Fähigkeiten und Talenten fragen, mit denen er uns gesegnet hat. Bewahren zählt nicht. Begabungen wachsen, wenn wir sie trainieren, und das Leben wird reicher, wenn wir es teilen. Der dritte Knecht aber hat, aus Angst oder aus Faulheit, nicht einmal den Versuch gemacht, sein Talent einzusetzen.

Wir haben die Rechenschaft noch vor uns. Zum Glück für uns ist es »nur« ein Gleichnis. So können wir daraus lernen und es besser machen – und schließlich doch noch glücklich werden mit unserem Talent im Himmel und auf Erden.

WAS HASTE JEMACHT?

Und denn, denn stehste vor Gott, dem Vater,
stehste, der allens jeweckt hat,
vor dem stehste denn, und der fragt dir ins Jesichte:
Willem Voigt, was haste jemacht mit dein Leben?
Und da muss ick sagen Fußmatten, muss ick sagen.
Die hab ick geflochten im Jefängnis,
und denn sind se alle druff rumjetrampelt,
muss ick sagen.
Und zum Schluss haste jeröchelt und jewürcht,
um det bisschen Luft, und denn war's aus.
Det sagste vor Gott, Mensch.
Aber der sagt zu dir:
Jeh wech! sagt er!
Ausweisung! sagt er!
Dafür hab ick dir det Leben nich geschenkt, sagt er!
Det biste mir schuldig! Wo is et?
Was haste mit jemacht?

Carl Zuckmayer

In einer Zeit, in der die meisten Augenzeugen der Jesus-Geschichte verstorben waren, die Urgemeinde in Jerusalem nach der Zerstörung der Stadt nicht mehr existierte, schrieb Markus als Erster ein »Evangelium« von Jesus Christus und bewahrte damit wichtige Jesus-Überlieferungen vor dem Vergessen. Er sammelte Überlieferungen über Jesus, vor allem Wundererzählungen, Gleichnisse, Streitgespräche, Einzelworte und eine schon ausgeführte Passionsgeschichte, und integrierte diese Stoffe in eine zusammenhängende Erzählung. Im ersten Satz verrät er selbst, wie er seine Schrift verstanden wissen will: als »Evangelium von Jesus Christus, dem Sohn Gottes«. Es ist keine Biografie, wir erfahren nichts von der Geburt, seiner Kindheit und Jugend, von der inneren Entwicklung Jesu -- es ist ein Glaubenszeugnis, das selbst zum Glauben aufrufen will. Nach alter Überlieferung wurde das Evangelium von Johannes Markus verfasst, einem jüdischen Christen aus Jerusalem, der während der ersten Missionsreise Paulus begleitete *(Apg 13,5.13)* und später als Dolmetscher und Schüler des Petrus erwähnt wird *(1 Petr 5,13)*. Er habe, so heißt es, aus den Lehrvorträgen des Petrus »sorgfältig aufgeschrieben, wessen er sich erinnerte, ... jedoch nicht in guter Ordnung«.

Das Markusevangelium kennt keine Weihnachtserzählung und keine Ostererscheinungen des Auferstandenen. Es endet mit der Begegnung der Frauen mit dem Engel am leeren Grab. Dieser abrupte Schluss *(16,8)* wurde schon bald als unbefriedigend empfunden und darum im zweiten Jahrhundert durch einen zusätzlichen Anhang *(16,9–20)* ergänzt.

Mit einem gewissen Recht hat man das Markusevangelium eine »Passionsgeschichte mit ausführlicher Einleitung« *(Martin Kähler)* genannt. Die Passion Jesu ist für Markus das wichtigste Stück der Geschichte Jesu, auf das die Ereignisse von Anfang an hinauslaufen. Zugleich enthält das Evangelium eine auffällig große Zahl von Wundergeschichten. Es entsteht der Eindruck, dass Jesu Weg durch Galiläa von Wundertaten unterschiedlicher Art begleitet war und diese für Jesus geradezu charakteristisch waren. Dabei fällt auf, dass die Wundertaten Jesu im Markusevangelium oft von einem Schweigegebot begleitet sind. Markus will damit sicherstellen: Allein an seinen Wundern ist Jesus nicht zu messen. Dass Jesus der Sohn Gottes ist, wird erst durch seinen Kreuzestod und seine Auferstehung verstehbar. Das zeigt Markus an dem römischen Hauptmann in der Kreuzigungsszene: »Wahrlich, dieser Mensch ist Gottes Sohn gewesen.« *(15,39)* Unter dem Kreuz spricht ein Nichtjude das einzige gültige Glaubensbekenntnis im ganzen Evangelium aus.

Obwohl Markus mit seinem Evangelium einen bedeutenden theologischen Entwurf vorgelegt hat, hat das Markusevangelium in der Geschichte der Kirche über lange Zeit hinweg eher ein Schattendasein geführt. Spätere Legendenbildung schenkte Markus mehr Aufmerksamkeit. Er soll Ägypten missioniert haben, Bischof in Alexandria gewesen und dort auch begraben worden sein. 829 raubten die Venezianer seine Gebeine, brachten sie nach Venedig und errichteten im 11. Jahrhundert über seinem Schrein den prächtigen Dom San Marco.

WOCHENSPRUCH

Wohl dem Volk, dessen Gott der Herr ist, dem Volk, das er zum Erbe erwählt hat.

Psalm 33,12

LEBENSWEISHEIT

Endlösung: Die Juden sind unser Unglück – Das haben wir immer gesagt – Das hat keiner gewusst.

Volker von Törne

GEBET

Gott, wie war das nur möglich,
dass Menschen, die jahrelang mit ihren Nachbarn
friedlich zusammenlebten,
plötzlich alle Verbindungen zu ihnen abbrachen, weil sie Juden waren?
Wie war das nur möglich,
dass Menschen, die immer für Recht und Ordnung eintraten,
nichts einzuwenden hatten, als den Juden alle Rechte genommen wurden?
Wie war das nur möglich,
dass Menschen, denen das Eigentum immer heilig war, in einer Nacht
zu Brandstiftern, Dieben und Plünderern wurden?
Wie war das nur möglich,
dass kluge und nachdenkliche Menschen, die sich nicht leicht
hinter das Licht führen ließen, plötzlich alle Lügen und Verleumdungen
über Juden unwidersprochen übernahmen?
Wir bitten dich, Gott: Lass uns die Opfer nie vergessen!
Lass uns das Schicksal des jüdischen Volkes nie gleichgültig werden!
Lass uns nie wieder schweigen, wenn neues Unrecht droht!
Amen.

Römer 11,25-32

Paulus war Jude, und er blieb es, auch als er Christ wurde. Christ sein und Jude bleiben, das war für ihn kein Widerspruch. Ja, noch mehr: Eine Kirche ohne Juden, ohne Verbindung zu Israel, ist für Paulus gar keine Kirche. Deshalb hat er darunter gelitten, dass die große Mehrheit der Juden damals die christliche Botschaft ablehnte. Er wird von seinen jüdischen Landsleuten verleumdet und verprügelt, er wird auf ihr Betreiben schließlich verhaftet und doch beteuert er: Ich würde meine Seligkeit dafür geben, wenn ich ein Mittel wüsste, die zu vereinen, die an den Gott Isaaks und Jakobs glauben, und die, die an den Vater Jesu Christi glauben.

Paulus hat aber auch darunter gelitten, dass die griechischen und römischen Christen immer weniger mit den Juden zu tun haben wollten. Sie glaubten, Israel als Gottesvolk abgelöst zu haben. Sie glaubten, Israel religiös überholt zu haben. Allen, die so denken, tritt Paulus in aller Schärfe entgegen: Sie halten sich selbst für klug, kennen aber Gottes Geheimnisse nicht. Denn Juden und Christen sind, ob sie das wissen oder nicht, durch Gottes Absicht geheimnisvoll miteinander verbunden. Paulus nennt dafür zwei Argumente:

Das Christentum ist aus dem Judentum entstanden. Jesus, die Jünger, die ersten Christen – sie waren Juden und wollten es auch bleiben. Juden und Christen – sie gehören zu dem einen Ölbaum Gottes. Gott nimmt seine Verheißungen und Zusagen nicht zurück. Die Juden bleiben auch als Nicht-Christen das erwählte Volk Gottes – und die Christen treten nicht an die Stelle Israels, sondern gehören mit diesen zusammen zu dem einen Volk Gottes.

Juden und Christen sind in einer gemeinsamen Hoffnung miteinander verbunden. Man merkt den Worten des Paulus hier an, wie ungewöhnlich sie damals waren und heute noch sind. Paulus war davon überzeugt, dass hinter der Ablehnung Jesu durch die Juden eine besondere Absicht Gottes steckt. Sie hat die christliche Mission unter den nichtjüdischen Völkern erst möglich gemacht und den Einen Gott, den Gott Israels, überall bekannt gemacht. Wenn aber die Juden erleben, so ist die Hoffnung des Paulus, wie Griechen und Römer, Spanier und Germanen durch den christlichen Glauben auch zum Glauben an den Einen Gott Abrahams und Isaaks kommen, dann werden sich auch die Juden »reizen« lassen.

Diese Hoffnung des Paulus hat sich bis heute so nicht erfüllt. Die Juden haben sich nicht reizen lassen.

Man kann fragen, ob der christliche Glaube auf die Mehrheit der Juden Eindruck gemacht hätte, wenn sie ihn als einladend und überzeugend erlebt hätten, wenn die Christen Frieden und Liebe praktiziert und somit etwas Neues in der Weltgeschichte dargestellt hätten. Diese Einladung konnten die Juden in der Praxis der Kirche und vor allem im Verhalten der Christen den Juden gegenüber aber in über 2.000 Jahren fast nie erkennen.

DAS JUDENKIND

Die Beschaffung von Lebensmitteln ist sehr schwierig, für alle Menschen in der Stadt, aber für die Juden am schwierigsten. Die jüdischen Fischläden dürfen keinen Fisch verkaufen, die jüdischen Gemüseläden kein Obst und fast kein Gemüse, sie müssen mit den Resten vorliebnehmen, die bei der allgemeinen Verteilung übrigbleiben. Manche Juden bekommen zuweilen Pakete mit Obst geschickt, aber das ist gefährlich. Wenn die Grünen *(d.i. Polizei)* kommen und Schalen im Abfalleimer finden, dann kann man noch so beteuern, dass man die Äpfel oder Birnen von außerhalb geschenkt bekommen hat, bestraft wird man doch, und alle, die im Haus wohnen, mit. (...)

Nun möchte Mutter zu Vaters Geburtstag so gerne Äpfel haben. Es gibt eine Möglichkeit, doch sie ist gefährlich. Er will das Risiko gern auf sich nehmen. Er ist acht Jahre alt, aber so klein, dass er ohne weiteres sagen kann, er sei sechs. Zwischen sechs und fünf ist kein großer Unterschied, und wer erst fünf ist, braucht keinen Stern zu tragen. Sonst trägt er natürlich immer einen, aber er hat noch eine alte Strickjacke ohne Stern ...

Klar? Außerdem ist er blond. Er kann also ohne Schwierigkeiten in einen nichtjüdischen Gemüseladen gehen und zwei Kilo Äpfel kaufen. Ganz einfach. (...) »Wenn sie wissen wollen, warum du keinen Stern trägst, dann sagst du, dass du erst fünf bist, verstehst du?«

Er nickt verständnisvoll. Bisher fühlte er sich immer bedrückt, weil er so klein war, nun freut er sich darüber. »Und wenn sie sich erkundigen, wie du heißt, sagst du einfach ... de Jong. So können andere auch heißen.« (...)

Alles klappt ausgezeichnet. Niemand fragt ihn, warum er keinen Stern trägt. Es ist ganz sonderbar, einmal ohne Stern zu gehen. (...)

Im Laden muss er lange warten. Viele Frauen werden vor ihm bedient. Als er an die Reihe kommt, sagt er schnell: »Zwei Kilo Äpfel bitte.« Beim Abwiegen fragt die Frau freundlich, weil er so klein ist: »Wie heißt du denn, Kerlchen?« Er muss sich besinnen. »De Jong«, antwortete er endlich. »Nein«, lacht die Frau. »Ich meine deinen Vornamen!«

Damit hat er nicht gerechnet. Er weiß nicht, ob Jopie ein jüdischer Vorname ist oder ob auch die anderen so heißen können. Auf jeden Fall scheint es ihm besser, nicht Jopie zu sagen. Aber was sonst?

»Na, verrat es nur!« lächelt die Frau.

»Jesus«, sagt er heiser.

Clara Asscher-Pinkhof

Anders als die anderen Evangelisten versteht sich Lukas als Geschichtsschreiber. Mit seinem Evangelium und der Apostelgeschichte schreibt er eine zweibändige Ursprungsgeschichte des Christentums. Beiden Büchern stellt er jeweils ein Vorwort voran, in dem er Rechenschaft über Absicht und Ziel seines Werkes gibt. Er will eine gebildete und religiös-philosophisch interessierte städtische Schicht von der Zuverlässigkeit der christlichen Lehre überzeugen.

Dazu setzt er bewusst schriftstellerische Mittel ein. Lukas war ein theologischer Schriftsteller von Format. Er ist literarisch gebildet und schreibt ein gepflegtes Griechisch. Er baut anschauliche Szenen von großer Dramatik in seine Darstellung ein und bringt in längeren Reden, vor allem in der Apostelgeschichte *(Petrus, Stephanus, Paulus)*, seine eigene Sicht der Ereignisse zur Geltung. Einige der bekanntesten Erzählungen des Neuen Testaments finden sich nur im Lukasevangelium: Die Weihnachtsgeschichte; die Gleichnisse vom barmherzigen Samariter, vom verlorenen Sohn und vom Pharisäer und Zöllner; die Emmaus-Erzählung oder die Himmelfahrts-Geschichte. Lukas berichtet auch immer wieder davon, dass sich Jesus der Ausgestoßenen und Armen angenommen hat. Bei keinem anderen Evangelisten hat dieser Aspekt der Jesus-Geschichte ein solches Gewicht wie bei Lukas. Er hebt auch deutlicher als die anderen hervor, dass Frauen im Kreis der Jesusanhänger eine wichtige Rolle gespielt haben.

Evangelium und Apostelgeschichte bilden bei Lukas eine Einheit. Er erzählt die frühe Missionsgeschichte als plausible Fortsetzung der Jesus-Geschichte. Das zeigt vor allem die Himmelfahrts-Erzählung, die beide Bücher verklammert: Die Ausbreitung des Evangeliums von Jerusalem »bis an die Enden der Erde« ist ein Werk des zur Rechten Gottes erhöhten Jesus Christus, der im Heiligen Geist die Mission lenkt und die Kirche immer mehr wachsen lässt. In der Sicht des Lukas wird die Geschichte der Kirche zu einem einzigen Erfolg. Das beginnt schon bei Jesus, dessen öffentliches Wirken von Lukas mehr als von den anderen Evangelisten als erfolgreich geschildert wird. Sein Kreuzestod steht unter dem göttlichen »musste« *(Lukas 24,26)*, Jesus stirbt als »ein Gerechter« *(Lukas 23,47)*. Gleich das erste öffentliche Auftreten der Jünger zu Pfingsten führt zu einem Durchbruch. Der Siegeszug des Christentums manifestiert sich dann vor allem im Wirken des Paulus, durch dessen Arbeit überall christliche Gemeinden entstehen. Der Vergleich mit den älteren Paulusbriefen zeigt jedoch, dass Lukas keine genauen Kenntnisse von den Anfängen der christlichen Gemeinde hatte. Von den harten Auseinandersetzungen zwischen Judenchristen und Hellenisten oder zwischen Paulus und seinen Gegnern erfahren wir bei Lukas nichts. Die Urgemeinde, die er schildert, ist ein Idealbild, das er der Kirche seiner eigenen Zeit vorhält. Doch dazwischen liegen gut 50 Jahre. Die Zeit des irdischen Jesus und auch die der Urkirche liegen weit zurück. Als Verfasser des Evangeliums und der Apostelgeschichte kommt daher der im Kolosserbrief *(4,14)* erwähnte Arzt und Paulusbegleiter Lukas wohl kaum in Frage.

WOCHENSPRUCH

Gott widersteht den Hochmütigen, aber den Demütigen gibt er Gnade.
1. Petrus 5,5

LEBENSWEISHEIT

Die hohlsten Nüsse machen, wenn man auf sie tritt, die größten Geräusche.
Martin Walser

GEBET

Gott,
wir stehen gern groß da und finden es gut,
wenn man uns bewundert.
Wir setzen uns gern in Szene und genießen es,
wenn man Respekt vor uns hat.
Wer möchte schon gern im Schatten stehen?
Doch, Gott, vor dir zählen die Selbstgefälligen nicht.
Du liebst die Unscheinbaren und Unsicheren,
die immer übersehen und nicht beachtet werden.
Guter Gott, wenn wir selbst zu den Unsicheren gehören,
dann schick uns Freunde, die uns aufrichten.
Wenn wir aber nicht zu den Unscheinbaren gehören,
dann lass uns zu ihren Freunden werden,
die ihnen beistehen und sie stark machen für ihr Leben.
Amen.

Lukas 7,36-50

Jesus ist Gast im Haus des Pharisäers Simon. Simon hatte ihn eingeladen, um ihn kennen zu lernen und mit ihm geistreiche Gespräche über Gott und die Welt zu führen. Doch dazu kommt es nicht.

Die Tür geht auf und eine Frau kommt herein, eine Frau, die jedermann in der Stadt kennt. Die Bibel nennt sie »eine Sünderin«, ohne mitzuteilen, worin ihre »Sünde« bestand. Diese Frau wagt es, uneingeladen und ungebeten, das vornehme Haus des Simon zu betreten und die Mahlzeit zu stören. Von hinten tritt sie an Jesus heran. Sie kniet hinter ihm nieder – und weint, so dass ihre Tränen auf Jesu Füße fallen. Da nimmt sie einfach ihre langen Haare und trocknet ihm damit die Füße. Dann bedeckt sie seine Füße mit Küssen. Zuletzt nimmt sie ein Fläschchen, das sie mitgebracht hat, bricht den dünnen Hals ab und gießt das duftende Salböl Jesus über die Füße.

Bei alledem fällt kein Wort. Doch die überschwänglichen Gesten ihrer Verehrung, ihre Tränen, ihr aufgelöstes Haar, ihre Lippen, ihr vergossenes Salböl sagen mehr, als es alle Worte in diesem Augenblick könnten.

Jesus lässt die Frau gewähren und schweigt. Auch Simon, der Gastgeber, schweigt. Doch sein Urteil steht fest – über die Frau sowieso und auch über Jesus: Käme er wirklich von Gott, dann hätte er dem Auftritt der Frau ein Ende gemacht. Da hört Simon seinen Namen: »Simon«, sagt Jesus, »hör gut zu! – Es war einmal ein Geldverleiher, zu dem kam ein Mann, der 5000 Denar brauchte. Er bekam sie. Ein anderer brauchte 50 Denar, er bekam sie auch. Als beide merkten, dass sie das Geld nicht zurückzahlen konnten, die 5000 Denar nicht und auch die 50 Denar nicht, geschah etwas Außergewöhnliches: Der Geldverleiher sagte, behaltet das Geld, ich will es nicht zurückhaben. Sag mir, Simon, welcher von den beiden wird dankbarer sein?«

»Das kann jedes Kind beantworten«, antwortet Simon, »der dankbarste ist der, dem er am meisten geschenkt hat.«

»Du hast Recht«, sagt Jesus. »Sieh diese Frau an. Ich denke, du kennst sie. Offenbar kennt sie jedermann und ihr habt euer Urteil über sie gefällt. Du bist ein korrekter Mensch, aber sie ist ein Mensch, der liebt. Denk an die Geschichte! Du bist ja der Mann, dem die geringe Schuld erlassen ist. Doch wem wenig vergeben ist, der liebt auch nur wenig.«

Simon gehört zu den Korrekten, zu den Anständigen. Das wird ihm von Jesus auch nicht bestritten. Es ist nicht einerlei, was für ein Leben man führt. Simon ist ein frommer Mann, doch er hat eines übersehen: Von seiner Frömmigkeit kann er nicht leben, auch die größte Anständigkeit kann ein Leben nicht tragen. Anders die Frau. In der so genannten bürgerlichen Gesellschaft hat sie keine Existenzmöglichkeit. Ihr Ruf klebt an ihr wie ein Geruch. Doch sie weiß, dass es einen geben muss, der sie nicht verurteilt. Das hat sie, die Unanständige, dem korrekten Simon voraus: Sie weiß, dass sie Gott nötig hat.

Die Rangordnung

Als Marilyn Monroe mit ihrem Mann in Beverly Hills eintraf, drängte sich das Personal des Hotels an den Eingang, um den berühmten Filmstar zu sehen. Einzig der Küchenjunge verharrte an seinem Arbeitsplatz und putzte weiter Gemüse. »Ich bin an meinem Platz«, sagte er, »nicht weniger wichtig als Marilyn Monroe an ihrem.«

»Wichtiger!«, urteilte der Chefkoch, als er davon erfuhr. Und er erhöhte den Lohn des Küchenjungen.

Quelle unbekannt

Das Johannesevangelium und die drei Johannes-Briefe gehören als Schriften zusammen. Sie zeichnen sich durch eine eigene Sprache und eine eigenständige theologische Konzeption aus. Johannes zählt zu den großen Theologen des Neuen Testaments. In der philosophisch-religiösen Kultur der Antike hat er mit seiner theologischen Begriffsbildung den christlichen Glauben gesprächsfähig gemacht.

Wer war Johannes? Johannes, Sohn des Zebedäus, einer der zwölf Jünger? Oder Johannes, der Presbyter von Ephesus, wie man in der alten Kirche meinte? Letztlich wissen wir nicht, wer das Evangelium geschrieben hat. Das Johannesevangelium ist das Resultat vieler Diskussionen und Auseinandersetzungen – mit dem Synagogenjudentum, mit enthusiastischen christlichen Gruppen, mit Anhängern Johannes des Täufers – in der johanneischen Gemeinde.

Das Johannesevangelium ist unabhängig von den anderen Evangelien entstanden. Johannes geht sehr frei mit seinen Überlieferungen um. Die historischen Konturen der Gestalt Jesu werden dadurch etwas verwischt. Oft verlieren sich die Erzählungen von Jesus in langen Reden. Johannes will nicht unbedingt erzählen, wie es gewesen ist, sondern er will die theologische Bedeutung des Wirkens Jesu sichtbar machen. Darum beginnt er sein Evangelium nicht mit der Geburt Jesu, sondern geht zurück bis in die Ewigkeit Gottes und lässt die Geschichte Jesu hier ihren Anfang nehmen: »Im Anfang war das Wort (logos), und das Wort war bei Gott, und Gott war das Wort.« *(1,1)* Jesus erscheint im Johannesevangelium als der vom Himmel herabgestiegene Gesandte, der aus der göttlichen Welt kommt, um den Menschen Gott zu offenbaren und sie aus der Verlorenheit an die Welt zu befreien. Auf die Bitte der Jünger, ihnen den Vater zu zeigen, antwortet Jesus: »Wer mich sieht, sieht den Vater.« In seiner Person begegnet Gott selbst. Zugleich betont Johannes, dass Jesus ein wirklicher Mensch war: »Das Wort ward Fleisch und wohnte unter uns, und wir sahen seine Herrlichkeit, eine Herrlichkeit als des eingeborenen Sohnes vom Vater.« *(1,14)*

In sechs großen »Ich-bin-Worten« zeigt Johannes, dass Jesus der oder das ist, wonach die Menschen in ihrem Leben suchen und worauf sie grundlegend angewiesen sind: das »Brot«, das »Licht«, der »gute Hirte«, der »Weg und die Wahrheit und das Leben«, der »Weinstock«, die »Auferstehung und das Leben«. Die dualistische Sprache des Johannesevangeliums weist viele Berührungen mit der damals aufkommenden religiös-philosophischen Bewegung der Gnosis auf. Trotz seiner manchmal gnostischen Sprache ist Johannes aber kein Gnostiker. Himmel und Erde, Gott und Welt fallen nicht auseinander – im Gegenteil: »Also hat Gott die Welt geliebt, dass er seinen eingeborenen Sohn gab ...« *(3,16)*

Als die Repräsentanten der gottfeindlichen Welt erscheinen im Johannesevangelium »die Juden«. Offenbar ist die judenchristliche Gemeinde des Johannes aus der Synagoge ausgeschlossen und von jüdischer Seite als Ketzer verfolgt worden. Auf diese Verfolgung reagiert das Johannesevangelium mit Antijudaismus: »Ihr habt den Teufel zum Vater.« *(8,44)* In der bedrängten Minderheitenposition der johanneischen Gemeinde war dies vielleicht eine nachvollziehbare Reaktion, in der Gegenwart ist eine Berufung auf solche Texte nicht mehr nachvollziehbar.

WOCHENSPRUCH

Das geknickte Rohr wird er nicht zerbrechen,
und den glimmenden Docht
wird er nicht auslöschen.

Jesaja 42,3

LEBENSWEISHEIT

Geliebt wirst du einzig, wo schwach du dich zeigen darfst,
ohne Stärke zu provozieren.

Theodor W. Adorno

GEBET

Gott,
öffne unsere Augen, dass sie die tiefe Not von Menschen sehen.
Lass unsere Hände sich regen, damit sie Hungrige satt machen.
Rühre unsere Herzen an, damit sie Verzweifelten Wärme geben.
Lehre uns die Großzügigkeit, die Fremde willkommen heißt.
Gib uns die Liebe, die Kranke stärkt.
Lass uns dafür eintreten,
dass Gefangenen die Freiheit wiedergegeben wird.
Wenn wir unsere Ängste und unsere Liebe teilen,
auch unsere Armut und unser Glück,
dann bist du, Gott, selbst mitten unter uns.
Amen.

Aus Simbabwe

Markus 7,31-37

Wie hätte ich reagiert, wenn ich dies Wunder miterlebt hätte? Vermutlich wäre ich auch verwundert gewesen, so wie es von den Augenzeugen dieser Heilung erzählt wird. Vermutlich hätte auch ich, trotz des Verbotes Jesu, diesen Fall mit anderen diskutiert, ihn weitererzählt. Aber ich glaube nicht, dass mich allein dieses Wunder zum Glauben gebracht hätte. Ein Wunder lässt zu viele Fragen offen, als dass es meine Skepsis mit einem Male überwinden könnte.

Wunder sind »in«. In Amerika werden Gebetsheilungen im Fernsehen übertragen. Auch in Deutschland finden Heilungsgottesdienste unter den Evangelikalen starken Zulauf. Viele bezahlen teures Geld, um in Psycho-Trainings Gesundheit für ihre kranke Seele zu kaufen. Dagegen fällt auf, dass Jesus seine Wunder nicht für »die Galerie« getan hat. Von organisierten Heilungen wird in der Bibel nicht erzählt. Es ging ihm nicht um Demonstrationen seiner Macht, es ging ihm darum, einem in seiner Existenz bedrohten Menschen beispielhaft zu helfen.

Und heute? So viele liegen krank, ohne Aussicht, ohne Hoffnung, und beten darum, dass Gott sie gesund machen möge. Warum heilt Jesus nur den einen damals und nicht die vielen anderen heute? Gibt es denn etwas Wichtigeres als Gesundheit? »Hauptsache: gesund!«, sagen wir und meinen: Die Gesundheit ist doch das Wichtigste. Doch inzwischen erleben wir längst einen ungeheuren Kult um die Gesundheit. Sie ist zur Ware geworden, für die fast jeder Preis bezahlt wird. Fitnesszentren machen Milliardenumsätze. Der Wunsch nach ewiger Jugend und unversehrtem Leben – es sind Illusionen, von denen aber Hunderttausende leben.

Das Christentum ist keine Gesundheitsreligion. Nicht Bäder und Kuren, Medikamente und Sprechstunden stehen im Mittelpunkt, sondern Nächstenliebe und Gebet, Lob und Dank, Frieden und Gerechtigkeit. Wäre das Leid aus der Welt geschafft, wenn Jesus alle Kranken heilen würde? Er könnte uns ein Leben in ewiger Jugend schenken, aber damit würde nichts besser, alles nur schlimmer. Die Welt würde zur Hölle, das Leiden, das wir Menschen einander zufügen, zur endlosen Qual. Wir würden strotzen von ewiger Gesundheit – und uns zugleich ärgern und quälen, körperlich und seelisch.

Das Leben ist nicht leid- und beschwerdefrei, auch wenn wir es manchmal wünschen. Auch der Glaube kann Krankheiten nicht wegzaubern. Aber er kann eine große Hilfe sein, wenn es gilt, mit Krankheiten umzugehen und zu leben. Er weiß um die Grenzen menschlichen Lebens. Er hilft, die falschen Ideale von ewiger Jugend und blühendem Leben zu durchschauen. Er weiß das Leben auch in Zeiten der Krankheit bei Gott in guten Händen. Und er sieht in dem chronisch Kranken oder schwierigen Patienten keinen »traurigen Fall«, sondern einen Menschen, der Zuwendung braucht und Gemeinschaft, Freundlichkeit und Mitgefühl. So wie Jesus den Taubstummen nicht aus der Entfernung geheilt hat, sondern ihn umarmt und beiseite genommen, berührt und angefasst, geseufzt und gebetet – und dabei gesund gemacht hat.

DER INDIANER UND DER WEIßE MANN

Ein Indianer besuchte einen weißen Mann. In einer Stadt zu sein, mit dem Lärm, den Autos und den vielen Menschen – all dies war ganz neuartig und auch verwirrend für ihn.

Die beiden Männer gingen die Straße entlang, als plötzlich der Indianer seinem Freund auf die Schulter tippte und ruhig sagte: »Hörst du auch, was ich höre?« Der Freund horchte und sagte: »Alles, was ich höre, ist das Hupen der Autos und das Rattern der Omnibusse.«

»Ich höre ganz in der Nähe eine Grille zirpen.«

»Du musst dich täuschen; hier gibt es keine Grillen. Und selbst, wenn es eine gäbe, würde man ihr Zirpen bei dem Lärm nicht hören.«

Der Indianer ging ein paar Schritte und blieb vor einer Hauswand stehen. Wilder Wein rankte an der Mauer. Er schob die Blätter auseinander – und da saß tatsächlich eine Grille.

Der Weiße sagte: »Indianer können eben besser hören als Weiße.« Der Indianer erwiderte: »Da täuschst du dich. Ich will es dir beweisen.« Er warf ein 50-Cent-Stück auf das Pflaster. Es klimperte auf dem Asphalt, und die Leute, die mehrere Meter entfernt gingen, wurden auf das Geräusch aufmerksam und sahen sich um.

»Siehst du«, sagte der Indianer, »das Geräusch, das das Geldstück gemacht hat, war nicht lauter als das der Grille. Und doch hörten es viele der weißen Männer. Der Grund liegt darin, dass wir alle stets das gut hören, worauf wir zu achten gewohnt sind.«

Anonym

Im 15. Jahr der Herrschaft des römischen Kaisers Tiberius, im Jahr 29 unserer Zeitrechnung, tritt in der Wüste von Judäa ein Mann auf, der ungeheures Aufsehen erregt. Fasziniert von der Gestalt dieses Mannes, der in ein Kamelfell gehüllt allein in der Wüste lebt und sich von Heuschrecken und wildem Honig ernährt, ziehen die Leute aus Jerusalem und den anderen Städten in die Wüste, um ihn zu hören: Johannes, uns bekannt als Johannes der Täufer.

Er empfängt sie mit den Worten: »Ihr Schlangenbrut! Wer hat euch gesagt, ihr könntet dem kommenden Gericht Gottes entgehen? Bringt Früchte, die der Umkehr würdig sind ... Die Axt ist schon an die Wurzel der Bäume gelegt, und jeder Baum, der keine guten Früchte bringt, wird umgehauen und ins Feuer geworfen.« *(Luk 3,9)*

Wer war dieser Johannes? Johannes war etwas älter als Jesus, stammte vermutlich aus der Gegend um Jerusalem und wuchs wohl im Milieu jüdisch-priesterlicher Frömmigkeit auf. Ob seine Eltern Zacharias und Elisabeth mit Maria und Joseph bekannt oder gar verwandt waren, wissen wir nicht, denn Lukas hat in seinem Evangelium die Kindheitsgeschichten des Täufers und die Jesu mit legendarischen Szenen ausgestattet und bewusst parallel gestaltet.

Nicht zufällig tritt Johannes in der Wüste und am Jordan auf. Die Wüste ist der Ort der Begegnung Gottes mit dem Volk Israel. Johannes lässt sich keiner der damaligen jüdischen Religionsparteien zuordnen, er stellt sich auch durch seine asketische Lebensweise bewusst in die Tradition der Propheten.

Johannes war überzeugt, dass die Geschichte auf ihr Ende zuläuft und das Gericht Gottes bevorsteht. Es gibt eine letzte Chance zur Rettung: Wer bereit ist zur Umkehr, seine Sünden bekennt, »rechtschaffene Früchte der Buße« *(Luk 3,8)* erbringt und sich durch Johannes im Jordanfluss untertauchen lässt, kann auf den erbarmenden Gott hoffen.

Die Taufe des Johannes war in der damaligen religiösen Umwelt ohne Parallele. Johannes verstand sie wohl als eine prophetische Zeichenhandlung: Die bis dahin begangenen Sünden wurden durch das Wasser, wie bei einem normalen Bad, abgewaschen. Die Taufe durch Johannes war Zusage und Zeichen der Rettung vor dem Gericht Gottes. Unter all den vielen, die sich von Johannes taufen ließen, war auch Jesus. Möglicherweise gehörte er für kurze Zeit zum Schülerkreis des Johannes. Einiges spricht dafür, dass die Taufe für Jesus eine Art Berufungserlebnis gewesen ist und er sich danach mit einer eigenen Botschaft vom Täufer getrennt hat.

Als Johannes es wagt, das Verhalten des galiläischen Landesfürsten Herodes Antipater zu verurteilen, der sich von seiner Frau getrennt hatte, um Herodias, seine eigene Nichte und Schwägerin, zu heiraten, lässt Herodes Johannes verhaften, ins Gefängnis werfen und enthaupten.

Nach seinem Tod verehrten seine Anhänger Johannes noch längere Zeit als wichtige religiöse Gestalt. Zwischen den Johannesjüngern und der sich bildenden christlichen Gemeinde existierte für längere Zeit eine Konkurrenz, bis aus dem eigenständigen und von Jesus sehr geschätzten Täufer in der frühen Kirche ein bloßer »Vorläufer« und »Wegbereiter« für Jesus wurde.

WOCHENSPRUCH

Christus spricht: Was ihr getan habt einem von diesen meinen geringsten Brüdern, das habt ihr mir getan.

Matthäus 25,40

LEBENSWEISHEIT

Wenn Sie zahlen können, sind Sie nirgends auf Nächstenliebe angewiesen.

Bertolt Brecht

GEBET

Gott,
wenn du kommst in der Gestalt
des Obdachlosen in der Straße –
was werde ich tun, werde ich schnell vorbeigehen?
Wenn du kommst in Gestalt
des psychisch Kranken,
der sich so auffällig benimmt –
was werde ich tun, werde ich wegschauen?
Wenn du kommst in Gestalt
des Alkoholikers in der Familie –
was werde ich tun, werde ich auf Distanz gehen?
Wenn du kommst in Gestalt
des Fremden im Gottesdienst –
was werde ich tun, werde ich den Kopf schütteln?
Gott, wenn du zu mir kommst
um meines Nächsten willen,
am falschen Ort,
zu unpassender Zeit –
was werde ich tun, was werde ich sagen?
Und wenn am Ende der Reise
wir einander anschauen
von Angesicht zu Angesicht –
Was wirst du tun, Gott, wirst du dich abwenden?
Amen.

Lukas 10,25-37

Eine Allerweltsgeschichte. Erzählt wird etwas, was jeden Tag in der Zeitung steht: »Ein Mensch fällt unter die Räuber, eine Familie kann den Kredit nicht mehr zurückzahlen, ein Kind wird in der Schule nicht versetzt und traut sich nicht nach Hause ...« Jesus erzählt eine Alltagsgeschichte. Warum? Weil es nicht die spektakulären Ereignisse sind, in denen sich die Frage nach dem Nächsten stellt. Sondern der Alltag, die Ereignisse in der Nachbarschaft, Vorkommnisse am Arbeitsplatz, Meldungen aus der Zeitung.

Das Gleichnis vom barmherzigen Samariter: eine Allerweltsgeschichte – die aber zugleich höchst kunstvoll erzählt wird. Jesus erzählt die Geschichte aus der Sicht des Opfers. Wer die Geschichte hört, wird darum gezwungen, sich in die Situation dessen zu versetzen, der da am Wege liegt und auf Hilfe angewiesen ist. Er erlebt gleichsam mit, wie Priester und Levit näher kommen und dann weitergehen, und er spürt selbst, wie wenig es diesem Überfallenen hilft, wenn diese beiden vielleicht tausend Entschuldigungen dafür haben, nicht angehalten und geholfen zu haben. Wer sich in die Situation des Mannes versetzt, der da hilflos am Wege liegt, der begreift mit einem Male auch, wie unsinnig die Vorurteile und Feindschaften sind, die Menschen untereinander und gegenseitig aufbauen. Ob es ein Samariter ist oder ein Zuhälter mit Tätowierung und Goldkettchen oder diese alte Ziege von Nachbarin – wenn ich mir selbst nicht helfen kann, dann ist mir jede Hilfe recht, auch von einem Menschen, den ich sonst nicht ausstehen kann.

Jesus erzählt die Geschichte aus der Sicht des Opfers – und das heißt: »Wenn du einem begegnest, der Hilfe braucht, dann versetze dich in dessen Lage und du weißt, was du zu tun hast!«

Das Gleichnis vom barmherzigen Samariter ist zugleich auch die Geschichte einer Feindesliebe. Zwischen Juden und Samaritern, die als religiöse Minderheit im Lande lebten, gab es eine jahrhundertealte Geschichte der Feindschaft. Einem Samariter ist nur Schlechtes zuzutrauen, als richtiger Jude möchte man in Samaria nicht tot am Zaun hängen. Ausgerechnet ein solcher Samariter hält an und kümmert sich um den Verletzten. Ein Samariter rettet einen Juden – das ist geradezu ein Schock, eine Provokation. Natürlich hat Jesus das absichtlich so erzählt. In der Stunde der Not bekommt auch der Feind die Würde zurück, die er von Gott her für mich hat: ein Mensch wie ich!

Warum erzählt Jesus dieses Gleichnis eigentlich?

Ein Schriftgelehrter hatte ihn gefragt: »Was muss ich tun, um das ewige Leben zu gewinnen?« So fragt heute keiner mehr. Heute heißt diese Frage: »Wo kann ich den Sinn des Lebens finden?« Jesus antwortet darauf mit der Geschichte von dem Mann, der unter die Räuber fällt. Der Sinn des Lebens entscheidet sich gerade auf der Straße von Jerusalem nach Jericho – dort, wo der Verletzte am Wegesrand liegt.

Der selbstsüchtige Riese

In der Erzählung von Oscar Wilde spielen die Kinder jeden Nachmittag in dem verlassenen großen Garten des Riesen. Eines Tages kehrt der Riese zurück. Er vertreibt die Kinder aus seinem Garten, baut eine hohe Mauer ringsherum und stellt ein Schild auf: Betreten bei Strafe verboten. Da erlischt alles Leben, ewiger Winter breitet sich aus. Eines Tages aber singt ein kleiner Vogel im Garten. Der Riese sieht, wie die Kinder durch ein Mauerloch zurückgekommen sind – und mit ihnen der Frühling.

Überall sitzen die Kinder in den Bäumen, ein Kind aber ist zu klein, um auf den Baum zu kommen. Da schmilzt das Herz des Riesen. Er hilft dem Kind und bekommt dafür einen Kuss.

Nun reißt der Riese die Mauer ein und lädt die Kinder ein, immer in dem Garten zu spielen. Jeden Nachmittag kommen die Kinder, nur der kleine Junge, der das Herz des Riesen zum Schmelzen gebracht hatte, bleibt verschwunden. Erst an seinem Todestag sieht der Riese ihn wieder. Als er dicht vor ihm steht, wird er rot vor Zorn und fragt: »Wer hat es gewagt, dir etwas anzutun?« Denn auf den Handflächen des Kindes waren die Male zweier Nägel, und die Male zweier Nägel waren auch auf den kleinen Füßen. »Wer hat es gewagt, dir etwas anzutun?«, schreit der Riese, »sag es mir, damit ich mein großes Schwert nehmen und ihn erschlagen kann.«

»Niemand«, antwortet das Kind, »denn dies sind die Wundmale der Liebe!«

»Wer bist du?«, fragt der Riese, seltsame Ehrfurcht ergreift ihn, und er kniet vor dem Kinde nieder. Und das Kind lächelt den Riesen an und sagt zu ihm: »Du ließest mich einst in deinem Garten spielen, heute sollst du mit mir in meinen Garten kommen, in das Paradies.«

Und als die Kinder an diesem Nachmittag in den Garten kommen, finden sie den Riesen tot unter dem Baum, über und über bedeckt mit weißen Blüten.

Im Dorf Betsaida, am Ufer des Sees Genezareth, gibt es einen Blinden. Allein kommt er nicht zurecht. Wenn er zum See gehen will, um sich zu waschen, oder wenn er ins nächste Dorf gehen will – immer braucht er jemanden, der ihn führt. Eines Tages führen ihn einige Leute aus seinem Dorf zu Jesus und bitten ihn: »Leg ihm die Hände auf, du kannst ihn heilen.«

Jesus nimmt den Mann an der Hand und geht mit ihm hinaus aus dem Dorf. Jesus und der Blinde, die beiden allein. Jesus benetzt die Augen des Blinden mit Speichel und legt ihm die Hand auf das blinde Gesicht. »Siehst du etwas?« – »Ich kann die Leute sehen«, sagt der Blinde. »Sie sehen aus wie Bäume, die gehen.« Noch einmal legt ihm Jesus die Hände auf die Augen. Sie öffnen sich. Da sieht der Mann alles klar und deutlich vor sich. Jesus schickt ihn nach Haus zurück: »Geh nicht durch das Dorf zurück!« *(Markus 8,22–26)*

Mehrfach wird in den Evangelien erzählt, wie Jesus blinde Menschen geheilt hat. Die meisten dieser Blinden bleiben namenlos, nur einer von ihnen wird mit seinem Namen vorgestellt: Bartimäus, der blinde Bettler von Jericho.

Blindheit war in der Antike sehr viel verbreiteter als heute und galt als nahezu unheilbar. Eine einfache Augenheilkunde gab es erst in Ansätzen. Ohnehin konnten sich die meisten Menschen keinen Arzt leisten. Blindheit galt als einer der schwersten Schicksalsschläge, die Menschen erleiden konnten. Die soziale Lage der Blinden war im Normalfall schrecklich. Vom Synagogengottesdienst waren Blinde ausgeschlossen. In der Regel blieb den Blinden nur das Betteln.

Sieht man genauer hin, sind die Evangelien voll von kranken und behinderten Menschen. »Und man brachte alle Kranken zu ihm, von den verschiedensten Gebrechen und Beschwerden Gezeichnete: Besessene, Mondsüchtige und Gelähmte; und er heilte sie.« Folgt man den Evangelien, dann hat Jesus die Kranken und Leidenden magisch angezogen. Wenn der Arzt kommt, erscheinen die Kranken.

Blinde und Lahme, Krüppel und Stumme sind Menschen am Rande der Gesellschaft. Sie gehören nicht zum üblichen Umgang von Gesunden und Erfolgreichen. Wenn es geht, machen wir einen Bogen um sie. Bei Jesus ist das anders – und das ist das Besondere der Heilungsgeschichten, die von ihm erzählt werden. Er hält keinen Abstand und heilt nicht aus der Ferne. Er bleibt stehen, wendet sich dem Blinden zu, fragt ihn und erkundigt sich. Er verschreibt keine Medikamente, sondern nimmt ihn bei der Hand, legt ihm die Hände auf und spricht mit ihm. Er demonstriert auch nicht seine Kunst, sondern nimmt ihn beiseite, geht mit ihm aus dem Dorf hinaus und hilft ihm ganz persönlich. Und zum Schluss schreibt er ihm keine Rechnung und veranstaltet auch keine Pressekonferenz, sondern bittet darum, es niemandem weiterzusagen.

Die Jesus-Bewegung war kein Treffpunkt der Gesunden, Starken und Erfolgreichen. Die Menschen, die seine Hilfe suchen, sind durchweg Gestalten am Rande, die aufgrund ihres Schicksals als Ausgestoßene gelten. Als Jesus gefragt wird, warum er sich mit diesen Menschen abgibt, antwortet er: »Nicht die Gesunden brauchen den Arzt, sondern die Kranken.« *(Luk 5,31)*

WOCHENSPRUCH

Lobe den Herrn, meine Seele, und vergiss nicht,
was er dir Gutes getan hat.

Psalm 103,2

LEBENSWEISHEIT

Statt zu klagen, dass wir nicht alles haben, was wir wollen,
sollten wir lieber dankbar sein, dass wir nicht alles bekommen,
was wir verdienen.

Dieter Hildebrandt

GEBET

Gott,
es gibt Menschen, die haben ständig zu klagen.
Sie jammern über das Elend in der Welt und über ihr eigenes Los.
Sie fühlen sich ständig benachteiligt,
und immer sind die anderen daran schuld.
Solche Menschen gehen einem auf die Nerven.
Gott, lass nicht zu, dass sich die Klage
wie ein roter Faden durch unser Leben zieht.
Es gibt mehr als genug, wofür wir danken können:
für das Leuchten der Sonne und die bunten Blumen des Sommers;
für die Gesundheit, die nicht selbstverständlich ist;
für die Freunde, die einspringen, wenn ich sie brauche;
für die Ferien und den regelmäßigen Urlaub im Jahr;
für den guten Schlaf in der Nacht;
für die vielen schönen Feste und Feiern im Jahr.
Gott, gib uns einen Blick für das Schöne
und ein Gedächtnis für alles Gute im Leben.
Amen.

Lukas 17,11-19

Was mag das für eine trostlose Leidensgemeinschaft gewesen sein: Leprakrank, nach antiker Auffassung unheilbar krank, wohnten sie, ausgestoßen aus der Gemeinschaft der Gesunden, in Erdlöchern und verfallenen Hütten. Anderen Menschen durften sie sich nur auf Rufweite nähern. Familien und Angehörige hatten sie zurücklassen müssen. Sie lebten von den Gaben, die man in ihrer Nähe niederlegte – und wenn man keine hinlegte, hungerten sie. Auch der Kontakt zu Gott war abgebrochen. Tempel und Synagoge durften sie nicht aufsuchen, am Gottesdienst durften sie nicht teilnehmen.

Diese zehn waren hoffnungslose Fälle, nach menschlicher Erwartung hatten sie keine Aussicht mehr. Als Lebende waren sie schon so gut wie tot. Wenn solchen Menschen nun das Außerordentliche widerfährt, dass sie wieder gesund werden, dann ist es doch wohl unvorstellbar, dass es sie kalt gelassen hätte. Mit einem Jubel ohnegleichen werden sie nach Hause gezogen sein. Aber nur einer verwandelt dieses Glück in Dank. Nur einer von den zehn kehrt zu Jesus zurück, er, ein Außenseiter, ein Samariter.

Was unterscheidet die neun anderen von diesem einen? Auch die neun sind überglücklich, ihre Gesundheit wiedererlangt zu haben. Doch sie betrachten ihre Rettung wie einen glücklichen Zufall, den sie einstecken, um dann ihres Weges zu ziehen. Der Samariter sieht seine Heilung mit anderen Augen. Er staunt: »Womit habe ich das verdient? Wie kommt Gott dazu, mir das Leben neu zu schenken?« Er blickt von dem, was er empfangen hat, hin zu dem, der es ihm geschenkt hat. Denken, auch nur einen Augenblick, ist der erste Schritt zum Danken.

Was mache *ich* mit der Erfahrung, dass es mir gut geht und ich keine Not zu leiden habe? Führe ich das auf meinen Fleiß und meine Tüchtigkeit zurück, auf das Glück oder vielleicht den puren Zufall? Mit welchen Augen sehe ich meine Genesung von der schweren Krankheit vor ein paar Jahren? Dass die Familie von schweren Unfällen bisher verschont blieb? Es gibt keine zwingende Notwendigkeit, dafür gerade Gott zu danken. Es war eben der Zufall, der mir zur Hilfe kam. Es war meine gesunde Natur, es war unverschämtes Glück, es war die Kunst der Ärzte, der ich mein Leben zu verdanken habe. So kann ich mein Leben auch sehen, und so werden wohl auch die meisten Lebensgeschichten gesehen.

Von dem einen Samariter kann man es anders lernen. Er hat über dem gegenwärtigen Glück nicht vergessen, wie es war. Danken heißt auch sich erinnern. Nichts ist selbstverständlich. Ich habe weder Anspruch noch Recht auf Glück, Bewahrung und Gesundheit. Das macht demütig und illusionsfrei. In allem bin ich abhängig. Meine Rettung ist nicht meine Leistung, sondern Geschenk und Gnade. Wer es so sieht, kann durch alle Zweideutigkeit seiner Lebenserfahrungen hindurch Gott die Ehre geben.

Die vielen Leben

Ich habe einmal einen Brief bekommen, der mir klargemacht hat, was ich nicht war, nicht getan, nicht durchgemacht habe. Ich bin nicht von einem betrunkenen Vater geschlagen und angebrüllt worden, ich habe nicht helfen müssen, den fetten schlaffen Leib einer Trinkerin ins Bett zu schaffen. Gehungert habe ich nur, wenn alle Leute gehungert haben, und bin nur in Lebensgefahr gewesen, wenn alle Leute in Lebensgefahr waren. Ich bin nicht zum Stehlen ausgeschickt worden, und niemand hat mich gezwungen, auf andere Menschen zu schießen. Es war aber nichts von dem allen, was die Briefschreiberin mir angekreidet hat. Sie sind, stand in dem Brief, nie wirklich gedemütigt worden. Und ich überlegte mir das und antwortete, ja. Obwohl ich im Grunde froh darüber bin, dass nie ein Vorgesetzter mich, wie das heute heißt, zur Sau gemacht hat, kein Liebhaber mich wie ein Stück Mist behandelt hat, bedaure ich doch den Mangel an Erfahrung, der mir in dem Brief vorgeworfen wird...

Was wäre aus mir geworden, welche Eigenschaften hätte ich entwickelt, welche wären nicht zum Ausdruck gekommen. O die vielen Leben, die man hätte leben können, diese vielen schrecklichen Leben.

Marie Luise Kaschnitz

An der östlichen Stadtmauer Jerusalems liegt das Heilbad Bethesda. Archäologen haben Bethesda vor einiger Zeit ausgegraben.

Fünf Hallen und fünf Teiche hat man gefunden, eine große Anlage, tief in den Felsen gehauen. Das Heilbad war ein Anziehungspunkt für chronisch Kranke, Gelähmte und Verkrüppelte, die in den Hallen lagen und darauf warteten, dass die Heilquellen hervorbrachen. Meistens lagen die Teiche still da, aber in bestimmten Abständen brachen die Quellen auf. Es hieß, ein Engel des Herrn fahre herab und bewege das Wasser. Dann gerieten auch die Kranken auf einmal in Bewegung und stürzten los, so gut sie es konnten. Jeder wollte der Erste sein. Es hatte sich nämlich das Gerücht verbreitet, dass nur derjenige, der als Erster mit den Heilquellen in Berührung kam, auf Heilung rechnen konnte.

Einer unter den Kranken lag schon 38 Jahre in Bethesda. Er war gelähmt, lag meist auf seiner Matte, konnte sich allein nicht bewegen. Worin die Lähmung bestand und was die Ursache dafür war, wird nicht erzählt. Auch von dem Gelähmten, den seine Freunde in einem Haus in Kapernaum mitsamt seiner Bahre durch das Dach direkt vor die Füße Jesu herablassen, erfahren wir nur, dass er gelähmt ist – mehr nicht. Die Bibel ist voll von Gelähmten und Verkrüppelten, Opfern von Kriegen und Unfällen, Seuchen und nicht behandelten Krankheiten. An genaueren Krankheitsbeschreibungen ist die Bibel jedoch nicht interessiert – und doch erfahren wir etwas vom Elend dieser Menschen. 38 Jahre lag der Gelähmte in den Badehallen von Bethesda. 38 Jahre auf seiner Matte, 38 Jahre Schmerzen, 38 Jahre Warten. Niemand erinnerte sich noch daran, wer den Mann einmal hergebracht hatte.

Doch einem fällt er auf. Hier fängt das Wunder in der Geschichte an. Jesus »sieht« das Elend, er sieht den Gelähmten, so wie er auch die »verkrümmte Frau« *(Luk 13,10-17)* sieht, die seit 18 Jahren krank war und an deren Anblick sich offenbar alle gewöhnt hatten. Jesus sieht den Gelähmten im Heilbad Bethesda, geht auf ihn zu und fragt ihn: »Willst du gesund werden?« Und was antwortet der Kranke? »Herr, ich habe keinen Menschen!« *(Joh 5,7)* Keiner hilft ihm in den Teich, wenn sich das Wasser bewegt. Und bis er sich allein aufgerafft hat, ist schon jemand anders da. Auch in der Welt der Kranken galt das Recht der Stärkeren. Ein Gelähmter, der sich nicht bewegen kann und keine Freunde hat, ist da ganz schlecht dran. Doch »Jesus sagt zu ihm: Steh auf, nimm dein Bett und geh! Und sogleich wurde der Mann gesund, nahm sein Bett und ging hin.« *(Joh 5,8)* Ein Wunder! Was hat es mit den Wundern Jesu auf sich? »Zweifellos hat Jesus Wunder getan, Kranke geheilt und Dämonen ausgetrieben.« *(G. Theißen)* Jesus hatte offenbar die Fähigkeit, Menschen zu heilen. Er hat daraus keine Show gemacht, sondern die Wunder im Zusammenhang des Gottesreiches gesehen. Als Zeichen für das Gottesreich hatte der Prophet Jesaja beschrieben: »Dann werden die Augen der Blinden aufgetan und die Ohren der Tauben geöffnet werden. Dann werden die Lahmen springen wie ein Hirsch, und die Zunge der Stummen wird frohlocken.« *(Jesaja 35,6)*

WOCHENSPRUCH

Alle eure Sorgen werft auf ihn, denn er sorgt für euch.

1. Petrus 5,7

LEBENSWEISHEIT

Dass die Vögel der Sorge und des Kummers über deinem Haupt fliegen, kannst du nicht ändern. Aber dass sie Nester in deinem Haar bauen, das kannst du verhindern.

Martin Luther

GEBET

Gott, man hat uns gekauft,
mit Fernsehprogrammen, mit Talk-Shows und »Wer wird Millionär?«;
alles prallt an uns ab, wir sind ganz ruhig.
Man hat uns gekauft mit Fastfood und Boutiquen,
mit MacDonalds und Amazon;
alles prallt an uns ab, wir sind ganz satt.
Man hat uns gekauft mit dem Versprechen, alles sei austauschbar,
Ehen, Familien, Freundschaften;
alles prallt an uns ab, wir sind unglücklich.
Man hat uns gekauft mit dem guten Leben,
mit Wohlstand für alle und Versicherung vor jedem;
alles prallt an uns ab, wir sind nicht zufrieden.
Gott, wir haben teuer bezahlt und unsere Freiheit verloren.
Wie kommen wir da wieder heraus?
Amen.

Matthäus 6,25-34

Und wenn wir morgen alle nicht zur Arbeit gehen würden, die Geschäfte geschlossen und die Handwerker zu Hause blieben, die Verwaltungen ihren Dienst einstellten, die Energieversorger den Strom abstellten, Bundesbahn und Speditionen keine Waren mehr beförderten? Sorget nicht! Euer himmlischer Vater ernährt euch auch so?

Die Liste der Einwände, die gegen diesen Text vorgebracht wurden, ist lang: Jeder verhungerte Sperling, jede Hungerkatastrophe, jeder erfrorene Obdachlose – ein Argument gegen diese Worte aus der Bergpredigt?

Wir können gar nicht leben, ohne zu planen, ohne Vorsorge zu treffen. Das alltägliche Zusammenleben, es würde nicht funktionieren ohne ständige Absprachen. Eine Schule ohne Planung, ein Betrieb ohne genaue Kalkulation, eine Stadt ohne gewissenhafte Vorsorge – es wäre unverantwortlich, das reine Chaos. Doch Jesus sagt nicht: Macht euch in euerm Leben keine Sorgen! Die Frage, um die es geht, heißt: Was bestimmt das Leben – die Sorge oder das Vertrauen? »Wer von euch kann mit seinen Sorgen seine Lebenszeit auch nur um eine Elle verlängern?«, fragt Jesus. Da mag jemand noch so viele Lotto-Millionen gewinnen: Wer nach Sicherheiten für sein Leben greift, der greift ins Leere. Das Leben in Sicherheit, das Leben ohne Risiko – ein Traum, der nicht aufgeht. Die Sorge kann nicht halten, was sie verspricht. Sie kann das Leben weder sichern noch auch nur um einen Tag verlängern.

»Schaut auf die Vögel des Himmels, seht auf die Lilien des Feldes!«, sagt Jesus. Sie tun nichts zur Selbsterhaltung, und dennoch werden sie erhalten. Sie sind wertlos und unwichtig, und dennoch werden sie prachtvoll ausgestattet. Spricht das nicht für einen Gott der Lebensfreude? Die Welt, in der wir leben, sie trägt die Handschrift eines Schöpfers, der das Leben liebt. Das ist der einzige Zusammenhang, der ein Leben tragen, erhalten und versorgen kann.

»Sorgt euch nicht um euer Leben« – das meint zunächst eine große Freiheit von der Lebensangst. Das Kleine klein und das Große groß bleiben zu lassen und sicher zu sein, dass da einer ist, der weiß, was uns gut tut. Das ist kein Freibrief für Gleichgültigkeit oder Passivität. Freiheit von dieser Angst heißt durchaus im Getümmel stehen, planen, sich einmischen, Partei ergreifen, aber zugleich wissen, dass Planungen und Auseinandersetzungen nicht das Letzte sind, die eigene Leistung und die Karriere das Leben nicht tragen können.

Von wem wird das Leben bestimmt? Von der Sorge um das eigene Leben, von der Sicherung der eigenen Interessen – oder von der Sorge um Gottes Reich und seine Gerechtigkeit? Das ist die Frage, die Jesus stellt – und er nennt zugleich eine klare Reihenfolge: zuerst die Gerechtigkeit für alle, zuerst die Lebensrechte für die Kleinen und Schwachen. Wer diese Sorge ernst nimmt, dem werden die anderen Sorgen leichter. Sie sind nicht weggeblasen, aber sie bestimmen nicht mehr das Leben.

König Midas

In der Antike haben die Menschen sich die Sage von Midas, dem König von Phrygien, erzählt. König Midas wurde vom Gott Bacchus ein Geschenk gewährt, das er sich selbst wählen durfte. Midas sprach: »Mache, dass alles, was ich mit dem Leib berühre, sich in blankes Gold verwandelt.«

Der Gott bedauerte, dass jener keine bessere Wahl getroffen hatte, doch er gewährte dem Midas den Wunsch. Der ging sofort davon und probierte, ob der Wunsch auch in Erfüllung gehen würde. Und siehe, der grüne Zweig, den er von einer Eiche brach, verwandelte sich in Gold. Rasch erhob er einen Stein vom Boden, der Stein wurde zum funkelnden Goldklumpen.

Ganz entzückt lief er hinein in seinen Palast. Kaum berührten seine Finger die Pfosten der Tür, so leuchteten die Pfosten wie Feuer; ja, selbst das Wasser, in das er seine Hände tauchte, verwandelte sich in Gold. Außer sich vor Freude befahl er den Dienern, ihm ein leckeres Mahl zu bereiten. Bald stand der Tisch bereit mit köstlichem Braten und weißem Brot. Er griff nach dem Brot, doch er biss in Gold. Er nahm den Becher mit Wein, doch flüssiges Gold schien die Kehle hinabzugleiten.

Nun wurde es ihm doch klar, welch ein schreckliches Gut er sich erbeten hatte; so reich und doch so arm verwünschte er seine Torheit; denn nicht einmal Hunger und Durst konnte er stillen, ein entsetzlicher Tod war ihm gewiss. Verzweifelt schlug er die Stirn mit der Faust, – o Schrecken, auch sein Gesicht strahlte und funkelte wie Gold. Da hob er angstvoll die Hände zum Himmel empor und flehte:

»O Götter, Gnade! Verzeiht mir schwachsinnigem Sünder und nehmt das glitzernde Übel von mir.«

»Als sie aber unterwegs waren, kam Jesus in ein Dorf. Da war eine Frau mit Namen Marta, die nahm ihn auf in ihr Haus. Sie hatte eine Schwester, die hieß Maria.« *(Lukas 10,38)*

Als Jesus ins Haus kommt, verhalten sich die beiden Frauen ganz unterschiedlich: »Maria setzte sich zu Füßen Jesu und hörte seinen Worten zu. Marta aber war ganz mit der Bewirtung beschäftigt.« *(V. 39f.)* Womit Marta genauer beschäftigt ist, wird nicht näher gesagt, wir können es uns aber vorstellen. Wenn unangemeldet wichtiger Besuch ins Haus kommt, muss schnell noch einiges weggeräumt und aufgeräumt, saubergemacht und geputzt werden, muss etwas zubereitet und auf den Tisch gebracht werden. Marta sieht die praktischen und wirklichen Aufgaben und sie packt sie an. Genauer betrachtet, ist die Mühe, die Marta sich macht, die Voraussetzung dafür, dass Jesus überhaupt in ihr Haus einkehren kann.

Anders Maria! Maria sitzt da und hört zu. Sie sitzt zu Jesu Füßen, sie selbst sagt kein einziges Wort. Sie sieht, dass es eine ungewöhnliche, eine besondere Stunde ist, wo Regeln und Konventionen außer Kraft gesetzt sind. Sie tut, was die Stunde fordert, und unterbricht den Alltag. Sie benimmt sich, als wäre sie die Schülerin dieses Rabbi Jesus. Damit besetzt sie eine Rolle, die Frauen damals nicht zugestanden wurde. Nach dem Urteil ihrer Zeit gehörte sie in die Küche, aber nicht in die Schule, nicht in die Lehre.

Aber: Ist es nicht ungerecht und unfair, sich einfach hinzusetzen und andere die Arbeit machen zu lassen? Marta beschwert sich bei Jesus: »Herr, kümmert es dich nicht, dass meine Schwester mich allein arbeiten lässt? Sage ihr doch, sie soll mir zur Hand gehen.« *(V. 40)* Jesus aber antwortete ihr: »Marta, Marta, du sorgst und beunruhigst dich um vieles« – und wir können ergänzen: Vor lauter Beschäftigtsein kommst du gar nicht zum Hören. Und Jesus fährt fort: »Notwendig ist nur eines. Maria hat sich für das gute Teil entschieden.«

Es gibt eine Zeit zum Hören und es gibt eine Zeit zum Handeln. Maria scheint dies unmittelbar gespürt und verstanden zu haben. Als Jesus kommt, unterbricht sie den Alltag: Es ist Zeit zum Hören, während Marta mit ihren alltäglichen Verrichtungen genauso fortfährt wie vor dem Kommen Jesu.

Marta und Maria – was ist im Lauf der Jahrhunderte nicht alles in diese Geschichte hineingelesen worden? Die Abwertung der Hausarbeit, die Rivalität von Schwestern, die Gleichberechtigung von Frauen. Es handelt sich dabei auch nicht um eine Frauen-Geschichte, sondern um eine Jesus-Geschichte, die genauso auch von zwei Männern erzählt werden könnte. Es geht um Jesus und wie man reagiert, wenn er uns begegnet: ob man den Alltag um Jesu willen unterbricht wie Maria oder ob man so weitermacht wie bisher, wie Marta es tut.

Es gibt eine Zeit zum Hören und zum Handeln. Unmittelbar vor der Erzählung von Maria und Marta steht im Lukasevangelium die Geschichte vom barmherzigen Samariter *(10,25ff.)*. Das ist kein Zufall. Das Handeln des Samariters, seine zupackende Barmherzigkeit hat auch ihre Stunde ebenso wie das Zuhören der Maria.

WOCHENSPRUCH

Christus Jesus hat dem Tod die Macht genommen und das Leben und ein unvergängliches Wesen ans Licht gebracht durch das Evangelium.

2. Timotheus 1,10

LEBENSWEISHEIT

»Mit dem Tod finden wir uns alle ab;
womit wir uns nicht abfinden, ist das Leben.«

Graham Greene

GEBET

Plötzlich und unerwartet,
auf der Höhe des Lebens, ohne Vorwarnung,
Gott, wir verstehen den Tod nicht.
Wir sind ratlos und verstört, wenn er in unserer Nähe zuschlägt.
Wir wissen, auch wir werden sterben, irgendwann oder demnächst.
Aber wir können es uns nicht vorstellen.
Und doch fürchten wir uns davor.
Wir hoffen auf ein Leben nach dem Tod.
Auch das verstehen wir nicht.
Wo sind wir dann? Wer sind wir dann?
Aber wir möchten leben.
Und wir hoffen, Gott, dass du stärker bist als der Tod.
Amen.

Lukas 7,11-16

Jeden Tag bringt die Zeitung eine oder mehrere Seiten mit Todesanzeigen. Meist sind es unbekannte Menschen, oft in hohem Alter verstorben. Aber manchmal erschrickt man: Da ist eine Mutter mit 40 Jahren gestorben – und dort ist ein junger Mann mit 19 Jahren tödlich verunglückt. Was ein solcher Tod für die Angehörigen bedeutet, kann man sich vorstellen: Wunden, die oft ein Leben lang nicht mehr verheilen.

In dem kleinen Ort, südlich von Nazareth, lebt eine Witwe mit ihrem einzigen Sohn. Dieser Sohn ist ihre einzige Hoffnung – ihr Rechtsvertreter und der Garant für ihre soziale Versorgung. Dann stirbt der Sohn – und mit ihm alles, was die Frau an Familie, Sicherheit und Zukunft noch hatte. Noch am Abend findet die Beerdigung statt, und der ganze Ort nimmt Anteil. Eine große Menge begleitet die Mutter und ihren toten Sohn auf der Bahre zum Friedhof. Doch vor dem Stadttor kommt dem Leichenzug ein anderer Trupp entgegen – Jesus, die Jünger und eine große Menge, die ihnen folgte.

Und nun geschieht das Ungewöhnliche: Jesus hält den Zug an, geht auf die Frau zu und sagt: »Weine nicht!« In der Menge hört man auf zu sprechen, man ahnt, dass etwas Ungewöhnliches geschieht. Jesus tritt an die Bahre und spricht den toten Jungen einfach an, als ob es für ihn keine Todesgrenze gäbe: »Ich sage dir, stehe auf!« Und der Tote richtet sich auf und beginnt zu sprechen.

Die Geschichte einer Totenauferweckung. Ein starkes Stück! Jedes Jahr sterben in Deutschland etwa 900 000 Menschen – und keiner weckt sie wieder auf. So viele Todesanzeigen, jeden Tag Verkehrsunfälle und Flugzeugabstürze – der Tod beherrscht die Zeitungsspalten, gegen den Tod scheint kein Kraut gewachsen, damit muss man sich eben abfinden. Und dann wird von Jesus erzählt, dass er den toten Sohn einer Witwe wieder zum Leben erweckt.

In der Antike galten Totenauferweckungen als ungewöhnlich, aber nicht als unmöglich. Auch von Elisa, von Petrus und Paulus, aber ebenso gut auch von nichtchristlichen Ärzten und Heilern werden solche Wunder erzählt. Doch Wundergeschichte ist nicht gleich Wundergeschichte. Nicht irgendein Toter wird auferweckt, sondern der einzige Sohn einer Witwe. Das ist alles andere als nebensächlich: Jesus setzt ein Zeichen – ein Zeichen für das, was Reich Gottes heißt. Er nimmt es nicht hin, dass hier eine Frau einer trostlosen Zukunft entgegengeht. Er stellt sich dem allgemeinen Lauf der Welt entgegen. Gegen den Glauben an die Allmacht des Todes setzt er auf die größere Macht Gottes.

Es gibt einen Tod, den man ertragen kann, weil er das natürliche Ende eines erfüllten Lebens ist. Und es gibt einen unerträglichen Tod, der das Leben abschneidet, bevor es gelebt wurde.

Sind wir nicht als Christen auch dazu auf der Welt, damit die unerträglichen Tode immer mehr verschwinden? Als Jesus dem Leichenzug begegnete, sagte er nicht: »Da kann man eben nichts machen.« Er trat dem Tod entgegen!

Simon stammte vermutlich aus Betsaida, einem Fischerdorf am Nordufer des Sees Genezareth. Später besaß seine Familie ein Haus in Kapernaum, eine ärmliche Wohnanlage, die man vor etwa 60 Jahren bei Ausgrabungen entdeckt hat. Dort lebte Simon mit Frau, Schwiegermutter und Bruder Andreas, die Familie lebte vom Fischfang und hatte wohl ein eigenes Boot.

Jesus ruft Simon als ersten Jünger, zusammen mit seinem Bruder Andreas, in die Nachfolge. Für Simon bedeutete das eine Lebenswende, wie der Evangelist Lukas es in einer symbolhaften Geschichte erzählt: Obwohl Simon die ganze Nacht über vergeblich gearbeitet und nichts gefangen hat, fährt er, auf Jesu Wort hin, noch einmal auf den See hinaus und wirft die Netze aus. »Da fingen sie eine große Menge Fische, und ihre Netze drohten zu reißen.« *(Lukas 5,6)* Selbst zwei Boote können den großen Fang kaum an Land bringen. Simon ist überwältigt und erschrocken und er wirft sich Jesu zu Füßen: »Herr, geh weg von mir, denn ich bin ein sündiger Mensch!« Jesus aber ruft ihn in seine Nachfolge: »Fürchte dich nicht! Von jetzt an wirst du Menschen fangen.«

Schon bald tritt Simon als Sprecher des Jüngerkreises auf. In allen Jüngerlisten der Evangelien wird er an erster Stelle genannt. Jesus verleiht ihm den aramäischen Beinamen Kephas (griech. Petros = Stein, Fels).

Simon Petrus steht Jesus besonders nahe. Er ist es, der Fragen stellt, die alle Jünger interessieren; er ist es, der von Außenstehenden stellvertretend angesprochen wird. Er macht Einwände und wird von Jesus korrigiert. Als Jesus seine Jünger nach ihrer Meinung über ihn fragt, ist es Petrus, der bekennt: »Du bist der Messias, der Sohn des lebendigen Gottes.« *(Mt 16,16)* Jesus nennt Simon Petrus daraufhin »selig« und verspricht: »Du bist Petrus, und auf diesen Felsen werde ich meine Kirche bauen.« *(16,18)* Katholische und evangelische Ausleger sind sich heute darin einig, dass dieses Wort nicht auf Jesus zurückgeht, sondern die Rolle des Petrus in der frühen Christenheit spiegelt. Petrus hatte eine Brückenfunktion zwischen dem Leben Jesu und dem Leben der frühen Kirche. An ihm, der wie kein anderer das Wirken Jesu miterlebt hatte, konnte man sich in den ersten Jahrzehnten orientieren, um die verschiedenen Richtungen in der Kirche zusammenzuhalten. Petrus ist in den Evangelien nicht nur der exemplarische Schüler Jesu, exemplarisch ist er auch in seinem Schwanken zwischen Glauben, Kleinglauben und Scheitern. Er bekennt Jesus als Gottessohn und scheut sich zugleich vor dem Leiden. Im Garten Gethsemane schläft er wie die anderen Jünger einfach ein. Er wirft sich dem übers Wasser wandelnden Jesus voller Mut entgegen und sinkt doch Sekunden später ein.

Besonders eindrücklich werden der Mut und die Schwäche des Petrus in der Verleugnungsgeschichte erzählt. Er ist der einzige Jünger, der versucht, die Verhaftung Jesu mit Gewalt zu verhindern. Er wagt es als Einziger, seinem verhafteten Herrn in den Hof des hohenpriesterlichen Palastes zu folgen. Doch dann wird er drei Mal auf seine Zugehörigkeit zu Jesus hin angesprochen, drei Mal weist er jede Beziehung zurück. Da krähte, wie von Jesus vorausgesagt, der Hahn. »Und Petrus ging hinaus und weinte bitterlich.« *(Mt 26,75)*

Kurz darauf wird er, wie auch die anderen Jünger, nach Galiläa, in die Heimat geflohen sein. Weder bei der Kreuzigung Jesu noch bei der Grablegung ist er dabei. In Galiläa erfährt Petrus jedoch eine Vision des auferstandenen Jesus. Er sammelt andere Jesus-Anhänger, erlebt eine zweite Vision im Kreis der Jünger, eine dritte in einem größeren Anhängerkreis und wird die führende Autorität der Jerusalemer Urgemeinde. Nach dem Bericht der Apostelgeschichte führt Petrus die Jesus-Gemeinde durch öffentliche Predigten aus der Abgeschiedenheit heraus und gewinnt neue Anhänger. Ob in der Pfingstpredigt, bei der Rede anlässlich der Heilung des Gelähmten oder vor dem Hohen Rat in Jerusalem – immer ist es Petrus, der die Initiative zur missionarischen Verkündigung ergreift: »Wir können's ja nicht lassen, von dem zu reden, was wir gesehen und gehört haben.« *(Apg 4,20)*

Als einziger aus dem Kreis der Zwölf unternimmt Petrus Missionsreisen. Zusammen mit seiner Frau missioniert er zunächst im palästinischen Raum vorwiegend unter Juden. In Caesarea bekehrt er den »gottesfürchtigen« römischen Hauptmann Cornelius und verteidigt in seinem Bericht vor der Jerusalemer Gemeinde den Schritt zur »Heidenmission« . Während der ersten Verfolgung der christlichen Gemeinde durch König Herodes Agrippa, bei der der Jünger Jakobus hingerichtet wird, wird auch Petrus inhaftiert. Er muss mit dem Tod rechnen, doch er kann aus dem Gefängnis fliehen und Jerusalem verlassen *(Apg 12)*. Auf dem Apostelkonvent 48 n. Chr. vertritt Petrus neben Johannes und dem Jesusbruder Jakobus die judenchristliche Partei, die heidenchristliche Seite wird durch Paulus vertreten. Beide Lager einigen sich: Nicht-Juden sollten sich nicht erst beschneiden lassen müssen, um Christen werden zu können. Offen blieb, wie man mit den jüdischen Speisegeboten umgehen sollte. In Antiochia kommt es darüber zwischen Petrus und Paulus zum Streit. Petrus aß dort zunächst gemeinsam mit den Heidenchristen, ohne die Speisegebote einzuhalten. Als aber Abgesandte der Jerusalemer Gemeinde eintrafen und monierten, dass jüdische und nichtjüdische Christen Tischgemeinschaft hielten, gab Petrus dem Druck von außen nach und begann, die jüdischen Speisevorschriften wieder zu beachten. Daraufhin trat ihm Paulus »persönlich entgegen«, nannte ihn zornig einen Heuchler und erinnerte ihn an die von Christus geschenkte Freiheit. In Antiochia trennten sich die Wege von Petrus und Paulus, die beiden führenden Gestalten des frühen Christentums haben sich wohl nicht mehr wiedergesehen.

Nach Antiochia verliert sich die Spur des Petrus. Lukas lässt ihn in der zweiten Hälfte der Apostelgeschichte sang- und klanglos abtreten und erwähnt ihn kein einziges Mal mehr. Aufgrund einer alten Notiz aus dem 1. Clemensbrief (96 n. Chr.) darf man aber als sicher annehmen, dass Petrus noch bis Rom gelangt ist und um 65 n. Chr. im Zuge der Christenverfolgung unter Nero den Märtyrertod erlitten hat. Alt ist die Legende, nach der Christus dem aus der Stadt Rom fliehenden Petrus am Stadttor begegnet sein und auf die Frage des Petrus »Herr, wohin gehst du?« (Quo vadis, domine) geantwortet haben soll: »Nach Rom, um wiederum gekreuzigt zu werden.« Woraufhin Petrus umgekehrt und in Rom mit dem Kopf nach unten gekreuzigt worden sei.

WOCHENSPRUCH

Unser Glaube ist der Sieg, der die Welt überwunden hat.

1. Johannes 5,4

LEBENSWEISHEIT

Es gibt nur eine Wahrheit – und das ist der Sieg.

Otto Rehagel

GEBET

Es gibt einen Glauben, der sprachlos ist,
und einen, der immerzu von Gott redet;
einen Glauben, der nur noch aus Tradition besteht,
und einen, der alle Tradition über Bord wirft;
einen Glauben, der alles besser weiß,
und einen, der sich aus allem heraushält;
einen Glauben, der voller Zweifel ist,
und einen, der keinen Zweifel kennt;
einen Glauben, der überhaupt nicht auffällt,
und einen, der überall auffällt;
einen Glauben, der alles beim Alten lässt,
und einen, der die Welt verändern möchte;
einen Glauben für die Notzeiten,
und einen, der unabhängig ist von den Lebensumständen.
Gott, es gibt diesen und jenen Glauben.
Welcher ist richtig?
Gott, gib mir einen Glauben, der das rechte Maß hat!
Amen.

Matthäus 15,21-28

Die Geschichte von der kanaanäischen Frau ist eine Geschichte von Vorurteilen. Und das Interessante ist: Es ist Jesus selbst, der Vorurteile hat. Eine verzweifelte Frau kommt zu ihm, eine Ausländerin, und bittet für ihre kranke Tochter. Aber sie wird abgewiesen. Erst von den Jüngern, dann auch noch von Jesus. Und nicht nur das, sie wird gedemütigt. Jesus erklärt, er sei für Ausländer nicht da.

Wir können uns herausreden und sagen: Möglicherweise ist die Geschichte so gar nicht passiert. Ursprünglich handelt es sich um eine Geschichte von der Heidenmission. Vielleicht hat Matthäus die Geschichte auch so verstanden. Doch wie auch immer: Sie handelt von Vorurteilen, und die ersten Christen haben Jesus diese Vorurteile zugetraut.

Kann man solch einem Jesus noch trauen? Einem Jesus, der nicht perfekt ist? Ich meine: Gerade solch einem Jesus kann man trauen! Erst einem Jesus, der sich von einer Frau aus seinen Vorurteilen hat herausholen lassen. Erst bei solch einem Jesus erkennen wir ein menschliches Gesicht. Es ist jener Jesus, der sich von einem anderen Juden taufen lässt, um Vergebung der Sünden zu erlangen. Es ist jener Jesus, der mit den Worten aus dem 22. Psalm stirbt: »Mein Gott, mein Gott, warum hast du mich verlassen?« Es ist dieser Jesus, der einer Frau Recht gibt und sich beschämen lässt.

Die Geschichte der kanaanäischen Frau handelt von Vorurteilen – vor allem aber handelt sie vom Glauben. Jesus nennt den Glauben der Frau »groß«. Das ist überraschend. Denn von ihrem eigenen Glauben redet die Frau gar nicht. Es wird auch nicht erzählt, dass sie ein Glaubensbekenntnis aufgesagt hätte. Vielleicht verehrte sie noch andere Götter.

Das Überwältigende an dem Glauben der Frau ist, dass er so einfach und zugleich menschlich ist. Diese Frau ist am Ende ihrer Macht. Aber sie traut Jesus zu, auch dort noch helfen zu können, wo ihre Möglichkeiten erschöpft sind. Der Glaube einer Frau, die für ihr leidendes Kind kämpft. Sie nimmt Jesus einfach nicht ab, dass er ihr nicht helfen würde. Mit dem Schweigen Gottes gibt sie sich nicht zufrieden. Unbeirrbar hält sie daran fest, dass Gott uns doch gut sein muss. Das ist Glaube.

Weiter werden auch wir in unserem Glauben nicht kommen – und wenn wir uns noch so kluge Gedanken über Gott und die Religion machen.

Einfach

Auf einer Insel lebten drei fromme Frauen. Von nah und fern kamen die Menschen, um mit ihnen zusammen zu sein und zu beten. Eines Tages besuchte sie auch der Bischof. Als sich sein Schiff der Insel näherte, erwarteten ihn am Strand drei ärmliche Gestalten. »Man sagt«, begann der Bischof, »dass ihr Gott schaut. Wie betet ihr zu ihm?« Die drei sahen sich ratlos an. »Wir beten einfach: Wir sind drei, und du bist drei – steh uns bei!« Der Bischof war bestürzt: »Nichts sonst? Kein Vaterunser, kein Rosenkranz, keine Psalmen?«

So viel Unwissenheit konnte er nicht zulassen, und er fing an, ihnen das Vaterunser Wort für Wort vorzusagen. Als die drei es nachsprechen konnten, verabschiedete sich der Bischof zufrieden. Aber kaum befand sich sein Schiff wieder auf See, glaubte er seinen Augen nicht zu trauen: Hand in Hand eilten die drei über das Wasser auf ihn zu. Atemlos riefen sie: »Verehrter Herr, wir haben es vergessen! Wie geht es noch weiter nach »Geheiligt werde dein Name«?«

Ergriffen warf sich der Bischof auf dem Schiff nieder und berührte mit der Stirn die Planken. »Betet so weiter, wie ihr es immer getan habt! Gott erhört euch!« Erleichtert verbeugten sich die drei und gingen beruhigt über die Wellen zurück zu ihrer Insel.

Quelle unbekannt

»Da ging einer von den Zwölfen, mit Namen Judas Iskariot, hin zu den Hohepriestern und sprach: Was wollt ihr mir geben? Ich will ihn euch verraten. Und sie boten ihm dreißig Silberlinge. Und von da an suchte er eine Gelegenheit, dass er ihn verriete.« *(Mt 26,14-16)*

Eine einzige Tat ist es, die den Namen »Judas« im christlichen Kulturkreis bis heute zu einem Schimpfnamen gemacht hat: Judas hat Jesus verraten. Was hat er denn verraten, wo Jesus doch täglich im Tempel lehrte und vermutlich bei den offiziellen Stellen längst ein Dossier über ihn vorlag? Vielleicht verriet Judas den Ort, an dem Jesus mit den Jüngern das letzte Abendmahl nahm. In einer Nacht-und-Nebel-Aktion geleitete er eine Bande von Häschern, mit Knüppeln und Schwertern bewaffnet, und lieferte den Mann, zu dessen engstem Kreis er gehört hatte, an sie aus. Sein Lohn: 30 Silberlinge, der Preis eines billigen Sklaven. Und um das Maß der Verworfenheit voll zu machen: Er verriet seinen Herrn durch einen Kuss. Judaslohn, Judaskuss.

Judas ist seitdem der Übeltäter schlechthin, der Prototyp des Verräters, die Ausgeburt des Bösen. Bis heute ist der Name Judas mit so negativen Assoziationen besetzt, dass das deutsche Namensgebungsgesetz eine solche Benennung eines Kindes um seines eigenen Schutzes willen untersagt. Warum hat Judas Jesus verraten? Aus Geldgier, behauptet das Johannesevangelium; weil er Jesus zwingen wollte, als Messias gegen die römische Besatzungsmacht anzutreten, meinte schon Goethe; aus Enttäuschung über die Gewaltlosigkeit Jesu, vermutete Richard Wagner; weil er glaubte, dass Jesus sich immer mehr vom Judentum entfernte, meinen andere. Die Wahrheit ist: Wir wissen es nicht!

In der Reformationszeit fand man zu einer neuen Antwort: Judas ist einer von uns. Die Schuld am Tod Jesu trägt nicht Judas, tragen nicht die Juden, es ist die Schuld aller. »Drum wir dich armen Juda, dazu die Judenschar, nicht billig dürfen schelten, die Schuld ist unser gar«, sagt Martin Luther.

Zum Verrat sind wir alle fähig. Doch das Böse braucht einen Namen. Wir brauchen Judas, den Verräter schlechthin, damit wir uns selbst entlasten können. »Als Judas, der ihn verraten hatte, sah, dass er zum Tode verurteilt war, reute es ihn, und er brachte die dreißig Silberlinge den Hohepriestern und Ältesten zurück und sprach: Ich habe Unrecht getan, dass ich unschuldiges Blut verraten habe. Sie aber sprachen: Was geht uns das an? Da sieh du zu! Und er warf die Silberlinge in den Tempel, ging fort und erhängte sich.« *(Mt 27,3-5)*

Judas bereut seine Tat. Als er entdeckt, was mit Jesus geschehen soll, bringt er das Geld zurück und gesteht seine Schuld. Den Tod seines Meisters hat er nun doch nicht gewollt. Da ist einer zutiefst entsetzt über das, was er angestellt hat, und er tut alles, was er tun kann, um seinen Verrat wiedergutzumachen.

Judas: einer von uns – auch in der Reue? Oder in der Reue uns voraus? Doch seine Reue kommt zu spät. Die Machthaber reagieren eiskalt: »Das ist dein Problem.«

WOCHENSPRUCH

Dieses Gebot haben wir von ihm, dass, wer Gott liebt, dass der auch seinen Bruder liebt.

1. Johannes 4,21

LEBENSWEISHEIT

Man will ja gern seinen Nächsten lieben,
aber doch nicht den Nächstbesten!

Marie von Ebner-Eschenbach

GEBET

Gott,
ich wünsche mir von dir nicht eine Million,
ich wünsche mir von dir kein sorgenfreies Leben,
ich wünsche mir von dir auch nicht,
was in den Werbespots des Fernsehens angepriesen wird:
Traumurlaub, makellose Schönheit und
Versicherungsschutz rund um die Uhr.
Ein hörendes Herz, Gott, das wünsche ich mir:
ein hörendes Herz für alle Notsignale,
ein offenes Herz für Entschuldigungen,
ein weiches Herz auch für die Steinharten,
ein mitfühlendes Herz für die Leiden anderer Menschen,
ein weites Herz auch für die, die es nicht verdient haben.
Gott, ich wünsche mir von dir nicht Gold und Silber,
sondern ein Herz,
das für die Menschen schlägt, mit denen ich lebe.
Amen.

Markus 10,17-27

Er war jung, reich und sensibel. Er hatte alles, was man zum Leben braucht. Viele werden ihn beneidet haben: So müsste man leben können. Doch der junge Mann ist offenbar nicht der Meinung, dass das schon das Leben ist, was er tagtäglich praktiziert. Es ist viel, wenn einer das merkt. »Das kann doch nicht alles gewesen sein! Das bisschen Fußball und Führerschein? Die Überstunden, das bisschen Kies und abends die Glotze, das Paradies.« *(Wolf Biermann)* Es ist viel, wenn einer sich damit nicht abfindet. Viele merken gar nicht, wie ihre Lebensbilanz immer unbefriedigender wird.

»Was soll ich tun, damit ich das ewige Leben gewinne?« Die erste Antwort, die Jesus gibt, heißt: Das ewige Leben entscheidet sich im gewöhnlichen Leben. »Du kennst die Gebote!« Und dann zählt Jesus lauter Gebote auf, die das Leben mit den Mitmenschen betreffen: nicht töten, nicht ehebrechen, nicht stehlen, nicht falsch Zeugnis reden, niemanden berauben, Vater und Mutter ehren. Das ewige Leben entscheidet sich im Verhältnis zu den Mitmenschen, nicht in meditativer Versenkung oder in esoterischen Erlebnissen. Das ewige Leben entscheidet sich im Alltag. So einfach ist das? So einfach und so schwer.

»Das habe ich alles gehalten, danach habe ich mich immer gerichtet«, sagt der junge Mann. »Was fehlt mir noch?« Da blickt Jesus ihn an, gewinnt ihn lieb und sagt: »Geh hin, verkaufe alles, was du hast, und gib es dem Armen und folge mir nach!« Alles verkaufen, alles weggeben, auf alle Sicherheiten verzichten – wer kann das? Ich kann das nicht. Wovon soll ich leben, wenn ich auf Lohn und Rente verzichte, das Konto auflöse und Hausrat und Möbel verkaufe? Und meine Familie, meine Kinder? Sollen sie von Sozialhilfe leben? Wer kann sich das leisten, völlig ungesichert zu leben? Das heißt doch, das Chaos heraufbeschwören. Jesus, bist du hier nicht ein bisschen naiv?

Doch zugleich weiß ich genau, dass mein Widerstand gegen die Worte Jesu nicht nur auf vernünftigen Gründen beruht, sondern ebenso etwas mit Angst zu tun hat. Ich habe Angst, ungesichert und ohne Garantien zu leben. Ich habe Angst vor der Freiheit.

Dabei stellt sich auch eine heimliche Trauer ein. So leben können, loslassen können, woran ich gefesselt bin – das wär's. Binde dein Leben an meines, dann erfährst du, was Leben ist, sagt Jesus. Doch das bringe ich nicht fertig. Darum kann ich den reichen Jüngling verstehen, wenn es in der Geschichte von ihm heißt: »Als der Mann das hörte, wurde er traurig und ging fort. Denn er hatte viele Güter.«

Auch wir haben viele Güter. Wir hängen an ihnen und können tausend Gründe angeben, warum wir nicht auf sie verzichten wollen. Doch so lange wir an unseren Sicherheiten hängen, an den Bequemlichkeiten unseres Lebensstandards, und es nicht fertig bringen, uns davon zu lösen, so lange wird uns die Frage nach dem Sinn dieses Lebens nicht in Ruhe lassen.

1. KORINTHER 13

Ich setze auf die Liebe

Ich setze auf die Liebe
Das ist das Thema
Den Hass aus der Welt zu entfernen
Bis wir bereit sind zu lernen
Dass Macht Gewalt Rache und Sieg
Nichts anderes bedeuten als ewiger Krieg
Auf Erden und dann auf den Sternen.
Ich setze auf die Liebe
Wenn Sturm mich in die Knie zwingt
Und Angst in meinen Schläfen buchstabiert
Ein dunkler Abend mir die Sinne trübt
Ein Freund im anderen Lager singt
Ein junger Mensch den Kopf verliert
Ein alter Mensch den Abschied übt.
Ich setze auf die Liebe
Das ist das Thema
Den Hass aus der Welt zu vertreiben
Ihn immer neu zu beschreiben
Die einen sagen es läge am Geld
Die anderen sagen es wäre die Welt
Sie läg in den falschen Händen.
Jeder weiß besser woran es liegt
Doch es hat noch keiner den Hass besiegt
Ohne ihn selbst zu beenden
Er kann mir sagen was er will
Und kann mir singen wie er's meint
Und mir erklären was er muss
Und mir begründen wie er's braucht
Ich setze auf die Liebe! Schluss!
Gott schütze euch
Gott schütze und befreie uns.
Amen.

Hanns Dieter Hüsch

Thomas war nicht dabei, als Jesus nach der Auferstehung den anderen Jüngern erschien. Sie erzählten ihm, was geschehen war, doch Thomas weigerte sich, ihnen zu glauben. »Wenn ich nicht die Wunden der Nägel in seinen Händen sehe und meinen Finger in die Nagelwunden lege und mit meiner Hand in seine Seite fasse, kann ich nicht glauben.« *(Joh 20,25)*

Thomas hat Zweifel. Thomas will nicht nur vom Hörensagen, sondern durch eigene Erfahrung überzeugt werden. Er will nicht blind glauben, sondern begreifen und verstehen. War der zweifelnde Thomas wirklich ein »ungläubiger« Thomas?

Vielleicht war das mit Thomas auch ganz anders. Lassen wir ihn einmal selbst zu Wort kommen: »Ihr macht es euch zu leicht, wenn ihr sagt, ich sei der ungläubige Thomas. Ich habe an ihn geglaubt, vielleicht mehr als die anderen. Er war der Mittelpunkt meines Lebens. Und als er tot war, da wollte ich für mich sein. Ich wollte mit meiner Trauer Zwiesprache halten – und mir dies von keinem abnehmen lassen.

Als ich mir dann klargeworden war, ging ich wieder zu den Freunden, zu hören, wie es ihnen seit den Tagen ergangen war. Aber als ich die Freunde in Hochstimmung vorfand, da konnte ich nicht mitjubeln, da musste ich meine Zweifel anmelden. Das ging mir zu schnell, das war mir zu glatt. Ich verließ die Freunde und blieb wieder allein.«

Vielleicht war es ja so. Es würde zu dem passen, was wir auch sonst von Thomas wissen. Nur an ein paar Stellen wird in den Evangelien von ihm berichtet, aber dort wird er als ein ernster, engagierter und Stellung beziehender Mann geschildert. Thomas braucht Zeit. Er will für sich allein zurechtkommen mit dem, was geschehen ist. Aber wir sehen auch: Das geht nicht! Ganz allein für sich kann man das Schwere, das man erlebt hat, nicht verarbeiten. Ganz allein für sich kann man mit seinen Fragen, seinem Glauben nicht zurechtkommen. Es war wichtig, dass Thomas wieder hingegangen ist in die Versammlung der Jünger, sich ausgesetzt hat den Fragen und Erfahrungen der anderen. Allein für sich ist er mit seiner Trauer nicht klargekommen. Da musste erst einer von außen kommen, durch die verschlossenen Türen, und ihm die Augen öffnen.

Und nach acht Tagen waren die Jünger wieder zusammen und Thomas war bei ihnen. Die Türen waren verschlossen. Da trat Jesus in ihre Mitte und sprach Thomas an: »Strecke deine Finger aus – hier sind meine Hände! Nimm deine Hand und lege sie in meine Seite. Sei nicht ungläubig, sondern gläubig!« Thomas entgegnete: »Mein Herr und mein Gott!« *(Joh 20,27f.)*

Viel mehr erzählt die Bibel nicht von Thomas. Dafür hat sich die Legende früh seiner Person angenommen. So soll er später den Iran missioniert haben und sogar bis ins südliche Indien gekommen sein. Sein Grab und seine Reliquien jedoch wurden schon seit frühchristlicher Zeit im nordsyrischen Edessa vere.

WOCHENSPRUCH

Aller Augen warten auf dich,
und du gibst ihnen ihre Speise zur rechten Zeit.

Psalm 145,15

LEBENSWEISHEIT

Ein Landpfarrer kommt an einem Feld vorbei, das jahrelang brach gelegen hat und nun wieder bestellt ist. Der Bauer ist dabei, die Ernte einzuholen. »Das haben Sie mit Gottes Hilfe aber gut hingekriegt«, grüßt der Pfarrer den Bauern. Der lacht und sagt: »Das hätten Sie mal sehen sollen, als der liebe Gott das noch alleine gemacht hat!«

Verfasser unbekannt

GEBET

Gott, wir haben keinen Grund zur Klage.
Auch in diesem Jahr hatten wir von allem genug.
Gesundheit, Arbeit, Wohnung, Strom, ein Kühlschrank voller Lebensmittel -
wir nehmen es als selbstverständlich hin und denken erst nach,
wenn es Schwierigkeiten gibt.
Gott, lass uns öfter einmal nachdenken.
Hilf uns, dankbar zu sein!
In anderen Ländern fehlt, was wir zu viel haben.
Wie viele unterernährte Kinder gibt es, die nie erleben, was satt sein heißt!
Gott, deine Erde kann alle ernähren.
Hilf uns, von unserem Wohlstand zu teilen!
Gott, obwohl wir deine Erde maßlos ausbeuten,
bringt sie immer noch Leben hervor, in unbeschreiblicher Fülle.
Es ist ein Wunder! Wie lange noch?
Wir leben auf Kosten der kommenden Generationen.
Lass uns nicht die Lebenschancen unserer Kinder
kurzsichtig aufs Spiel setzen!
Wir bitten dich, Gott, erbarme dich!
Amen.

Lukas 12,16-21

Was hat der reiche Kornbauer eigentlich falsch gemacht? War es nicht klug, sorgsame Vorratswirtschaft zu betreiben? Hätte er sein Getreide auf den Feldern verkommen lassen sollen?

»Liebe Seele, du hast einen großen Vorrat für viele Jahre.« Der Bauer will nicht nur Vorratswirtschaft betreiben, er will Sicherheit für sein Leben, Garantien für die Zukunft. Ist das schlimm? Jeder ist doch darauf angewiesen, sein eigenes Leben und das der Angehörigen ausreichend zu versichern: gegen Krankheit, Unfall, Arbeitsunfähigkeit. Doch alle Versicherungen sind brüchig, Garantien sind es nicht. All der Reichtum – er kann das Leben nicht einmal für eine Stunde garantieren.

Man könnte sagen: Der reiche Kornbauer hat nicht an den Tod gedacht. Aber es ist in dem Gleichnis gar nicht der Tod, der dem Bauern seine Grenze zeigt. Es ist vielmehr Gott, der in der Stunde des Todes zu ihm spricht. An der Grenze des Lebens zeigt es sich, dass der Mensch zeit seines Lebens mit Gott zu tun hat. Das hat der reiche Kornbauer übersehen. Er hat nicht gemerkt, dass er auch in seiner reichen Ernte mit Gott zu tun hat.

Unsere Vorfahren zitterten, beteten, schufteten für eine gute Ernte. Gute Ernten sind heute fast selbstverständlich. Wir können im Supermarkt alles kaufen, das ganze Jahr über. Doch um welchen Preis? Blumen werden um den halben Erdball geflogen, Joghurtbecher Tausende Kilometer über Autobahnen kutschiert, Salatgurken mit Heizöl hochgepäppelt. Um welchen Preis? Sechzig Prozent des Getreides wird an Vieh verfüttert, damit wir jeden Tag ein Stück Fleisch auf dem Tisch haben – es ist das Getreide, das in den Ländern der Dritten Welt fehlt. »Immer mehr« und »zu jeder Zeit« – an dieser Stelle entscheidet es sich: Wer immer mehr haben will, um sein Leben abzusichern, der glaubt nicht mehr, dass Gott es ist, von dem Brot und Wein, Wasser und Sonne letztlich herkommen. Der reiche Kornbauer hat gemeint, er habe niemandem zu danken. Volle Scheune, leeres Herz. Er träumte davon, unabhängig und souverän zu sein, und vergaß, dass alles Gnade ist.

»Was hast du, was du nicht empfangen hast?«, fragt Paulus einmal. Wir sind Empfangende, solange wir leben. Täglich empfangen wir von Gott das Licht der Sonne, die Luft zum Atmen, den Gesang der Vögel, den Trost der Bäume, die Nahrung zum Essen. Kein Geschöpf existiert aufgrund eigener Macht, nicht einmal der Mensch, auch wenn er es immer wieder vergisst.

Alle Vorsorge nützte dem reichen Kornbauern nichts, als Gott in der Nacht sein Leben beendete. Wer weiß, dass alles, was er zum Leben braucht, aus Gottes Hand kommt, der geht anders damit um. Er wird der ständigen Konsumsteigerung den Abschied geben und die eigenen Scheunen öffnen. Er wird wieder mehr lernen, aus der Hand in den Mund zu leben – aus Gottes Hand und nicht nur in den eigenen Mund.

Ein Mann hatte einen großen Terminplaner
und sagte zu sich selbst:
Nun habe ich alle Termine berücksichtigt
aber noch habe ich die Konferenz in H. und die Messe in F. nicht eingeplant
wo kann ich die noch unterbringen?
Und er kaufte sich einen größeren Terminkalender
mit noch mehr Seiten und besseren Übersichten
und schrieb alle Sitzungen und Konferenzen und Planungen hinein
und sagte zu sich selbst:
Sei ganz beruhigt liebe Seele
du hast alles gut geplant nun musst du nichts mehr versäumen
Und je weniger er versäumte um so mehr machte er Karriere
er wurde in den Ausschuss und in den Vorstand gewählt
wurde Vorsitzender und Präsident
Doch eines Tages war es dann soweit und Gott sagte
Du Narr
diese Nacht stehst du auf meinem Terminkalender!

nach Gottfried Hänisch

Wer war Maria Magdalena? Eine große Sünderin, eine bekehrte Prostituierte, eine Frau mit zweifelhaftem Ruf? War sie gar die Freundin Jesu, mit der er ein Verhältnis und womöglich ein Kind hatte – wie spekulationsfreudige Bestsellerautoren immer mal wieder behaupten? Maria aus Magdala ist neben Maria, der Mutter Jesu, die am häufigsten genannte Frauengestalt des Neuen Testaments. Wer war diese Frau, was wissen wir von ihr?

Maria stammte aus der Stadt Magdala am Westufer des Sees Genezareth. Über ihre persönlichen Verhältnisse wissen wir nicht viel. Nach einer Notiz des Lukas *(8,3)* gehörte sie zu den Frauen, die Jesus und seinen Jüngern materielle Unterstützung zukommen ließen. Als Maria Jesus traf, war sie eine schwer kranke Frau. Das Krankheitsbild deutet auf schwere psychische Störungen, die Jesus heilte, indem er »sieben Dämonen« aus ihr austrieb. Ihre Heilung durch Jesus sollte zum entscheidenden Wendepunkt im Leben der Maria aus Magdala werden. Sie gehörte fortan zu der Gruppe von Frauen, die sich Jesus anschloss und ihn auf seinen Wanderungen durch Galiläa und auf seinem Weg nach Jerusalem begleitete. Unter diesen Frauen hatte Maria aus Magdala eine besondere Stellung. Sie wird auch als erste der Frauen genannt, die nach dem Markusevangelium der Kreuzigung Jesu »von ferne zuschauten« und die sich am Ostermorgen zum Grab aufmachten, um den Leichnam Jesu zu salben. Nach dem Johannesevangelium *(20,11–18)* ist Maria Magdalena die erste Osterzeugin:

Hier wird erzählt, wie Maria Magdalena am dritten Tag nach der Kreuzigung und Bestattung Jesu zu dessen Grab kommt. Doch das Grab ist leer. Ein Diebstahl? Eine Maßnahme der römischen Behörden? Maria ist verzweifelt. Sie schaut in die Grabkammer und sieht dort zwei weiß gekleidete Männer. »Warum weinst du?«, fragen sie. »Sie haben meinen Herrn weggenommen, und ich weiß nicht, wo sie ihn hingelegt haben.« Da bemerkt Maria, dass jemand hinter ihr steht. Doch sie erkennt den Mann nicht. Das wird wohl der Gärtner sein, denkt sie, und fragt, ob er »ihn« weggetragen habe. Doch dann wird mit einem einzigen Wort alles anders. Der vermeintliche Gärtner spricht sie an und sagt nur ihren Namen: »Maria.« In diesem Augenblick weiß Maria, wer vor ihr steht. »Rabbuni«, sagt sie, »Meister« oder »mein Lehrer«. So einfach und zugleich überzeugend wird diese Begegnung erzählt. Jesus sagt gar nicht, wer er ist. Er behauptet auch nicht, er sei auferstanden. Er sagt nur ihren Namen, wie es unter Menschen geschieht, die einander vertrauen. Maria will Jesus anfassen, vielleicht ihn umarmen. Da hört sie: »Rühre mich nicht an, denn ich bin noch nicht aufgefahren zum Vater.« Maria Magdalena macht dieselbe Erfahrung wie alle Christen bis zum heutigen Tag: Jesus lässt sich nicht festhalten. Es gibt keinen Jesus zum Anfassen, keinen Jesus, der untersucht und fotografiert werden könnte. Doch damit wird Maria nicht abgespeist. Sie erhält den Auftrag, den Jüngern die Osterbotschaft weiterzusagen. Das ist das Letzte, was von ihr in der Bibel berichtet wird.

Von ihrem weiteren Leben hören wir nichts mehr. Was bleibt, ist: Nach dem Johannesevangelium hat sie als Erste den auferstandenen Jesus gesehen. Der Osterglaube beginnt mit der Erfahrung einer Frau.

WOCHENSPRUCH

Heile du mich, Herr, so werde ich heil; hilf du mir, so ist mir geholfen.

Jeremia 7,14

LEBENSWEISHEIT

Eine Gesellschaft, in der das Geschäft mit der Krankheit zu einem der volkswirtschaftlich aufwendigsten und individuell einträglichsten hat werden können, ist selber krank.

Kurt Marti

GEBET

Alles geht seinen gewohnten Gang.
Die täglichen Aufgaben, der gewohnte Stress, ein Tag wie der andere.
Und plötzlich macht der Körper nicht mehr mit.
Ein Zusammenbruch, eine Krankheit
stoppen den gewohnten Lauf der Dinge.
Eine Pause, notgedrungen – oder mehr?
Alles ist mit einem Male anders.
Ich muss liegen. Ich kann nichts mehr tun.
Ich muss ins Krankenhaus.
Wie aus heiterem Himmel.
Ob die Krankheit ernst ist?
Nur eine Krankheit – und ich fühle mich vom Leben abgeschnitten,
auf ein Abstellgleis gesetzt, abhängig von anderen Menschen.
Gott, du hast mich aus der Bahn geworfen.
Ich bitte dich um meine Gesundheit.
Ich möchte wieder hinausgehen können,
meine vertraute Arbeit wieder machen können,
die kleinen Dinge des alltäglichen Lebens wieder genießen können.
Darum bitte ich dich, Gott: Gib mir meine Gesundheit wieder,
ohne dass ich die Erfahrung der Krankheit vergesse.
Amen.

Markus 9,14-29

Jesus heilt einen Kranken. Um welche Krankheit es sich dabei handelt, ist unschwer zu erkennen. Die Symptome werden deutlich beschrieben: Anfälle, Krämpfe, Zucken des Körpers, Schaum vor dem Mund, Starrheit. Der Junge, der hier von seinem Vater gebracht wird, ist epileptisch krank. Diese Krankheit ist heute relativ gut erforscht. Wird sie früh erkannt, gibt es große Heilungschancen. Zur Zeit Jesu waren Ursache, Verlauf und Heilungschancen dieser Krankheit noch unbekannt. Man sah hinter dieser Krankheit das Wirken böser Dämonen. »Ein Geist steckt in ihm, der ihn der Sprache beraubt und ihn anfällt«, sagt der Vater. Ein derart vom Dämon Befallener galt als hoffnungsloser Fall.

Jesus heilt diesen Kranken, er treibt den bösen Geist aus. Als der Evangelist Markus diese Geschichte aufschreibt, ist Jesus nicht mehr da. Die frühen Christen müssen ohne ihn auskommen. Und sie werden gefragt: »Warum tut ihr eigentlich keine Wunder? Ihr predigt von einem Mann, der Kranke geheilt hat – warum könnt ihr das heute nicht genauso?« Fragen, die uns heute genauso treffen: Für einen gerechten Ausgleich zwischen Arm und Reich sorgen, den Kriegen auf dieser Erde ein Ende machen, Flüchtlingen und Ausländern volle Rechte gewähren, die Drogensüchtigen von der Straße holen – wir schaffen es einfach nicht. Hinter dem, was von Jesus erzählt wird, bleiben wir weit zurück. Womit er uns beauftragt, damit sind wir überfordert.

Wie die frühen Christen darauf reagiert haben, dass sie es nicht vermochten, Kranke zu heilen und Dämonen auszutreiben, zeigt ein Zusatz, der wohl erst später zu der Geschichte hinzugekommen ist. Jesus sagt: »Diese Art kann nur durch Gebet ausgetrieben werden.« Alte Bibelhandschriften ergänzen: »und durch Fasten«. Gebet und Fasten als menschliche Versuche, fast möchte ich sagen: technische Mittel, um dieser Krankheit beizukommen. Das kann uns heute nicht mehr überzeugen. Der Mann mit dem Schlaganfall, die vom Rheuma fast gelähmte Frau, die junge krebskranke Mutter – wir werden sie durch Fasten und Gebet nicht heilen können. Dies gilt es nüchtern festzustellen, weil man beobachten kann, dass das Irrationale seit einigen Jahren unter uns neue Blüten treibt. Es gibt offenbar eine wachsende Sehnsucht nach Wundern.

Doch wir sollten hier ehrlich bleiben. Wunder können wir nicht vollbringen, auch nicht als Christen. Aber deswegen ist es uns nicht erlaubt, untätig zu sein. Wir können Kranke, deren Krankheit wir nicht heilen können, aber doch besuchen, ihnen beistehen, uns um sie kümmern, ihnen zuhören und für sie und mit ihnen beten – im Wissen darum, dass Gott noch Möglichkeiten hat, wo unsere am Ende sind. Wir können dafür sorgen, dass Kranke menschliche Nähe spüren. Vielleicht helfen wir dadurch mehr, als wir ahnen.

FÜR EINE UNHEILBAR KRANKE

Manchmal, Gott, weiß ich nicht, ob du sie siehst, zusammengesunken im Bett, die Hände gekrümmt, die keiner mehr drücken darf zur Begrüßung, sie schmerzen, die Finger, die noch vor zwei Jahren den Klingelzug fassten, die umblättern konnten im Buch, sie werden zu Krallen, der Körper stirbt ab, seit 20 Jahren stirbt er, die Füße zuerst, die Beine, die Hüften, das Rückgrat, die Muskeln, jetzt ist ein Dauerkatheter gelegt, du weißt das, Gott, nehme ich an, du schaust gelegentlich, wenn es schneit, durchs Fenster, du siehst, was du hier, Bergstraße 13, eingebrockt hast, das langsame, schrittweise Verdorren, denn, Gott, die Meise, die gelbgefleckte, die mittags ans Fenster pickt, sieht es nicht – was könnte ich tun, wo bitten aussichtslos ist, ich bitte:

Sei wenigstens, Gott, kein Vogel, sei, der du bist, und geh nicht vorüber, geh durch die Tür, die du kennst, und setze dich drei Minuten ans Bett und wende die Buchseiten um, nimm den Hörer ab, wenn jemand anruft, sorge, dass er nicht reißt, der himmlische Klingelzug, und wenn ein Laut, ein kaum hörbarer, kommt aus dem Mund, der einstweilen noch nicht gelähmt ist, ein Fluch, ein Schrei, ein leises Warum – ich bitte dich, Gott, verstecke im Schatten dich nicht, als wäre er leer, der Stuhl, als hättest du nie da gesessen, und zucke wie ich die Achseln nicht, Gott, und bleibe nicht stumm.

Rudolf Otto Wiemer

Als Jesus vor Pilatus steht, fragt dieser ihn: »Was hast du getan? Jesus antwortete: Mein Reich ist nicht von dieser Welt... Da fragte ihn Pilatus: So bist du dennoch ein König? Jesus antwortete: Du sagst es, ich bin ein König. Ich bin dazu geboren und in die Welt gekommen, dass ich die Wahrheit bezeugen soll. Wer aus der Wahrheit ist, der hört meine Stimme. Spricht Pilatus zu ihm: Was ist Wahrheit?« *(Luk 23,14)*

Jesus vor Pilatus. Der König, dessen Reich nicht von dieser Welt ist, vor dem Statthalter der Macht, die damals die Welt beherrschte. Eine große Szene der Weltliteratur. Sie endet mit der skeptischen Frage des Pilatus: »Was ist Wahrheit?« Man sieht förmlich das abschätzige Achselzucken des Realpolitikers, der mit dem Wahrheitsanspruch Jesu nichts anfangen kann.

Pontius Pilatus war von 26/27 bis 36/37 n. Chr. Präfekt der römischen Provinz Judäa und damit in dieser Zeit der oberste Gerichtsherr und militärische Befehlshaber, der Ruhe und Ordnung in dieser Provinz aufrechtzuerhalten hatte. Philo von Alexandria, ein Zeitgenosse des Pilatus, schreibt von »den Bestechungen, den Kränkungen, den Räubereien, den Ungeheuerlichkeiten und mutwilligen Übergriffen, den ständigen Hinrichtungen ohne Prozess, der unaufhörlichen und unsäglich bitteren Grausamkeit«, durch die sich die Herrschaft des Pilatus ausgezeichnet habe.

Umso auffallender ist es, dass die Evangelien in der Passionsgeschichte ein ganz anderes Bild des Pilatus zeichnen. Er ist eher ein feinfühlender und gerechter Mann, der sich aber gegen die jüdischen Führer nicht wirklich durchsetzen kann. Nach dem Matthäusevangelium durchschaut er schnell die Motive der jüdischen Gegner, die Jesus »aus Neid« überantwortet haben. Er findet »keine Schuld an diesem Menschen« *(Joh 18,38)* und will Jesus freilassen. Aber Pilatus ist zu schwach, um sich durchzusetzen. Als er sieht, dass er gegen »Hohepriester, Älteste und Volk« nichts ausrichten kann, »nahm er Wasser, wusch sich vor den Augen des Volkes die Hände und sagte: Ich bin unschuldig an diesem Blut. Seht ihr zu!« *(Mt 27,24)*

Schließlich verurteilt Pilatus Jesus wider besseres Wissen und fast unwillig zum Tod am Kreuz. Das ist die Version der Evangelien. Sie zeigen sehr deutlich die Tendenz, den Römer Pilatus zu entlasten und die jüdische Seite zu belasten. Jüdische Instanzen werden einseitig für den Tod Jesu verantwortlich gemacht.

In Wahrheit war es wohl ein Zusammenwirken jüdischer Aristokratie und römischer Provinzverwaltung. Verantwortlich war jedoch letztlich Pilatus. Denn nur der hatte damals in Judäa das Recht, die Todesstrafe zu verhängen. Im Glaubensbekenntnis heißt es daher zu Recht: »unter Pontius Pilatus gekreuzigt«. Offenbar wurde Jesus als ein die öffentliche Ordnung gefährdender Aufrührer den Römern überstellt. Pilatus hat wohl nach kurzem Prozess das Todesurteil gesprochen. Der Tod durch Kreuzigung war die für Aufrührer übliche Strafe.

Über das Ende des Pilatus wissen wir nichts. Später stilisierte ihn die christliche Legende zum reuigen Sünder, und die koptischen Christen in Ägypten und Äthiopien verehren ihn gar wegen seines angeblichen Mitgefühls mit Jesus als heilig.

WOCHENSPRUCH

Es ist dir gesagt, Mensch, was gut ist und was der Herr von dir fordert, nämlich Gottes Wort halten und Liebe üben und demütig sein vor deinem Gott.

Micha 6,8

LEBENSWEISHEIT

Seine Grundsätze soll man für die wenigen Augenblicke in seinem Leben aufsparen, in denen es auf Grundsätze ankommt, für das meiste genügt ein wenig Barmherzigkeit.

Albert Camus

GEBET

Ach Gott,
sind wir eigentlich die Dummen,
wenn wir noch Steuern zahlen,
wenn wir die Versicherung nicht betrügen,
wenn wir uns nicht bestechen lassen?
Es heißt: Geld regiert die Welt.
Wer kann sich da noch ein Gewissen leisten?
Sind wir eigentlich die Dummen,
wenn wir nicht fremdgehen,
wenn wir sonntags nicht einkaufen wollen,
wenn wir uns nicht einfach nehmen, was uns fehlt?
Musst du ein Schwein sein in dieser Welt,
wenn du es zu etwas bringen willst?
Sind wir eigentlich die Dummen,
wenn wir versuchen, ehrlich zu bleiben,
wenn wir nicht jede Mode mitmachen,
wenn wir uns an deine Gebote halten?
Dann, lieber Gott, lass uns lieber dumm sein als clever,
lieber anständig sein als gewissenlos!
Amen.

Markus 10,2-9

»Was Gott zusammengefügt hat, soll der Mensch nicht scheiden.« Dieser Satz entspricht der innersten Erfahrung der Liebe. In jeder Liebesgeschichte gibt es eine Zeit, in der beide wissen: Wir gehören auf Dauer zusammen, unsere Liebe ist stark wie der Tod.

Doch dass ausgerechnet Jesus so über Ehe und Liebe gesprochen hat! Er war doch gar nicht verheiratet, und von einer Liebe zu einer Frau ist nichts bekannt. Wahrscheinlich spricht Jesus von Liebe ohne Ende, weil er die Liebe unter Menschen in Beziehung setzt zur Liebe Gottes. Jesus hat entdeckt: Gottes Liebe ist ohne Grenzen. Sie macht auch vor Sündern und Kriminellen nicht Halt. Wahrscheinlich hat er deshalb so rigoros feststellen können: Auch die Liebe unter Menschen soll ohne Ende sein. Denn die Liebe ist das geheime Lebensgesetz der Welt. Letztlich müssten alle Menschen in Liebe zusammengehören, so wie Gottes Liebe alle umfasst: die Menschen, auch die verfeindeten, aber auch die Tiere und die Schöpfung.

Doch: Liebe ohne Ende – in der Wirklichkeit lässt sich das nicht immer durchhalten. Nach einigen Jahren ist die Liebe manchmal zu Ende. Aus den unterschiedlichsten Gründen. Erst das Glück und dann die Enttäuschung, erst der Hass und dann die Resignation. »So wie ein Traum scheint's zu beginnen, und wie ein Schicksal hört es auf«, sagt Rilke.

»Was Gott zusammengefügt hat, soll der Mensch nicht scheiden.« Das ist das eine. – »Wir haben uns auseinander gelebt.« Das ist das andere. Ehen können kaputtgehen, und Liebe kann in Hass umschlagen. Dann kann es nicht Gottes Wille sein, dass zwei Menschen bis zuletzt beieinander bleiben müssen und sich so gegenseitig zugrunde richten.

Doch nicht jede Scheidung ist eine Lösung. Oft wird das Problem der alten Ehe in eine neue Beziehung mitgenommen. Partnerschaft muss man lernen, sie kommt nicht von heute auf morgen zustande. Und wenn die ersten Probleme kommen, muss man nicht gleich das Handtuch werfen.

An dieser Stelle kommt auch der christliche Glaube ins Spiel. Als Christ weiß ich, dass ich von Vergebung lebe und immer wieder auf Vergebung angewiesen bin – auch in der Ehe. Wer weiß, dass er selbst auch Fehler hat, wird auch seinem Partner Fehler zugestehen. Wer sich seine eigenen dunklen Seiten nicht verbergen muss, wird auch besser verarbeiten können, dass auch der Ehepartner nicht so ideal ist, wie er vielleicht einmal geträumt hat.

Liebe ohne Ende – das kann es auf Erden nicht auf Dauer geben. Aber ein Leben in Liebe mit dem Partner, den ich mir gewählt habe, das können wir lernen.

ERTAPPT

Vor kurzem hat mich eine Freundin zu einem Sommerfest mitgenommen. Mitten im Garten stand ein prächtiger Rosenstrauch. Ich lobte die Gastgeberin für ihren »grünen Daumen«, und sie erzählte mir folgende Geschichte:

»Vor Jahren war unsere Ehe durch Gewöhnung und Langeweile ernsthaft in Gefahr geraten. Damals hat mein Mann diese Rose gepflanzt, und wir verabredeten, dass wir uns scheiden lassen würden, wenn sie einginge. Würde sie aber wachsen, wollten wir zusammenbleiben.

Und wissen Sie, was passierte? Wir ertappten einander dabei, wie wir heimlich Wasser zu dem Strauch schleppten.«

Quelle unbekannt

Lukas zeichnet in den ersten Kapiteln der Apostelgeschichte ein harmonisches Bild der frühen christlichen Gemeinde in Jerusalem. Nur einmal fällt ein Schatten auf das ideale Bild, als es zu Auseinandersetzungen zwischen den griechischen und den hebräischen Judenchristen in der Frage der Armenfürsorge kommt. Die griechischen Judenchristen beklagen sich darüber, dass ihre Witwen bei der täglichen Versorgung benachteiligt werden.

In Wirklichkeit steckte hinter diesem Konflikt, den Lukas verharmlosend als Verteilungsproblem dargestellt hat, die einschneidendste Umwälzung in der frühen Geschichte des Urchristentums: die Entstehung einer eigenständigen hellenistisch-judenchristlichen Gemeinde in Jerusalem. Ihr führender Kopf war Stephanus. Er gehörte zu den griechisch sprechenden Juden aus der Diaspora, die sich in Jerusalem relativ früh der christlichen Gemeinde angeschlossen hatten. Die Apostelgeschichte nennt noch sechs weitere Personen, alle mit griechischem Namen, die offenbar das Leitungsgremium der hellenistischen Gemeindegruppe innerhalb der Jerusalemer Christen darstellten. Sie waren nicht nur für die Armenpflege zuständig, sondern missionierten eigenständig im Umfeld der hellenistischen Synagogen in Jerusalem.

Daraufhin traten einige Juden aus den griechischen Synagogen der Diaspora auf, »um mit Stephanus zu disputieren. Doch sie vermochten dem Geiste und der Weisheit, mit der er sprach, nicht standzuhalten« *(Apg 6,9f.)*. Darum wählen sie den Weg der Intrige. Sie lassen gezielt im Volk die Behauptung ausstreuen, Stephanus habe den Gesetzgeber Mose und Gott gelästert, und sie haben damit Erfolg. Die Feindschaft gegen Stephanus erfasst weite Kreise des Volkes – und der Grund dafür ist deutlich: Stephanus gilt als einer, der die Grundlagen der jüdischen Religion angegriffen hat. Er wird vor den Hohen Rat geschleppt und mit dem Vorwurf konfrontiert, er habe gegen das Gesetz des Mose und gegen den Tempel in Jerusalem polemisiert.

Stephanus antwortet mit einer großen Verteidigungsrede. Statt sich gegen die Vorwürfe der Zeugen zur Wehr zu setzen, klagt er seine Richter an: Von Anfang an hat Israel die Gesandten Gottes immer wieder abgelehnt – von Mose bis in die Gegenwart, bis zu Jesus. »Als sie dies hörten, ging es ihnen durch und durch, und sie knirschten mit den Zähnen über ihn.« *(Apg 7,54)* Die Anklage gegen Stephanus endet damit, dass Stephanus in einem Akt von Lynchjustiz als erster Märtyrer der frühen Christenheit gesteinigt wird.

Lukas stilisiert seinen Tod zu einem Beispiel für christliches Sterben: Zunächst empfiehlt er seinen Geist dem auferstandenen Jesus, dann betet er, wie Jesus am Kreuz, für die, die ihn töten: »Herr, rechne ihnen diese Sünde nicht an!« *(Apg 7,60)* Die Hinrichtung des Stephanus bewahrheitet die Erfahrung der alten Kirche: »Das Blut der Märtyrer ist der Same der Kirche.« Denn durch die anschließende Verfolgung und Vertreibung der hellenistischen Judenchristen gelangt das Christentum in die Küstenregionen Palästinas bis nach Damaskus und Syrien.

Diese »Hellenisten« werden die ersten Jesus-Anhänger gewesen sein, die sich missionierend auch an Nicht-Juden wandten – Voraussetzung für die wenig später einsetzende epochale Missionstätigkeit des Paulus.

WOCHENSPRUCH

Lass dich nicht vom Bösen überwinden, sondern überwinde das Böse mit Gutem.

Römer 12,21

LEBENSWEISHEIT

Vor der Schlacht tritt der Offizier an die Truppen heran und sagt feierlich: »Soldaten, jetzt geht es Mann gegen Mann!« – Infanterist Rubin: »Zeigen Sie mir bitte meinen Mann! Vielleicht kann ich mich gütlich mit ihm verständigen.«

Verfasser unbekannt

GEBET

Wir bitten dich, Gott, um den Mut,
allen entgegenzutreten, die an gewaltsame Lösungen denken.
Wir bitten dich um die Kraft,
denen zu widerstehen, die an Gewalt und Brutalität ihre Freude haben.
Wir bitten dich um die Sensibilität,
selber darauf zu achten, wo wir uns persönlich
zu sehr aufspielen und andere Menschen einschüchtern.
Wir bitten dich um die Bereitschaft,
unsere Feindbilder zu überprüfen und unseren Gegnern zu verzeihen.
Wir bitten dich um die Unbeirrbarkeit,
für die Opfer von Gewalt, für Verfolgte und Flüchtlinge einzutreten.
Wir bitten dich, Gott, um die Unfähigkeit,
uns an Hass und Gewalt zu gewöhnen.
Lass uns nicht gleichgültig bleiben,
wenn die Mächtigen sich vergessen
und die Ohnmächtigen vergessen werden.
Lass uns selber dazu beitragen,
dass die Kälte in unserer Gesellschaft nicht noch zunimmt,
sondern Menschlichkeit und Gerechtigkeit sich ausbreiten
wie die Glut eines Feuers, an dem sich jeder wärmen kann.
Amen.

Matthäus 5,38-48

»Auge um Auge, Zahn um Zahn« – seit alters funktioniert das Recht nach dem Gesetz des Gleichgewichts, nach dem Gesetz der Vergeltung: wie du mir, so ich dir. Jede Schuld fordert eine Bezahlung. Dieses Gesetz wird von Jesus in Frage gestellt. Wozu soll es dienen? Dem Respekt vor dem Leben? Aber, so heißt die Antwort Jesu, dem Leben dient man nicht dadurch, dass man Gewalt mit Gewalt beantwortet.

Dafür erzählt er Beispiele aus dem Alltag. Da ist zunächst die Geschichte mit der Wange. Gemeint ist der Schlag mit dem Handrücken auf die rechte Wange, der schon damals als besonders entehrend galt. Jesus sagt: Verzichte auf deine Ehre. Halte auch die andere Wange hin.

Dann ist da die Geschichte vom Pfändungsprozess. Wenn jemand das Untergewand als Pfand haben will, dann gib ihm auch noch den Mantel, also die wertvollere Oberbekleidung dazu, ohne die man nicht auf die Straße gehen konnte. Bestehe nicht auf dem, was dir rechtmäßig zusteht.

Schließlich die Geschichte vom römischen Soldaten. Er kann nach dem Besatzungsrecht jeden Juden zwingen, ihn eine Meile zu begleiten und sein Gepäck zu tragen. Jesus sagt: Geh zwei Meilen mit, tu des Guten zu viel, so wirst du deinen Feind entwaffnen.

Überspitzt und übertrieben kommen uns Jesu Beispiele vor. In der Tat sind sie keine Gesetzesvorschläge, die wir eins zu eins umsetzen könnten. Sie wollen nicht wörtlich nachgeahmt, sondern mit Fantasie weitergedacht und auf's eigene Leben bezogen werden. Die Gewaltlosigkeit ist eine Kunst des Möglichen, die eingeübt sein will. Sie zeigt eine vernünftige Alternative: Liebe geht vor Recht. »Liebet eure Feinde, und bittet für die, die euch verfolgen« – das ist möglicherweise das bekannteste Wort Jesu, vielleicht auch das bezeichnendste. Auf jeden Fall eine ziemliche Zumutung. Viel näher liegt es, »den Nächsten zu lieben und den Feind zu hassen«. Es entspricht dem instinktiven Verhalten, dem gesunden Egoismus. Und in der Tat sind wir ständig dabei, die Welt in Gut und Böse, Freunde und Feinde einzuteilen. Das ist die übliche Weltordnung – täglich bestätigt von Zeitung, Fernsehen und Politik.

Dagegen sagt Jesus in der Bergpredigt sein großes »Aber«. – »Ich aber sage euch«: Liebe auf Gegenseitigkeit ist nichts Besonderes, ist nur Vergeltung des Guten mit Gutem. Feindesliebe aber ist zuvorkommende Liebe. Nur wer Böses mit Gutem vergilt, ist wirklich frei. So handelt Gott auch – so großmütig, so vorbehaltlos.

Die Feindesliebe hat etwas mit Gott zu tun. Wie Gottes Liebe keine Unterschiede macht – er lässt seine Sonne aufgehen über Gute und Böse –, sondern grenzenlos ist, so soll auch unsere Liebe uneingeschränkt sein und bedingungslos.

Feindesliebe ist nichts für Feiglinge, Gewaltverzicht ist keine Methode für Angsthasen. »Es ist der Weg der Starken«, sagt Martin Luther King.

IN SELMA (ALABAMA)

Hundert Kinder und Jugendliche im Alter von neun bis siebzehn Jahren unternahmen einen Schweigemarsch zum Stadthaus.

Sheriff Clark ließ sie von seinen Hilfspolizisten einkreisen. »Und nun hört genau zu!«, rief er. »Ihr wolltet unbedingt marschieren. (...) Jetzt sollt ihr euren Willen haben!« Die Autos der Polizei hatten einen dichten Kreis um die Kinder gebildet. Jetzt fuhren sie an. Ein paar Jungen versuchten, zwischen den Wagen hindurch auszubrechen, doch Polizisten mit elektrischen Schlagstöcken trieben sie zurück. »Schneller!«, rief Jim Clark. (...) Größere Jugendliche nahmen die Kleinsten in die Mitte. Einer begann zu singen: »Sagt, was ihr wollt – ich mag Jim Clark!« Andere fielen begeistert ein. Der Sheriff wurde rot vor Zorn. »Schneller!«, schrie er. Die Motoren brummten. Die Kinder liefen keuchend. Der Gesang verstummte. (...)

Zwei Meilen vor der Stadt (...) hielt der Sheriff die Journalisten an und verbot ihnen, dem Zug zu folgen. Die Kinder wurden jetzt über Weideland getrieben. Sie liefen mit vor Entsetzen geweiteten Augen. (...) Sechs Meilen vor der Stadt hielten die Wagen an. Die Polizisten stiegen aus und umringten die zitternden Kinder (...) und hielten die Schlagstöcke in den Fäusten.

Ein zwölfjähriger Schwarzer trat dem Sheriff entgegen. »Die Zeitungsschreiber haben Sie umkehren lassen«, sagte er, »damit niemand Sie sehen soll. Aber Gott sieht Sie doch!«

Ein heftiger Schlag ließ den Jungen verstummen. »Polizei aufsitzen!«, schrie Jim Clark, und gleich darauf fuhren die Autos zur Stadt zurück, während die Kinder sechs Meilen von Selma entfernt auf der Weide standen. Spätabends kamen sie wieder daheim an. Die Großen hatten die Kleinsten während der letzten Meilen auf den Schultern getragen. Diesmal wurde die Empörung der Schwarzen von vielen Weißen geteilt. Funk und Fernschreiber trugen die Nachricht (...) um die Welt. Nur Jim Clark lächelte und sagte: »Ich weiß gar nicht, was die Leute eigentlich wollen! Die Jugendlichen waren festgenommen. Im Gefängnis von Selma war kein Platz (...), darum wollte ich sie in einem Polizeiheim unterbringen. Was kann ich dafür, dass es so weit vor der Stadt liegt? Und schließlich hatte ich Mitleid (...) und habe die Kinder laufen lassen. (...) Eigentlich sollte man mir doch dankbar sein!«

Eine Woche später lag der Sheriff mit einer leichten Lungenentzündung im Krankenhaus. Die hundert Kinder und Jugendlichen, die er aus der Stadt getrieben hatte, versammeln sich am Eingang. (...) Sie knieten an der Mauer nieder und beteten: »Lieber Gott, lass Jim Clark gesund werden. Mach seinen Körper gesund, aber auch seinen Geist! Lieber Gott, vergib Jim Clark!«

Hans-Georg Noack

Bei den Christen, von denen im Neuen Testament erzählt wird, begegnet zweimal der Name Philippus: Philippus, einer der zwölf Jünger Jesu, und der Evangelist Philippus, einer der selbstständig wirkenden Missionare in den Anfängen des Christentums. Er war nach Stephanus die bedeutendste Gestalt aus dem Kreis der hellenistischen Judenchristen in Jerusalem. Der Märtyrertod des Stephanus und die Vertreibung der Hellenisten aus Jerusalem markierten auch für Philippus einen Übergang: Er begann mit der Wandermission.

Er ist es, der als Erster bewusst die Mission der Samariter in Angriff nimmt. Angesichts des gespannten Verhältnisses zwischen Juden und Samaritern war das ein kühnes Unternehmen. Auch unter Christen gab es Widerstände gegen eine Samaria-Mission, obwohl Jesus gerade einen Samariter zum Vorbild uneingeschränkter Nächstenliebe gemacht hatte. Philippus hat unter den Samaritern großen Erfolg: Er heilt psychisch Kranke und Gelähmte. Zugleich erfahren wir aus der Apostelgeschichte, dass Philippus in Samaria einen gefährlichen Konkurrenten hatte, der vor ihm das Feld beherrschte und großen Zulauf hatte – Simon Magus, eine schillernde Gestalt, ein Zauberer und Magier, der von sich selbst behauptete: »Ich bin die große Kraft« und sich damit als Repräsentanten Gottes verstand. Philippus kann den Magier »Simon zum Glauben an Jesus Christus bekehren.« *(Apg 8,13)* Für die Apostelgeschichte aber ist die Bekehrung des bekannt-berüchtigten Simon Magus ein Beweis für die missionarische Kraft des Philippus.

Historisch gesehen ist auf jeden Fall Philippus einer von denen, die den Weg zur Heidenmission angebahnt haben. Das zeigt sich auch an der Erzählung von der Bekehrung und Taufe des äthiopischen Kämmerers durch Philippus. Er ist im Neuen Testament der Erste aus dem Kreis der »gottesfürchtigen« Nichtjuden, der getauft wird. Philippus erscheint in dieser Erzählung als ein vom Geist getriebener Wandermissionar, der ganz unvermittelt hier und dort auftaucht, um Einzelne für das Heil zu gewinnen. Der äthiopische Kämmerer ist ein Eunuch, der wohl mit dem Judentum sympathisieren, aber nicht Jude werden durfte. Philippus vermag seine religiöse Frage aufzugreifen. Im Text vom leidenden Gottesknecht, den Philippus ihm auslegt, kann er sich wiederfinden Nach erfüllter Aufgabe verschwindet Philippus und taucht in Asdod wieder auf, wo er an der Küstenstraße entlang des Mittelmeers seine missionarische Tätigkeit fortsetzt.

Aus einer späteren Notiz der Apostelgeschichte erfahren wir, dass er sich dann in Caesarea niedergelassen hat und hier zusammen mit seinen vier unverheirateten prophetischen Töchtern ein christliches Zentrum, vielleicht eine Art »Lehrhaus«, betrieben hat. Hier besuchte ihn Paulus, der ihn noch von Jerusalem kannte, und übernachtete mehrere Tage. Damals hatte Paulus Stephanus, Philippus und die anderen Hellenisten verfolgt, nun war Paulus selbst auf dem Weg nach Jerusalem, der mit seiner Verhaftung und Inhaftierung enden sollte.

WOCHENSPRUCH

Einen anderen Grund kann niemand legen als den, der gelegt ist, welcher ist Jesus Chistus.

1. Korinther 3,11

LEBENSWEISHEIT

Um an die Quelle zu kommen, muss man gegen den Strom schwimmen.

Polnisches Sprichwort

GEBET

Glücklich die Kirche, in der
keiner allein das Sagen hat, sondern alle mitentscheiden können.
Glücklich die Kirche, in der
sich nicht alles ums Geld dreht.
Glücklich die Kirche, die
eine Schutzmacht ist für Frieden und Gerechtigkeit.
Glücklich die Kirche, die
Verschiedenheit zulässt, ja begrüßt.
Glücklich die Kirche, zu der
jeder zurückkommen kann.
Glücklich die Kirche, die
nicht aufhört, an Gott zu erinnern und von Jesus zu erzählen.
Glücklich die Kirche, die
keinen Unterschied macht zwischen
Groß und Klein, Mann und Frau, fromm und ungläubig.
Glücklich die Kirche, in der die Würde
jedes Einzelnen respektiert wird.
Glücklich die Kirche, die sich bei den
Mächtigen unbeliebt macht.
Glücklich die Kirche, die von einer
Hoffnung weiß – für dieses Leben und darüber hinaus.
Amen

1. Korinther 3,11

Was gehört unbedingt zum Evangelisch-Sein? Alle paar Jahre werden die evangelischen Christen danach befragt. Beim letzten Mal antworteten sie, dass man getauft ist, konfirmiert ist, sich bemüht, ein anständiger und zuverlässiger Mensch zu sein, seinem Gewissen folgt und nach den zehn Geboten lebt. Das sind alles Antworten, die für jeden und jede zutreffen könnten, bis auf die Konfirmation auch für einen katholischen Christen. Gibt es überhaupt noch Unterschiede? Sind die Konfessionsgrenzen nicht längst überwunden?

Was war es damals, was Luther in den Widerstand gegen die herrschende Kirche trieb? Und was heißt es heute, ein »evangelischer« Christ zu sein?

Die damals und wohl auch heute noch entscheidende Frage hat nichts mit Maria und den Heiligen zu tun, nicht mit dem Papst und dem Abendmahl, sondern sie ergibt sich aus Luthers religiöser Grundfrage: »Wie bekomme ich einen gnädigen Gott?« Gibt es zwischen Gott und mir noch andere, die den Glauben zu vermitteln oder zu regulieren haben – den Priester etwa, der allein das Abendmahl komplett oder die Trauung gültig machen kann; den Bischof etwa, dem man Gehorsam schuldig ist; den Papst in Rom etwa, Inhaber des obersten Lehramtes, oder auch die Kirche selbst etwa, die als ganze nicht irren kann und weiß, was für mich gut oder schlecht ist?

Oder stehe ich Gott allein gegenüber, ohne Vermittler und Regulierer, auch ohne die Mittlerin Kirche, allein angewiesen auf Gottes Gnade, aber auch allein gewiesen an das, was die Bibel mir zu sagen hat?

Da gibt es keine Hierarchie, da ist jeder gleich, ob Mann oder Frau, da ist jeder Priester, Bischof, Papst, der, wie Luther sagt, aus der Taufe gekrochen ist. Da darf es keine Herrschaft geben über die Gewissen, keinen Zwang in Glaubensfragen – denn »über die Seele kann und will Gott niemand lassen regieren, denn sich selbst alleine.« Da gibt es nur eine Bindung, die an Jesus Christus – und gerade diese Bindung macht frei, frei von Päpsten und Präsidenten, frei von Ketten und Ängsten: »Einen anderen Grund kann niemand legen außer dem, der gelegt ist, welcher ist Jesus Christus«, sagt Paulus im 1. Korintherbrief.

Reformation – das war die Wiederentdeckung der christlichen Freiheit. Doch sie hat auch in der evangelischen Kirche nicht immer Bestand gehabt. Nach Luther kam das Bündnis von Thron und Altar und der Gehorsam gegenüber der Obrigkeit. Nach Luther kam die konfessionelle Rechtgläubigkeit, die vor zu viel Freiheit in Glaubensdingen warnte. Doch Evangelisch-Sein bezeichnet keinen Standpunkt, auf dem man stehen bleibt, sondern einen festen Ausgangspunkt, von dem aus man aufbrechen, weitergehen und unterwegs bleiben muss.

»Die Kirche bedarf der ständigen Erneuerung«, hieß ein Wahlspruch der Reformation. Denn evangelische Freiheit kennt nichts, was von vornherein und ein für allemal feststünde, außer dem einen: »Einen anderen Grund kann niemand legen außer dem, der gelegt ist, welcher ist Jesus Christus.«

Evangelisch aus guten Gründen:

1. Wir denken oft: Du bekommst im Leben nichts geschenkt. Du musst einmal für alles bezahlen. Was du wert bist, zeigt sich daran, was du aus deinem Leben gemacht hast. Die Bibel sagt genau das Gegenteil: Das Beste im Leben bekommst du geschenkt. Was unser Leben reich und wertvoll macht, Freundschaft, Liebe, Vertrauen, Vergebung, das kannst du dir nicht kaufen und nicht erarbeiten. Du musst dir und anderen nicht ständig beweisen, wie gut du bist. Die Sorge hat Gott dir längst abgenommen. Er sagt ja zu dir, egal, wer du bist, egal, was du kannst, egal, was du aus deinem Leben gemacht hast. Gott steht mit seiner Liebe hinter deinem Leben. Das hat Luther im Römerbrief wiederentdeckt. Das ist evangelisches Grundgefühl.

2. Du musst nicht glauben, was du nicht glauben kannst. Es geht um deinen eigenen, deinen persönlichen Glauben. Du brauchst dir den Glauben nicht vorschreiben zu lassen. Deinen Verstand musst du nicht ausschalten. Die Zweifel gehören dazu. Gott hält das aus. Zweifelnde sind ihm lieber als Menschen, die zu allem Ja und Amen sagen. Im Glauben müssen wir keine Profis werden, Amateure, das reicht. Das letzte Wort Luthers vor seinem Tode war: »Wir sind Bettler. Das ist wahr.«

3. Als evangelischer Christ sehe ich überhaupt nicht ein, wieso ich vor irgendeiner menschlichen Instanz auf die Knie fallen sollte: weder vor dem Papst noch vor der Bundeskanzlerin, weder vor unserem Präses noch vor dem Oberbürgermeister. Die evangelische Kirche steht dafür ein, dass nichts Menschliches vergöttert wird, weder die Rasse, noch das Volk, weder das Geld und die Wirtschaft noch Fußballstars oder prominente Fernsehstars. Wir bleiben frei, wir sind nicht käuflich, wir sind niemandem untertan.

4. Evangelisches Christentum verträgt sich nicht mit dem Rückzug ins Privatleben. Dass es eine wachsende Kinderarmut unter uns gibt, der Klimawandel vor allem die armen Länder bedroht und immer noch jeden Tag 30.000 Kinder in Afrika und Asien verhungern – darüber werden wir Evangelischen uns nicht beruhigen können. Eine gewisse politische Wachheit hat den evangelischen Glauben immer ausgezeichnet. Dabei muss es auch bleiben – wobei es nicht ums Meckern und Kritisieren geht, sondern ums Einmischen und Verantwortung übernehmen.

Hans-Martin Lübking

Nach einer Notiz des Markusevangeliums hatte Jesus vier namentlich erwähnte Brüder, Jakobus, Joses, Judas, Simon und anonym bleibende Schwestern. Zu Lebzeiten Jesu scheint die Familie auf Distanz zu ihm gegangen zu sein. Markus spricht davon, dass die Angehörigen Jesu diesen für verrückt hielten. Wann Jakobus seine Haltung zu Jesus und seiner Botschaft grundlegend änderte, ist ungewiss. Es spricht aber einiges dafür, dass Jakobus durch eine Erscheinung des Auferstandenen zu einem Anhänger Jesu wurde. Paulus berichtet im 1. Korintherbrief von einer Christus-Vision, die Jakobus nach dem Tod Jesu empfing *(15,7)*.

Als Paulus nach seiner Bekehrung einige Zeit später zum ersten Mal Jerusalem besucht, gehört Jakobus schon zu den führenden Personen der Gemeinde. Beim sog. »Apostelkonzil« (ca. 48 n. Chr.) gehört er neben Petrus und Johannes zu den »Säulen« der judenchristlichen Fraktion aus Jerusalem. In der Apostelgeschichte findet sich hier die einzige Stelle, in der im Neuen Testament einige Sätze von Jakobus überliefert sind. »Deshalb bin ich der Meinung, man sollte den Nichtjuden, die sich zu Gott bekehren, keine Schwierigkeiten machen, sondern ihnen lediglich vorschreiben, dass sie sich von jeder Verunreinigung von Götzenverehrung, von Unmoral sowie vom Genuss von Blut und nicht ausgeblutetem Fleisch fernhalten.« *(Apg 15,19ff.)* Jakobus ist kein Gegner der beschneidungsfreien Heidenmission.

Andererseits konnten sich Jakobus und die judenchristliche Gemeinde in dem schwierigen jüdischen Umfeld in Jerusalem wohl nur behaupten, wenn es auch einen äußerlich sichtbaren Unterschied zwischen Juden- und Heidenchristen gab. Eine Tischgemeinschaft zwischen Juden und Nichtjuden verstieß aber gegen jüdisches Gesetz und verwischte die Unterschiede. Darum weicht Petrus in Antiochia vor den »Anhängern des Jakobus« zurück und beendet die zuvor praktizierte Gemeinschaft mit den nichtjüdischen Christen.

Die Frömmigkeit des Jakobus, der später den Beinamen »der Gerechte« erhielt, muss auch von den Juden in Jerusalem anerkannt worden sein. Er konnte bis zum Jahr 62 in Jerusalem wirken und die Gemeinde leiten. Als Paulus um 57/58 n. Chr. in Jerusalem eintrifft, um der Gemeinde die von ihm gesammelte Kollekte zu übergeben, wird nur er verhaftet und dann den Römern überstellt. Jakobus und die judenchristliche Gemeinde bleiben unbehelligt. Dennoch gerieten auch sie immer mehr in Verdacht. Von jüdischen Behörden her suchte man nur nach einem Anlass, die Judenchristen zu beseitigen. Diese Gelegenheit ergab sich, als der römische Prokurator Festus plötzlich starb. In der folgenden Vakanz ließ der neue Hohepriester Hannas Jakobus und einige Gesinnungsgenossen verhaften und steinigen (62 n. Chr.). Seine Hinrichtung empörte fromme Juden, unter denen Jakobus hohes Ansehen genoss, und führte schließlich zur Absetzung des Hohepriesters.

WOCHENSPRUCH

Siehe, jetzt ist die Zeit der Gnade, siehe, jetzt ist der Tag des Heils.

2. Korinther 6,2

LEBENSWEISHEIT

»Man bekommt im Leben nichts geschenkt.
Man muss einmal für alles bezahlen.« *N.N.*

GEBET

Kommen und Gehen
Es ist dem Menschen beigegeben
ein kleines Stück von einem großen Leben
das sich vollzieht ohn' Unterschied
Ob Bettler oder hohes Tier
von einer Handvoll Erde sind wir alle hier
Bis Gras wächst über dieses Lied
Wollt darum freundlich sein und Euch mit Heiterkeit versehen
Es hat der Mensch zu kommen und zu gehen
Dieses ist ausgemacht von Anfang an
mit Hochmut ist nicht viel getan
Es ist dem Menschen aufgegeben
mit Güte Gutes zu erstreben – ohn' Unterlass
Auch soll er das was nötig ist zum Leben mit allen teilen
und aller Kreatur zu Hilfe eilen
bis Blumen wachsen aus dem Gras
Wollt darum gnädig sein und nicht mit Hohn verachten
die nichts auf dieser Welt zustande brachten
Wenn es bestimmt dass wir gen Himmel reisen
dann ist mit Reichtum nichts mehr zu beweisen
Es wird dem Menschen nachgegeben
wenn er bereut und ändert sein bisherig' Leben
Der Tanz ist tot
der Mensch kehrt heim zu Tisch und Brot
der Rausch verfliegt die Demut siegt
die Masken sind gefallen
Doch größer wär des Menschen Not
wär nicht ein Gott der milde mit uns allen.

Hanns Dieter Hüsch nach Psalm 90

Lukas 17,20-21

»Wann kommt das Reich Gottes?«, fragen die Pharisäer – und meinen damit die »Befreiung des Gottesvolkes Israel von der Herrschaft durch die Römer. »Wann kommt das Reich Gottes?«, fragen die Revolutionäre – und meinen damit die Beendigung der Ungerechtigkeit auf Erden, die klassenlose Gesellschaft. »Wann kommt das Reich Gottes?«, fragen Pharisäer, Pietisten, Ketzer, Sklaven, Sozialisten, Philosophen. Und wir? Seien wir ehrlich: Wen interessiert diese Frage noch?

Wir hoffen, dass die Preise stabil bleiben; wir hoffen auf einen schönen Urlaub; wir hoffen, dass alles so bleibt, wie es ist. Unsere Hoffnungen sind kleiner geworden. »Sich durchschlagen« heißt die Devise und »aus allem das Beste machen«. Auch wenn wir es nicht merken, es klingt nach Resignation. »Wann kommt das Reich Gottes?« Jesus gibt drei Antworten: »Das Reich Gottes kommt nicht so, dass man es beobachten könnte.« Wie schade, das wäre doch zu schön: Erst einmal beobachten, erst einmal zweifelsfrei feststellen, dass es mit dem Reich Gottes vorwärts geht – und dann machen auch wir mit! Das geht nicht, sagt Jesus. Das Reich Gottes ist nichts für Zuschauer!

»Man wird auch nicht sagen können: Siehe, hier ist es oder dort!« Es lässt sich nicht organisieren, wir können es nicht machen. Wir können viel organisieren, wir haben sogar die Pflicht, die menschliche Gesellschaft besser zu organisieren, als sie es heute ist, aber am Ende wird nicht das Reich Gottes stehen. Noch alle, die den Himmel auf Erden versprochen haben, haben eher die Hölle auf Erden produziert – Hitler, Stalin und andere.

»Siehe, das Reich Gottes ist mitten unter euch!« Über diese Antwort Jesu hat man 2000 Jahre lang gerätselt. Was hat er damit gemeint? Man kann diesen Satz auf die Zukunft beziehen, dann will Jesus sagen: Das Reich Gottes kommt ganz überraschend, man kann es nicht berechnen. Darum seid wachsam, stellt euch darauf ein, dass Gott euch, wenn er kommt, an der Arbeit findet!

Man kann diesen Satz – wahrscheinlicher – auch auf die Gegenwart beziehen, dann heißt er: »Das Reich Gottes ist jetzt schon in eurer Mitte – in meinem Reden, in meinem Tun.« In der Tat ist Jesus mit dem Anspruch aufgetreten, dass mit seinem Kommen das Reich Gottes beginnt. Doch das war damals, was ist heute? »Ich bin bei euch alle Tage bis an der Welt Ende.« Das ist nicht nur symbolisch gemeint. Er ist, auch wenn wir ihn nicht beobachten können, tatsächlich bei uns, als die Kraft, die uns vorantreibt, als die Frage, die uns ständig herausfordert, als der Halt, der uns trägt auch in Niederlagen.

Das Reich Gottes fängt mitten unter uns an, weil Jesus mitten unter uns ist. Unsere Hoffnungen sind kleiner geworden. Utopien haben es zur Zeit schwer. Beim Reich Gottes aber geht es nicht nur um mich und meine Probleme. Die Utopie des Reiches Gottes ist verbunden mit der Hoffnung auf das gute Leben für alle, ein Leben in Gerechtigkeit und Frieden. Nicht mehr und nicht weniger.

Es passierte im 19. Jahrhundert irgendwo im Mittelwesten der USA. Das Parlament eines Bundesstaates dort hielt eine Sitzung ab. Wie es dort manchmal vorkommt, zog ein fürchterliches Unwetter herauf, ein Orkan, und verdunkelte den Himmel. Es wurde schwarz wie die Nacht. Die Parlamentarier wollten voll Entsetzen die Sitzung abbrechen und aus dem Sitzungssaal stürmen. Darauf sagte der Sprecher des Parlaments:

»Meine Herren! Entweder die Welt geht jetzt nicht unter und unser Herr kommt noch nicht, dann ist kein Grund vorhanden, die Sitzung abzubrechen.

Oder unser Herr kommt jetzt – dann soll er uns bei der Arbeit finden. Die Sitzung geht weiter!«

»Joseph aber, der von den Aposteln den Beinamen ›Barnabas‹ erhalten hatte, der ›Aufmunterer‹, ein Levit, der aus Zypern stammte und einen Acker besaß, verkaufte ihn, brachte das Geld und legte es den Aposteln zu Füßen.« *(Apg 4,36f.)* Dies ist die erste Nachricht über Joseph Barnabas im Neuen Testament. Er stammte aus der jüdischen Diaspora, aus Zypern, war nach Jerusalem übergesiedelt, wo er Landbesitz hatte, und hatte sich dort schon früh der christlichen Gemeinde angeschlossen.

Barnabas ist es, der den gerade bekehrten Paulus in Jerusalem bei den Aposteln einführt, und er ist es, der von der Jerusalemer Gemeinde nach Antiochia geschickt wird, um die dort praktizierte Heidenmission zu inspizieren. Barnabas bleibt in Antiochia, holt Paulus aus dessen Heimatstadt Tarsus für die Organisation der Gemeindearbeit in der Antiochener Gemeinde und wird selbst zum führenden Kopf der aus »Propheten und Lehrern« bestehenden Leitungsgruppe. Mit damals etwa 500.000 Einwohnern war das an dem Fluss Orontes gelegene Antiochia (heute die kleine türkische Stadt Antalya) die wichtigste Metropole im Osten des Römischen Reiches. Die Anfänge der christlichen Gemeinde in Antiochia liegen im Dunkeln. Interessanterweise berichtet Lukas in der Apostelgeschichte aber: »In Antiochia wurden die Jünger zuerst Christen genannt.« *(Apg 11,26)* Die Jesus-Gemeinde trat hier zum ersten Mal als von der jüdischen Synagoge zu unterscheidende Gruppe in Erscheinung.

Barnabas hat Erfolg in Antiochia, durch ihn wird »eine stattliche Zahl von Menschen für den Herrn gewonnen«. Unter seiner Führung wird die Gemeinde Antiochias zum zweiten Zentrum der Urchristenheit nach Jerusalem. Von Antiochia aus unternimmt Barnabas zusammen mit Paulus auch Missionsreisen. In der gemeinsamen Mission war Barnabas zunächst der führende Mann. Auf ihn gehen wohl auch die Missionsgrundsätze zurück, an die sich auch Paulus später halten wird: Mission zu zweit und Verzicht auf Unterhalt und Versorgung der Missionare durch die Gemeinden. Barnabas und Paulus haben ihre missionarische Tätigkeit weitgehend durch eigene Arbeit finanziert.

Für einige Jahre bilden Barnabas und Paulus ein erfolgreiches Team in der Missionsarbeit. Sie verbindet das gleiche Konzept: gesetzesfreie Mission unter den Nichtjuden und gleichzeitige Wahrung der Einheit der Kirche durch Rückbindung an die Jerusalemer Gemeinde.

Ihre Wege trennen sich, als sich Barnabas beim Streit zwischen Paulus und Petrus über die Tischgemeinschaft zwischen jüdischen und nichtjüdischen Christen *(Galater 2,11ff.)* auf die Seite des Petrus stellt. Paulus warf ihm Heuchelei vor, dem kompromissfähigen Barnabas wird es aber wohl um die Einheit der Christen gegangen sein.

Der Respekt des Paulus vor Barnabas bleibt aber erhalten, wie man den Notizen entnehmen kann, in denen Paulus ihn in seinen Briefen erwähnt. Nach der Trennung von Paulus begab sich Barnabas in seine Heimat Zypern und nahm dort die Missionsarbeit wieder auf. In Zypern verlieren sich seine Spuren.

WOCHENSPRUCH

Wir müssen alle offenbar werden vor dem Richterstuhl Christi.

2. Korinther 5,10

LEBENSWEISHEIT

»Sie sprachen vom Jüngsten Gericht. (…)
Gestatten Sie mir ein respektvolles Lachen!
Ich erwarte es furchtlos: Ich habe das Schlimmste erfahren,
und das ist das Gericht der Menschen. Bei ihnen gibt es keine mildernden Umstände, sogar die gute Absicht wird als Verbrechen angekreidet.
(…) Ich will Ihnen ein großes Geheimnis verraten, mein Lieber.
Warten Sie nicht auf das Jüngste Gericht: Es findet alle Tage statt.«

Albert Camus

GEBET

Herr, unser Gott,
wir denken heute an die Opfer
von Krieg und Gewalt in unserer Zeit:
an die Soldaten, die in den beiden Weltkriegen
gefallen oder in Gefangenschaft gestorben sind;
an die Frauen, Kinder und Männer, die durch Kriegshandlungen
oder auf der Flucht zu Tode gekommen sind.
Wir denken aber auch an die von uns Deutschen
umgebrachten Millionen von jüdischen Mitbürgern
und an all die, die unter der Gewaltherrschaft Opfer
ihrer Überzeugung oder ihres Glaubens wurden.
Gott, du kennst jeden dieser Toten mit Namen.
Bei dir ist keiner von ihnen verloren.
Wir bitten dich:
Lass uns nicht dabei stehen bleiben,
feierliche Reden zu halten.
Gib uns die Kraft, konsequent und mutig
für Versöhnung einzutreten, für den Frieden zu arbeiten
und Gewalt zu beenden, wo immer sie sich ausbreiten will.
Amen.

Matthäus 25,31-46

Vom Gericht Gottes hört man in der letzten Zeit wenig. Ist es abgeschafft – oder ist es uns nur peinlich geworden, davon zu sprechen? Auch viele Christen finden die Rede von einem »jüngsten Gericht« veraltet. Es ist ihnen unangenehm, dass in der Bibel von einer Scheidung der guten von den bösen Menschen und vom ewigen Feuer gesprochen wird. Ist das nicht ein Bild, ein Mythos? Ja, es ist Bildsprache, aber das bedeutet nicht, dass das Gericht keine Wirklichkeit ist. Wir können aber nur in Bildern davon sprechen.

Matthäus vergleicht den Richter mit einem Hirten, der Schafe und Böcke scheidet – um die Böcke, die keine Milch geben, zu schlachten, und die Schafe weiter aufzuziehen. So drastisch stellt er sich das Weltgericht vor. Doch wichtiger als dieses Bild ist etwas anderes: Im letzten Gericht werden die Völker nicht gefragt, ob sie den richtigen Glauben gehabt, ob sie immer den Gottesdienst besucht oder ob sie moralisch einwandfrei gelebt haben. Weder unsere Titel noch unsere Erfolge oder unser Ansehen in der Gesellschaft spielen dort eine Rolle. Sondern hier wird ein ganz schlichter Maßstab genannt: Menschlichkeit, Humanität. Hungernde speisen, Durstigen zu trinken geben, Nackte bekleiden, Fremde aufnehmen, Kranke und Gefangene besuchen – lauter alltägliche Dinge. Wahres Christsein besteht im wahren Menschsein, über die Grenzen von Nationalität und Geschlecht, Milieu und Religion hinaus.

»Was ihr getan habt einem von meinen geringsten Brüdern, das habt ihr mir getan.« Im Weinen eines Kindes, in der Verlassenheit eines Fremden, in der Angst eines Kranken, in der Trostlosigkeit eines Obdachlosen: Er. Sein Gesicht. Sein Name. Jesus Christus. Aber wir erkennen ihn nicht. »Ja, hätten wir dich gesehen, wir hätten dich doch nicht im Elend liegen lassen. Warum hast du dich denn so versteckt? Wie schade, dass du uns kein Zeichen gegeben hast.«

Wenn du leben willst, gehe dem Elend nicht aus dem Weg! Jesus fällt in der Rede vom Weltgericht auch ein Urteil über das, was zählt im Leben. Längst herrscht unter uns jedoch die Devise: »Wer gut leben will, der meide die Berührung mit dem Elend.« Heiter müssen unsere Tage verlaufen und störungsfrei unsere Beziehungen. Die Fußgängerzonen werden von Bettlern geräumt, und das Fernsehen wetteifert um die attraktivsten Unterhaltungsprogramme. Gutes Leben – das ist viel Spaß, viel Geld, viel Urlaub.

Doch in der Rede vom Weltgericht lautet es anders: Alles, was wir tun, hat unendliche Perspektiven. Nichts ist gleichgültig. Was wir tun und lassen, ist nicht egal. Was von uns gefordert wird, ist Menschlichkeit. Das ist keine Überforderung. Ich selber kann aber über mein Leben kein letztes Urteil sprechen. Der das letzte Wort spricht, ist kein Unbekannter. Es ist Jesus Christus, der ein Mensch war wie ich und weiß, wie es um uns Menschen steht. Ein Richter, der mich kennt. Und ich hoffe, dass er sagen wird: Wir sind uns schon begegnet. Denn was du meinen geringsten Schwestern und Brüdern getan hast, das hast du mir getan.

»Seine Briefe wiegen schwer und sind stark; sein persönliches Auftreten aber ist kläglich und seine Rede ist erbärmlich«, urteilten die Korinther über Paulus *(2. Korinther 10,10)*. An Paulus, dem ersten und einflussreichsten Theologen des Christentums, mit dessen jeweiliger Wiederentdeckung bisher noch fast jede Erneuerung in der Kirche begonnen hat, scheiden sich bis heute die Geister. Hat er die Botschaft Jesu verändert, war er der eigentliche Begründer des Christentums? Paulus wurde etwa um die Zeitenwende als Sohn einer jüdischen Familie in Tarsus geboren. Er trug wohl von Anfang an den Doppelnamen Saulus Paulus. Von seinem Vater hatte er das römische Bürgerrecht geerbt. Er erlernte das Handwerk des Zeltmachers und blieb, für einen Juden ungewöhnlich, unverheiratet. Zum Studium ging er nach Jerusalem, wo er sich der Gruppe der Pharisäer anschloss. In Galater 1,14 bekennt er: »Ich übertraf im Judentum viele Altersgenossen in meinem Volk und eiferte über die Maßen für die väterlichen Überlieferungen.« Dieser Eifer machte aus ihm einen »Christenverfolger«. Vermutlich stieß er auf die hellenistischen Judenchristen, die wie Stephanus die Loslösung von Tempel und Beschneidung predigten und damit in den Augen des Paulus das Gesetz des Mose verrieten. Die Wende vom Christenverfolger zum christlichen Heidenmissionar kam für Christen und Juden damals völlig überraschend. Seine Bekehrung, mit dem Ort Damaskus verbunden, bestand in einer Vision des auferstandenen Jesus, die Paulus zweifellos als real empfunden hat, sodass er sich selbst als den letzten Auferstehungszeugen bezeichnete. Diese Bekehrung hat Paulus zugleich als Berufung zum Heidenmissionar verstanden.

Nach seiner Bekehrung wird Paulus von Barnabas ins syrische Antiochia geholt, der neben Jerusalem wichtigsten Gemeinde in der Frühzeit des Christentums. Hier lebten Juden und Nichtjuden zum ersten Mal als christliche Gemeinde zusammen. Im Auftrag dieser Gemeinde unternahm Paulus zusammen mit Barnabas seine erste Missionsreise, die ihn nach Zypern und ins südöstliche Kleinasien führte, wo es zur Gründung von heidenchristlichen Gemeinden kam. Auf dem sogenannten Apostelkonzil in Jerusalem (49 n. Chr.) trat Paulus schon als Sprecher der heidenchristlichen Gemeinden auf. In Verhandlungen mit den Jerusalemer Autoritäten konnte er durchsetzen, dass sich Nichtjuden bei ihrem Übertritt zum christlichen Glauben nicht beschneiden lassen mussten und die bisherige Praxis der Heidenmission auch von den »Jerusalemern« anerkannt wurde. Kurz darauf kam es jedoch in der Frage der Tischgemeinschaft zwischen Judenchristen und Heidenchristen in der Gemeinde von Antichochia zu einem Konflikt. Paulus konnte sich dabei gegen Petrus und Barnabas nicht durchsetzen. Er trennte sich daraufhin von der Gemeinde in Antichochia, verließ die Stadt und begann, selbstständig missionarisch zu wirken.

Zwei große Missionsreisen führen ihn nach Kleinasien, Mazedonien und Griechenland, wo er christliche Gemeinden gründet, denen er sich in besonderer Weise verbunden fühlt. Von städtischen Zentren aus, in denen sich Paulus jeweils für einige Zeit niederlässt (z. B. Korinth, Ephesus), wird das Umfeld missioniert. Ein Kreis von Paulusmitarbeitern trägt nicht nur im Auftrag des Paulus die Mission weiter, sondern stellt auch den Kontakt der Gemeinden zum Apostel und untereinander sicher. Hält Paulus sich länger an einem Ort auf, lebt er von seiner eigenen Arbeit, »um keinem von euch zur Last zu fallen«, wie er den Thessalonichern schreibt *(1. Thess 2,9)*. Den Kontakt zu den Gemeinden hält Paulus mit seinen Briefen, die im Gottesdienst verlesen werden.

In ihnen nimmt er zu bestimmten Fragen und Problemen in der Gemeinde Stellung, setzt sich gegen Vorwürfe zur Wehr und gibt Weisungen für die Gestaltung des alltäglichen Lebens. Diese Weite und Dynamik des paulinischen Missionskonzeptes hat einen theologischen Grund: Als von Christus berufener »Völkerapostel« sieht Paulus es als seine besondere Aufgabe an, noch vor der in Kürze erwarteten Wiederkehr Christi repräsentativ in der ganzen damals bekannten Welt christliche Gemeinden zu gründen und aufzubauen. Nicht ohne Stolz stellt Paulus im Römerbrief fest, dass durch ihn in den fünf Jahren eigenständiger Missionsarbeit überall in Kleinasien und Griechenland das Christentum Fuß gefasst hat.

Paulus war der wichtigste Theologe des frühen Christentums. Seine theologische Begrifflichkeit, seine Rede von der »Gerechtigkeit Gottes«, vom »Wort vom Kreuz«, vom »Leib Christi«, von der christlichen Freiheit oder von den »Gnadengaben«, sind für die christliche Theologie prägend geworden. Doch häufig greift Paulus auch auf Traditionen zurück, die bereits vor ihm im Urchristentum formuliert wurden: Jesusworte, alte Bekenntnisse, Einsetzungsworte zum Abendmahl. Paulus hat das Christentum nicht erfunden, er baut auf vielfältigen Traditionen auf. Aber er hat diese Traditionen zu einer eigenen Sicht vom Handeln Gottes in Jesus Christus zusammengeführt. Zukunftsweisend war er dabei mit seiner Überzeugung, dass dem Glauben an Jesus Christus eine Gemeinschaft entspricht, in der soziale, kulturelle, nationale und ethnische Trennungen überwunden sind.

Diesen Anspruch erhob Paulus zumindest für die Gemeinden, die er gegründet hatte. Es waren Hausgemeinden, in denen die Christen vor Ort zusammenkamen. Es gab »leitende Personen«, aber noch keine festen Ämter. Jeder hatte seine eigene Gabe, jeder brachte Dienstleistungen, und ansonsten schaffte der Geist Gottes selbst Ordnung. In den christlichen Hausgemeinden konnten sich Frauen stärker entfalten, die Grußlisten in den Briefen des Paulus geben davon Zeugnis. Innerhalb der Hausgemeinden war es auch möglich, ein neues Verhältnis zwischen Sklaven und Freien zu praktizieren: »Hier ist nicht Jude noch Grieche, hier ist nicht Sklave noch Freier, hier ist nicht Mann noch Frau; denn ihr seid allesamt einer in Christus Jesus.« *(Gal. 3,28)* Das gemeinsame »Herrenmahl« war der zentrale Ort, an dem die Gemeinde diese Einheit praktizierte.

Bei der Überbringung einer von Paulus gesammelten »Armenkollekte« für die Gemeinde in Jerusalem kommt es zu einer Katastrophe. Er wird von Juden angezeigt, von römischen Soldaten verhaftet, nach zweijähriger Haft in Caesarea nach Rom deportiert, wo sich seine Spuren verlieren. Vermutlich fiel Paulus der Christenverfolgung unter dem römischen Kaiser Nero zum Opfer.

WOCHENSPRUCH

Gerechtigkeit erhöht ein Volk, aber die Sünde ist der Leute Verderben.
Sprüche 14,34

LEBENSWEISHEIT

Umkehr ist der schnellste Weg voran.
Clive Staples Lewis

GEBET

Vermutlich, Gott, sind wir heute besser ernährt,
besser gekleidet, besser informiert
als die meisten Menschen, die vor uns gelebt haben.
Wahrscheinlich hatten die Menschen noch nie
so viel Geld zur Verfügung wie heute,
so viel Freizeit, soviel Urlaub,
so viel Gelegenheiten, das Leben zu genießen.
Sicherlich wissen wir heute über die Welt und ihre Länder,
über die Natur und ihre Gesetze,
über die Menschen und ihre Krankheiten
mehr als jede Generation vor uns.
Nicht sicher ist, ob wir so, wie wir leben,
wie wir mit unserem Geld umgehen,
wie wir andere Menschen behandeln,
wie wir Wissenschaft betreiben,
vor dir, Gott, bestehen können.
Vielleicht, Gott, haben wir deine Gnade
nötiger als alle, die vor uns gelebt haben.
Amen

2. Samuel 12,1-15

Ein kleines Mädchen war allein mit dem Fahrrad unterwegs. Da hielt ein Mann mit dem Auto an, zerrte das Mädchen hinein, missbrauchte und erwürgte es. Bei einer Straßenkontrolle bat die Polizistin den Autofahrer um die Papiere. Der ließ die Scheibe runter, richtete eine Pistole auf die Frau und schoss ihr mehrfach in den Kopf.

Das sind Ereignisse, die Tag für Tag geschehen und jeden Tag in der Zeitung stehen. Gibt es für solche Taten eine gerechte Strafe? Wer Menschenblut vergießt, dessen Blut soll wieder vergossen werden. Das steht schon in der Bibel, und so denken bis heute viele. Wenigstens heimlich. Der Verbrecher muss weg, der Mörder muss sterben!

Dem König David wird von einem Fall erzählt, der weit harmloser ist. Als ein reicher Viehbesitzer Besuch bekommt, bringt er es nicht über sich, ein Tier aus seiner Herde zu schlachten, sondern er nimmt das einzige Schaf seines armen Nachbarn, um seinen Gast zu bewirten. Voller Zorn unterbricht David den Propheten Nathan, der ihm davon berichtet: »Der Mann muss sterben.«

David merkt gar nicht, dass er damit sich selber das Todesurteil gesprochen hat. »Du bist der Mann!«, sagt Nathan zu ihm. »Du hast Bathseba, die Frau deines Soldaten Uria, in deinen Palast holen lassen. Du bist ein Ehebrecher gewesen. Und du hast Uria auf einen gefährlichen Posten stellen und durch deine Feinde umbringen lassen. Du hast dir dein eigenes Todesurteil gesprochen.« So kann es dem ergehen, der eine fremde Geschichte hört und über einen fremden Fall urteilt: Er wird zum Richter in eigener Sache.

Wir haben keine Kinder missbraucht, keine Menschen beraubt und auch keinen Menschen getötet. Aber können wir ruhigen Gewissens mit dem Finger auf andere zeigen, wenn es darum geht, Schuldige zu benennen? Wer ist unter uns, der ohne Schuld wäre? Schuld ist mehr als ein Vergehen gegen die Strafgesetze, Schuld ist zuerst und vor allem eine Sache des Herzens, ein Mangel an Liebe. Immer gibt es welche, denen wir die Hilfe verweigert haben. Ohne Schuld ist keiner.

Da sprach David zu Nathan: »Ich habe gesündigt wider den Herrn.« David tut Buße. Der große König steht als armer Sünder vor Gott. Doch das Todesurteil, das er sich selbst gesprochen hat, wird nicht vollstreckt. Gott hebt es auf. Der Mörder darf leben, sagt Gott. Der Mörder muss sterben, sagt das Volk.

Wie die Evangelisten erzählen, verlangte das Volk vor 2000 Jahren auch den Kopf eines Menschen. Der Ruf »Kreuzige ihn! Kreuzige ihn!« sollte nicht so schnell in Vergessenheit geraten. Jesus musste sterben. Wir Christen glauben, er starb für unsere Schuld. Seit dem Tod Jesu braucht nach Gottes Willen kein Mensch mehr für die Schuld anderer Menschen zu sterben. Seit dem Tod Jesu sind die Sünder begnadigt und vor Gott frei. Wer weiß, dass er selber dazugehört, hört auf, den Tod anderer Menschen zu fordern.

Die Kaiser-Wilhelm-Gedächtnis-Kirche in Berlin, und die alte Vaterunser-Bitte: Vergib uns unsere Schuld – die paar Worte, einmal mit Inbrunst ausgesprochen. Von der Inbrunst ist etwas zurückgeblieben, ein kleines inneres Brennen, seltsam genug. Denn an Schuld weigern wir uns doch zu glauben und fühlen uns entschuldigt von vornherein. Wir erklären unsere Verfehlungen mit unserer Erbmasse, unserer Umwelt, unserer Erziehung, unseren neurotischen Anlagen, unschuldig sind allenfalls Kinder, und auch die nicht, was liest man nicht alles über sechsjährige Diebe und elfjährige Mörder, und müssten diese, einmal zu Verstand gekommen, nicht ihrerseits vergeben, ihrem Schöpfer vergeben, der sie so werden ließ? Es wird da aber, bei der alten Gebetszeile, noch einmal das Wort zauberkräftig und ruft die Empfindung hervor, nicht wir müssten Verzeihen vollbringen, sondern sie würde uns abgenommen auf wunderbare Weise, mit diesem Anruf, dieser Bitte, und nicht im kindlich-törichten Sinn. Als Kind hat man sich wohl gefragt, was man denn gesündigt habe, die freche Antwort, die schludrige Schularbeit, und hat dabei gefühlt, dass mit der Schuld etwas anderes gemeint sein müsse, etwas, das erst noch auf einen zukommen würde, etwas ganz Entsetzliches gewiss. Deshalb der Schauer, deshalb die Inbrunst, und wie sehr hat man sich gegen das Schreckgespenst Erbsünde gewehrt. Es ist aber doch gekommen und hat Mitschuld geheißen oder Mitverantwortung, war also gar nichts Persönliches und doch etwas Persönliches. So höre ich am Ende des Lebens die alte Vaterunser-Bitte wieder mit der alten Ergriffenheit.

Marie-Luise Kaschnitz

Wieder einmal sitzt Paulus im Gefängnis, vermutlich im kleinasiatischen Ephesus. Eines Tages sucht ihn ein unbekannter Mann auf, er heißt Onesimus, »der Nützliche«. Im Gespräch erfährt Paulus, dass Onesimus aus Kolossä stammt, drei Tagesreisen entfernt, und dort bei dem wohlhabenden Kaufmann Philemon als Sklave arbeitet. Philemon war von Paulus bekehrt worden. Onesimus aber fühlt sich von Philemon nicht besonders gut behandelt, und so läuft er ihm eines Tages davon. Auf Sklavenflucht standen schwere Strafen – Auspeitschung, Galeeren- oder Bergwerksarbeit oder auch Kreuzigung. In dieser Situation flieht Onesimus zu Paulus ins Gefängnis, von dem er gewiss im Haus seines Herrn gehört hat. Im Gefängnis gewinnt Paulus Onesimus für den christlichen Glauben. Der Sklave wird, wie Paulus sich ausdrückt, sein Kind, das er in der Haft gezeugt hat. Er hat ihn liebgewonnen und würde ihn am liebsten bei sich behalten, als Gehilfen in der Missionsarbeit. Doch damit würde er sich strafbar machen. Er schickt Onesimus zu Philemon zurück und gibt ihm einen Brief mit, den Philemonbrief aus der Bibel. Es ist der kürzeste Brief des Paulus und der einzige Privatbrief der Bibel. Man hat ihn ins Neue Testament aufgenommen, weil er von beispielhafter Bedeutung für die seelsorgliche Behandlung einer im Urchristentum sehr wichtigen Frage war. Die Sklavenfrage war in den ersten Jahrhunderten für die urchristlichen Gemeinden ein aktuelles Problem. Viele Christen in Korinth und in den anderen großen Städten waren Sklaven. Für die christlichen Gemeinden stellte sich die Frage: Wie verträgt sich das Evangelium von der Freiheit der Kinder Gottes mit der Sklaverei?

Der Philemonbrief ist ein Meisterwerk subtiler Rhetorik und zugleich »eyn meysterlich lieblich exempel Christlicher liebe« *(M. Luther)*. Er beginnt mit dem Dank gegenüber Gott, dass Philemon den christlichen Glauben angenommen hat. Und zugleich setzt er Philemon mit einer »fast erpresserischen Herzlichkeit« unter Druck: »So wie ich bin, Paulus, ein alter Mann, nun aber auch ein Gefangener für Jesus, bitte ich dich für meinen Sohn Onesimus ... Ich schicke ihn dir zurück und damit mein eigenes Herz ... Ohne dein Einverständnis wollte ich nichts unternehmen, damit das Gute, das du tust, nicht aus Zwang geschieht, sondern freiwillig ... Wenn du mich nun für deinen Freund hältst, dann nimm ihn auf wie mich selber.« *(Philemon 9-14)* Konnte sich Philemon diesen Worten entziehen? »Wenn er dich aber geschädigt hat oder dir etwas schuldig ist, so stelle es mir in Rechnung. Ich werde dafür aufkommen – und rede gar nicht davon, dass du dich eigentlich selbst mir schuldest.« *(Philemon 18-19)* Was kann Philemon dem noch entgegensetzen?

Paulus erwartet von Philemon, dass er seinen Sklaven Onesimus in Zukunft nicht als Sklaven, sondern als seinen christlichen Bruder ansieht. Das ist keine politische Veränderung der antiken Sklavenhaltergesellschaft, aber es ist eine Veränderung, die das Denken und die Einstellung von Menschen verändert.

Offenbar hat Philemon seinen Sklaven freigelassen. Jedenfalls wird er im späteren Kolosserbrief als Missionsmitarbeiter erwähnt, und einige Jahrzehnte später lobt Ignatius von Antiochien in einem Brief an die Epheser deren Bischof Onesimus.

WOCHENSPRUCH

Lasst eure Lenden umgürtet sein und eure Lichter brennen.

Lukas 12,35

LEBENSWEISHEIT

Today is the first day of the rest of your life –
Heute ist der erste Tag vom Rest deines Lebens.

Coretta

GEBET

Wenn ich heute sterben würde,
was würden die Leute morgen von mir sagen?
Er wird uns fehlen. Wir wissen nicht, wie es ohne ihn gehen soll.
Oder: Zuletzt war nicht mehr viel los mit ihm.
Oder auch: Wir weinen ihm keine Träne nach.
Ist ein Ersatz bald zur Stelle oder bleibt da eine Lücke auf lange Zeit?
In den Anzeigen steht viel geschrieben
von Liebe und Dankbarkeit,
von »Unvergessen« und »ewigem Gedenken«.
Warum schreibt niemand: Er war ein schwieriger Mensch...?
Wenn ich heute sterben würde,
was würdest du, Gott, zu meinem Leben sagen?
An deinem Urteil, Gott, liegt mir am meisten.
Denn du bist der Einzige,
der mich wirklich kennt, durch und durch.
Ich hoffe, Gott, du bist mir gnädig.
Amen.

Psalm 90

Wenn die Novembernebel fallen, die Bäume kahl werden, die ersten Fröste kommen und der dicke Mantel aus dem Schrank geholt wird, dann ist es klar: Volkstrauertag, Buß- und Bettag und Totensonntag sind nicht mehr fern. Es wird Zeit für den 90. Psalm, den biblischen Text, der mehr als jeder andere das Gefühl der vergehenden Zeit anspricht.

»Ehe denn die Berge wurden und die Erde und die Welt geschaffen wurden, bist du, Gott, von Ewigkeit zu Ewigkeit ...«

Wer will das begreifen? Da ist mit unseren Uhren und Kalendern nichts mehr zu zählen. Die Höhepunkte und Katastrophen der Geschichte – ein Atemzug des Schöpfers, ein leiser Hauch über den Straßen der Ewigkeit. Wie von einem hohen Berg sehen wir die Welt unter uns liegen und spüren: Das ist unser Leben im Angesicht der Ewigkeit Gottes.

Wahr ist: Da ist einer, der war, ehe ich zu leben begann, und der sein wird, wenn ich längst nicht mehr atme. Wahr ist auch: Ich lebe nicht ewig, meine Zeit wird auch einmal zu Ende sein, auch wenn ich nicht gern daran denke. »Alle unsere Tage fahren dahin durch deinen Zorn, unsere Jahre vergehen wie ein Seufzer.«

Der 90. Psalm redet vom Zorn Gottes. Dass die Tage vergehen und nicht das aus ihnen wird, was wir erhoffen – es ist nicht nur einfach der Lauf der Dinge. Gott kann sich auch entziehen und uns uns selbst überlassen. »Unser Leben währet 70 Jahre, und wenn es hoch kommt, so sind es 80 Jahre – und worauf wir stolz sind, was war es anders als Mühe und Qual.« Ein älterer Mann fällt mir ein, der eine eigene Landwirtschaft hatte, viel gearbeitet hat – für seine Kinder, wie er sagte. Doch nach dem Tod seiner Frau kam er ins Altersheim, die Kinder verkauften den Hof. Keine Arbeit ist für die Ewigkeit. Wir arbeiten für die paar Jahrzehnte unseres Lebens und hoffen, irgendwelche Leute würden sich in späteren Zeiten noch lange an uns erinnern. Doch das so genannte Lebenswerk – es hat selten lange Bestand, die Nachfolger oder Enkel machen es – Gott sei Dank! – ganz anders.

So nimmt uns der 90. Psalm alle Illusionen und lehrt uns tiefe Lebenseinsicht. Das gilt auch für das Lebensende: »Lehre uns bedenken, dass wir sterben müssen, auf dass wir klug werden.«

Klug wird man nicht durch viel Wissen, viel Geld oder viel Macht. Wie unheimlich können sich Menschen im Verständnis des eigenen Lebens verschätzen! Meine Weisheit nimmt zu in dem Maße, in dem ich mir meiner eigenen Grenzen bewusst werde.

Ich bin nicht unendlich – Gott sei Dank! Umso kostbarer ist dieses Leben, das ich bekommen habe. Jeder Tag hat Wert und Gewicht. Vor mir waren Jahrmillionen und nach mir werden auch noch Jahrmillionen kommen – aber zwischendrin schenkt Gott mir einige Augenblicke Leben, jeden Tag 1440 Minuten. Das ist meist mehr, als ich nutzen kann.

DIKTATE ÜBER STERBEN UND TOD

Seit dem 19. Dezember 1981 habe ich gewusst, dass ich Krebs habe. Die Operation, die mir angeraten wurde, habe ich abgelehnt, nicht aus Heroismus, sondern weil sie meinen Lebens- und Todesvorstellungen nicht entsprach. Ich hatte keine Alternative. Man hätte mir die Harnblase herausgenommen, mich bestrahlt, und bei der ganzen Prozedur hätte ich doch nur eine Chance von 35 % gehabt zu überleben, befristet und zerschnitten. Sie alle werden sterben, einige von Ihnen sehr bald, andere viel später. Meine Erfahrung war die: Wir leben das Leben besser, wenn wir es so leben, wie es ist, nämlich befristet. Dann spielt auch die Dauer der Frist kaum eine Rolle, da alles sich an der Ewigkeit misst. Ich hatte Zeit, den Tod kennen zu lernen. Das ist das Gute am Krebstod, den alle so fürchten. Ich wusste, dass die Zeit kürzer ist, als ich früher dachte, zumal ich an die Zeit und ihre Begrenzung vorher zu wenig gedacht hatte. Es gab viel Traurigkeit, auch echte Heiterkeit, keine Verzweiflung, erstaunlicherweise …

Was soll sich denn ändern im Leben, wenn wir an den Tod denken? Vieles, nicht alles. Wir werden ein weiseres Herz gewinnen, wie der Psalmist sagt. Wir werden sorgfältiger umgehen mit der Zeit, sorgfältiger mit den anderen, liebevoller, wenn Sie so wollen, geduldiger – und vor allem freier. Niemand kann uns mehr nehmen als das Leben, und dieses wird uns ohnehin genommen. Dieser Gedanke gibt Freiheit, gibt geradezu frische Luft. Die Zwänge der vermeintlichen Bedürfnisse, die Karriere, die Statussymbole, werden mehr und mehr gleichgültig, und wir können zum Beispiel einfach sagen, was wir denken, rücksichtslos gegenüber den Konventionen oder Mächten, die es uns verbieten wollen.

Peter Noll

In Europa hat das Christentum nach dem Bericht der Apostelgeschichte in der nordgriechischen Stadt Philippi begonnen. Angefangen hat es nicht mit einer kirchlichen Großkundgebung, sondern mit einer kleinen Versammlung an einem Bach und mit einer einzigen Frau, der Purpurhändlerin Lydia.

Von Troas aus, an der kleinasiatischen Westküste, waren Paulus und seine Begleiter per Schiff über das ägäische Meer gesegelt, in der griechischen Hafenstadt Neapolis (heute: Kavalla) gelandet und zu Fuß übers Küstengebirge in die römische Garnisonsstadt Philippi gewandert. In dieser Stadt, die vor allem von römischen Kolonisten bewohnt war, lebten kaum Juden, sodass für Paulus sein wichtigster Anknüpfungspunkt entfiel. Sie erfahren aber, dass sich am Sabbat einige Leute am Fluss, dem Gangites, außerhalb der Stadt versammeln. So warten sie bis zum Sabbat und gehen dann hinaus an den Fluss, wo sie eine offene Gebetsstätte und einige Frauen finden, die sich dort zum Gebet getroffen hatten. »Eine dieser Frauen – sie hieß Lydia – war eine Purpurhändlerin aus Thyatira, eine gottesfürchtige Frau, die an den Gott Israels glaubte. Während sie uns zuhörte, öffnete ihr der Herr das Herz, sodass sie das, was Paulus sagte, bereitwillig aufnahm.« *(Apg 16,14)*

Lydia war in Philippi eine Fremde. Ihr Name deutet zugleich ihre Herkunft an: Sie stammt aus der Stadt Thyatira in Lydien, die berühmt war wegen ihrer Purpurindustrie. Purpur, aus Purpurschnecken gewonnen, war in der Antike ein besonders kostbarer violettroter Farbstoff. Ein Purpurkleid kostete ein Vermögen. Purpurstoffe waren eine teure Luxusware, der Handel mit ihnen war ein einträgliches Geschäft. So war Lydia sicher eine wohlhabende und unabhängige Frau, die in Philippi als Chefin eines kleinen Betriebs mit mehreren Angestellten bekannt war und zur Oberschicht der Stadt gehörte.

Diese vermögende Frau lässt sich »mit allen, die in ihrem Haus lebten«, taufen. Lydia ist die erste getaufte Christin Europas! Am Rande der heutigen Ruinenstadt Philippi liegt heute am Fluss eine kleine Taufkapelle, die an dieses Ereignis erinnert. Mit ihr werden auch weitere Familienangehörige, ihr Personal und andere Mitglieder ihres »Hauses« getauft. Denn Lydia war als Familienvorstand und als Herrin ihres Hauses nach griechisch-römischem Verständnis auch für die religiösen Angelegenheiten ihres Familienverbandes zuständig.

Lydia ist eine energische und tatkräftige Frau. Sie hat ein großes Haus und duldet nicht, dass Paulus und seine Begleiter sich irgendein Quartier suchen und dort unterkommen müssen: »Wenn ihr überzeugt seid, dass ich jetzt eine Christin bin und an den Herrn glaube, sagte sie, dann kommt in mein Haus und seid meine Gäste! Sie drängte uns so, dass wir einwilligten.« *(Apg 16,15)* Lydia bietet den Missionaren Quartier und sammelt in ihrem Haus die erste Gemeinde auf europäischem Boden.

Lydia und ihre Hausgemeinde in Philippi ist nur das erste Beispiel. Priska und Chloe in Korinth, Phöbe in Kenchreä, Nympha in Laodizea, Junia, Tryphaina und Tryphosa in Rom und viele weitere im Neuen Testament erwähnte Frauen zeigen, dass Frauen in den paulinischen Gemeinden wichtige Positionen innehatten und für die Ausbreitung des christlichen Glaubens eine maßgebliche Rolle gespielt haben.

WOCHENSPRUCH

Siehe, dein König kommt zu dir, ein Gerechter und ein Helfer.

Sacharja 9,9

LEBENSWEISHEIT

Gott wohnt, wo man ihn einlässt.

Jüdische Weisheit

GEBET

Jesus, wir glauben,
dass du auch heute noch Menschen verändern kannst.
Darum bitten wir dich in dieser Adventszeit:
Komm auch zu uns!
Komm zu denen, die erschöpft und abgestumpft sind
und nicht mehr an die Liebe Gottes glauben können.
Komm zu denen, die einsam sind und
auf einen warten, mit dem sie reden können.
Komm zu denen, die sich ausgeschlossen fühlen
und glauben, dass das Leben an ihnen vorbeigeht.
Komm zu den vielen jungen und alten Menschen,
die keinen Sinn in ihrem Leben sehen
und nichts mehr mit sich anfangen können.
Herr, komm auch zu uns!
Wir haben es nötig.
Amen.

Matthäus 21,1-11

Wir kennen die Bilder aus dem Fernsehen: Staatsbesuch in Berlin oder Paris. Der rote Teppich ist ausgerollt, Militärmusik, zackige Befehle, die Ehrengarde wird abgeschritten, und dann geht es mit Polizeieskorte durch Prachtstraßen zum Staatsbankett. Ein Schauspiel von Glanz und Macht.

Wir kennen die Szenen aus der Geschichte. Der Einzug der Sieger – die Amerikaner in Bagdad, die Rote Armee in Prag oder Hitler 1938 in Wien: Hunderttausende standen an den Straßen, ein Spalier von Fahnen und Blumen, Glockengeläut und Marschmusik. Die einen weinen vor Rührung – die anderen werden verhaftet. Ist es nicht immer so, wenn die Macht ihren Einzug hält?

Ein ganz anderer Einzug! Ohne Gewalt; auf einem Esel, dem friedlichen Transportmittel für Zivilisten: kein Tier, um Macht zu demonstrieren. Eine Demonstration der Demut, ohne Marschmusik und Soldatenstiefel. Auch kein roter Teppich, sondern ihre schmutzigen Kleider legen die Leute auf die Straße. Ist das ein König? Und doch – dieser fröhliche Einzug Jesu in Jerusalem, er war nicht so harmlos, wie es scheint. Schon das Reittier, der Esel, war eine Demonstration. Der Prophet Sacharja hatte gesagt: Wenn der wahre König Israels kommen wird, ein Gerechter und ein Helfer, dann wird er auf einem Esel Einzug halten.

Der Einzug Jesu, er knüpft an den alten Königstraum Israels an, dass einmal der König kommen werde, der nicht seine eigene, sondern die Herrschaft Gottes aufrichten werde. »Hosianna dem Sohne Davids« – das ist die höchste Ehrung, die damals möglich war, ein Ruf nach Veränderung der Welt.

Immer wieder warten Menschen auf einen starken Mann, auf einen Messias. Besonders dann, wenn die eigene Not zu groß wird oder die Weltlage unüberschaubar ist und die Ratlosigkeit zunimmt. Ein starker Mann soll dann Ordnung schaffen.

Jesus ist kein starker Mann. Indem er auf einem armseligen Esel in Jerusalem einreitet, macht er alle starken Männer lächerlich, die nach ihm gekommen sind. Sein Weg endet nicht im Palast, im ersten Hotel am Ort, in das Bürgermeister und Honoratioren zu festlichem Mahle einladen. Sein Weg endet am Kreuz. »Es ist leichter zu begeistern als zu befriedigen«, hat ein jüdischer Dichter gesagt. An Jesus und seiner Botschaft scheiden sich die Geister. Die Begeisterung wird umschlagen in Ernüchterung. So hatten sich die Menschen in Jerusalem ihren Retter nicht vorgestellt. Statt die Macht zu übernehmen, treibt er die Händler und Geldwechsler aus dem Tempel. Ein böser Angriff gegen den Tempelbetrieb, von dem doch halb Jerusalem lebte. »Weg, weg mit dem, kreuzigt ihn, kreuzigt ihn«, schreit die Menge. Heute »Hosianna« – morgen »Kreuzige ihn«.

Und doch – keiner hat die Welt mehr verändert als dieser Bettlerkönig. Gewaltlos war er stärker als seine Gegner. Ein merkwürdiger König, der Macht hat allein durch sein Leben. Kein König zum Bejubeln, aber einer zum Mitgehen.

STERNE

Zu wenig Zeit genommen
Für die Betrachtung der Sterne
Ich rede nicht von Teleskopen
Ich spreche von einer Dachluke
In einer ganz gewöhnlichen
Wolkenlosen Nacht
Vom Heimweg zu später Stunde
Nur flüchtig aufschauend
Den Schlüssel schon im Schloss
Nicht was ich nicht weiß
Reut mich
Mich reut der nachlässige Gebrauch
Meiner Augen.

Rainer Malkowski

»Ich habe euch Timotheus geschickt, den ich liebe, als wäre er mein eigener Sohn, und der mir ein zuverlässiger Mitarbeiter in meinem Dienst für den Herrn ist«, schreibt Paulus an die Korinther *(1. Kor 4,17).*

Von allen Mitarbeitern des Paulus stand ihm Timotheus (deutsch: »Fürchtegott«) am nächsten. Er stammte aus Lystra an der Südküste der Türkei, wo Paulus ihn auf seiner zweiten Missionsreise zum Christentum bekehrte. Von da an begleitete Timotheus den Apostel Paulus bei allen seinen großen Reisen. Er wurde zu seinem wichtigsten Mitarbeiter, zwischen beiden entwickelte sich ein familiäres Verhältnis wie zwischen Vater und Sohn. Im Philipperbrief sagt Paulus über ihn: »Ich habe nämlich keinen, der in allem so mit mir übereinstimmt und der sich, wenn er zu euch kommt, so aufrichtig um eure Belange kümmern wird wie er ... Ihr wisst ja selbst, was für ein bewährter Mitarbeiter Timotheus ist: Wie ein Sohn an der Seite seines Vaters, so hat er mit mir zusammen dem Evangelium gedient.« *(Phil 2,20)*

Wiederholt wird er von Paulus mit heiklen Aufgaben betraut. Als Paulus vorzeitig aus Thessalonich fliehen muss, lässt er Timotheus und Silas in der Stadt zurück und vertraut ihnen die dortige Gemeinde an. Paulus schickt ihn in die zerstrittene Gemeinde von Korinth, um die Korinther an seine Verkündigung zu erinnern. Der Gemeinde in Philippi überbringt er einen Brief des inhaftierten Apostels. In den meisten seiner Briefe erwähnt Paulus Timotheus als Mitabsender. Vermutlich hat Timotheus Paulus auch bei seiner Reise zur Überbringung der Kollekte nach Jerusalem begleitet und dort die Gefangensetzung des Paulus miterlebt.

Nach Timotheus war Titus der engste Mitarbeiter des Paulus, der Titus vermutlich schon als führendes Mitglied der heidenchristlichen Gemeinde in Antiochia kennen gelernt hatte. Paulus nahm den Griechen Titus als Vertreter der Heidenchristen mit zum sogenannten »Apostelkonzil« in Jerusalem, wo Titus von den »maßgeblichen Leuten« im vollen Sinn als Mitchrist anerkannt wurde. Paulus betraute ihn später mit der geplanten Kollekte der paulinischen Gemeinden zugunsten der armen Judenchristen in Jerusalem.

Aus dem Korintherbrief wissen wir aber, dass Titus ein besonderes Geschick im Umgang mit Menschen gehabt haben muss. Als die Beziehungen zwischen Paulus und der korinthischen Gemeinde aufs Äußerste angespannt waren und die Gemeinde drauf und dran war, sich von Paulus zu lösen, gelang es Titus, die Gemeinde für Paulus zurückzugewinnen.

Nach alter kirchlicher Überlieferung starb Timotheus im hohen Alter als Bischof von Ephesus, während Titus noch als Missionar auf Kreta gewirkt und dort als erster Bischof gestorben sein soll.

Timotheus und Titus stehen für die über 50 namentlich erwähnten Mitarbeiter des Paulus. Dessen Heidenmission war kein Ein-Mann-Unternehmen, sondern eine wohl durchdachte Organisation großen Ausmaßes. Dabei hat Paulus Wert darauf gelegt, dass die Mitarbeiter nicht »seine Gehilfen« waren, sondern, wie er es von Timotheus schreibt, »Mitarbeiter Gottes am Evangelium von Christus« *(1. Thessalonicher 3,2).*

WOCHENSPRUCH

Seht auf und erhebt eure Häupter, weil sich eure Erlösung naht.

Lukas 21,28

LEBENSWEISHEIT

Besser ist es, ein Licht anzuzünden,
als auf die Dunkelheit zu schimpfen.

Chinesisches Sprichwort

GEBET

Utopie
Ich seh' ein Land mit neuen Bäumen.
Ich seh' ein Haus aus grünem Strauch.
Und einen Fluss mit flinken Fischen.
Und einen Himmel aus Hortensien seh' ich auch.
Ich seh' ein Licht von Unschuld weiß.
Und einen Berg, der unberührt.
Im Tal des Friedens geht ein junger Schäfer,
der alle Tiere in die Freiheit führt.
Ich hör' ein Herz, das tapfer schlägt,
in einem Menschen, den es noch nicht gibt,
doch dessen Ankunft mich schon jetzt bewegt.
Weil er erscheint und seine Feinde liebt.
Das ist die Zeit, die ich nicht mehr erlebe.
Das ist die Welt, die nicht von uns'rer Welt.
Sie ist aus feinst gesponnenem Gewebe,
und Freunde, glaubt und seht: sie hält.
Das ist das Land, nach dem ich mich so sehne,
das mir durch Kopf und Körper schwimmt,
mein Sterbenswort und meine Lebenskantilene,
Dass jeder jeden in die Arme nimmt.

Hanns Dieter Hüsch

Matthäus 11,2-6

»Unruhig, sehnsüchtig, krank, wie ein Vogel im Käfig ... umgetrieben vom Warten auf große Dinge«, schreibt Dietrich Bonhoeffer über seine Zeit im Gefängnis. Im Gefängnis des Fürsten Herodes Antipas sitzt ebenfalls ein Mann und wartet. Sein ganzes Leben ist ein kompromissloses Warten auf Gott, auf seinen Messias. Deswegen war er in die Wüste hinausgezogen, deswegen taufte er, die ihm folgten, um sie vor dem kommenden Zorn Gottes zu bewahren. Niemanden hatte er gefürchtet, auch nicht den Landesfürsten. Doch der hat ihn einsperren lassen: was mischt sich dieser Wüstenprediger in seine privaten Angelegenheiten? Man braucht nicht viel Fantasie, um sich vorzustellen, was in Johannes vorging. Mochte er schon zugrunde gehen wie so mancher Prophet vor ihm, musste es nicht eines Tages doch ein Ende nehmen mit der herrschenden Ungerechtigkeit?

»Bist du, der da kommen soll, oder sollen wir auf einen anderen warten?« – eine Frage, in der Hoffnung, Sehnsucht und Verzweiflung von Jahrtausenden zusammenklingen. Jesus antwortet nicht: »Ich bin es« oder »ich bin es nicht«, sondern weist auf das, was alle sehen und hören können. »Er hat uns allen wohl getan: Den Blinden gab er das Gesicht, die Lahmen machte er gehend; er sagt uns seines Vaters Wort, er trieb die Teufel fort; Betrübte hat er aufgericht; er nahm die Sünder auf, und ansonsten hat mein Jesus nichts getan« *(J. S. Bach)*. Johannes hatte andere Erwartungen. Er wartete auf den mächtigen Richter. Doch der Richter kam als Arzt für die Armen. Er wartete auf die Ankunft des himmlischen Königs. Doch stattdessen erschien ein Bettlerkönig, der wohl Macht hat über Blinde, aber die Spitzen der Gesellschaft übersehen ihn; auf den die Tauben hören, doch die viel zu sagen haben, überhören ihn.

»Bist du, der da kommen soll, oder sollen wir auf einen anderen warten?« Jesus ist nicht so gekommen, dass diese Frage seitdem verstummt wäre. Er hat nicht vom Himmel herab Ordnung geschaffen und alles geregelt – allen Hunger beendet, alle Krankheiten abgeschafft, alles Leid verbannt, den Tod aus dem Felde geschlagen. Jesus ist nicht gekommen, dass nun alle Erwartungen gestillt wären. Doch wie sehen diese Erwartungen aus? Wir warten auf das Wunder Gottes, das die Welt verändert. Wir warten auf die großen Ereignisse, die auch uns so überzeugen, dass kein Zweifel mehr möglich ist. Doch Gott kommt mir näher, als ich es erwartete. Er kommt nicht, die Welt zu ändern, ohne mich zu ändern. Versöhnung, Friede und menschliche Wärme – all das, wofür ich gerade in der Adventszeit besonders empfänglich bin, es ereignet sich nicht ohne meine eigene Beteiligung.

Das ist der Unterschied zwischen Warten und Hoffen. Der Wartende wartet ab, ob sich etwas ändert. Der Wartende bleibt, wie er ist. Der Hoffende aber macht sich auf den Weg: »An der Hoffnung haben wir nicht nur etwas zu trinken, sondern auch etwas zu kochen«, sagt Ernst Bloch.

ICH HABE EINEN TRAUM

Ich habe einen Traum. Ich halte die Welt der schlechten Nachrichten einfach an. Aus den Studiolautsprechern kommt eine Durchsage des Regisseurs: »Das heute-journal fällt aus. Es gibt nichts, was wir zu vermelden brauchten. Wir senden stattdessen ein Schwarzbild. Schönen Feierabend.« Ich zappe durch zwei deutsche Nachrichtenkanäle. Auf n-tv läuft nur das Wetter. N24 wiederholt Tierdokumentationen aus den 60er-Jahren. Auf dem Laufband steht: »Es gibt gerade nichts Neues.« Die Telefone laufen heiß. Tausende Zuschauer beschweren sich. »Wo bleiben die Toten, wo die miserablen Konjunkturdaten?«, fragen sie empört.

Das ZDF bringt nach dem 30-minütigen Schwarzbild eine Sondersendung zum Thema: »Nichts ist das Neue. Wie wir ab sofort ohne News leben müssen.« RTL vermeldet unter dem Signet: »Breaking News«: »Ruhe vor dem Sturm: Geheimnisvoller Frieden erschüttert die Welt. Tausende Reporter bald ohne Arbeit?« Die Nachrichtenagentur dpa versendet eine Eilmeldung: »Bild hat Hinweise auf Kollaboration von friedlichen Elementen weltweit.« Die ARD ruft eilig die Chefredakteure der Regionalsender zusammen. Der Programmauftrag sei in Gefahr. Schon befürchte man einen Einbruch bei den Gebühren. Die Nachrichtenagenturen überbieten sich mit immer neuen Deutungen der plötzlich gewaltlosen Weltlage. Im ZDF senden wir weiter Schwarzbild mit Untertiteln (»Es gibt nichts zu berichten – bleiben Sie dran!«).

Am nächsten Morgen legt man uns die Zuschauerzahlen auf den Tisch: Es waren die höchsten Einschaltquoten aller Zeiten.

Marietta Slomka, aufgezeichnet von Marc Kayser

In den weihnachtlichen Krippen steht Joseph, der Vater Jesu, meist im Hintergrund, wie jemand, der nicht viel zu sagen hat. War Joseph in der Jesus-Geschichte nur ein stummer Zuschauer? Die Evangelien zeichnen ein anderes Bild von Joseph. Nach dem Matthäusevangelium war Joseph mit Maria verlobt, als diese – nicht von ihm – schwanger wurde. Seine Reaktion wird als sehr ehrenwert beschrieben. Er will seine Verlobte nicht, wie gesetzlich möglich, durch ein Ehebruchsverfahren der Schande preisgeben, gedenkt aber, sie heimlich zu verlassen. Nachdem ihm ein Engel die wahren Umstände von Marias Schwangerschaft mitgeteilt hat, beschließt er, sie zu heiraten. Ausdrücklich betont Matthäus, dass Joseph mit Maria bis zur Geburt Jesu keinen Geschlechtsverkehr hatte. Als das Kind geboren war, gab Joseph ihm, wie ihm der Engel gesagt hatte, den Namen Jesus. Zugleich adoptierte er damit dieses Kind und nahm es als sein eigenes an. Matthäus charakterisiert Joseph deswegen als einen »Gerechten«.

Im Matthäusevangelium bleibt Joseph der aktive Teil der jungen Familie. Ihm erscheint der Engel im Traum und befiehlt ihm, mit Frau und Kind vor den Nachstellungen des Herodes nach Ägypten zu fliehen. Das war eine lange und strapaziöse Wanderung. Wie hat Joseph die kleine Familie in dem fremden Land ernähren und beschützen können?

Nach dem Lukasevangelium stammte Joseph aus Bethlehem, der Stadt Davids, wohnte jedoch in Nazareth, wo er als Zimmermann oder Bauhandwerker arbeitete. Zur Steuerschätzung, so erzählt es Lukas, musste er mit seiner schwangeren Verlobten nach Bethlehem reisen. Das ist die Ausgangsbasis für die berühmte Weihnachtsgeschichte des Lukasevangeliums, in der manches ungesagt bleibt: Wer organisierte die Wanderung nach Bethlehem, quer durchs Land? Wer beschaffte das Quartier, in dem Maria ihr Kind zur Welt brachte? Wer besorgte die Windeln für das kleine Kind? Joseph – ein stummer Zuschauer in der Weihnachtsgeschichte? Das ist schwer vorstellbar. Mit Maria hatte Joseph mindestens sieben Kinder: fünf namentlich bekannte Söhne und eine unbekannte Zahl von Töchtern. Diese große Familie musste versorgt werden. Als Bauhandwerker könnte Joseph Arbeit in der benachbarten Stadt Sepphoris gefunden haben, die der galiläische Landesfürst Herodes Antipater in jener Zeit glanzvoll ausbauen ließ. Kein Zimmermannsidyll in heimischer Werkstatt, sondern harte Lohnarbeit auf städtischen Baustellen.

Von Joseph berichten die Evangelien nur in den Kindheitsgeschichten Jesu. Später ist von ihm nicht mehr die Rede. Jesus wird dann nur noch »Sohn der Maria« genannt. Die wahrscheinlichste Erklärung dafür ist: Als Jesus öffentlich zu wirken begann, war Joseph vermutlich schon gestorben.

In den Weihnachtskrippen gehört Joseph meist zur stummen Staffage. Doch nach der Bibel war er keineswegs nur ein blasser Zuschauer im Hintergrund, sondern ein tatkräftiger und entschlossener Mann, der alles tut, seine junge Familie am Leben zu erhalten.

WOCHENSPRUCH

Bereitet dem Herrn den Weg; denn siehe, der Herr kommt gewaltig.

Jesaja 40,3.10

LEBENSWEISHEIT

Bevor du dich daran machst, die Welt zu verändern, gehe dreimal durch dein eigenes Haus.

Chinesisches Sprichwort

GEBET

O Gott, was für ein Leben!
Jeden Tag gehe ich durch die Geschäfte.
Ich kenne alle Markenartikel,
ich weiß, was »in« und was »out« ist.
Ich sammle alle Bonus-Punkte,
bei jedem Gewinnspiel bin ich dabei.
Doch mein Leben in Ordnung zu bringen,
dafür fehlt mir die Zeit.
Liebevoll dekoriere ich meine Wohnung:
hier ein Bild, dort ein Blumenstrauß.
Jedes Jahr räume ich einmal um,
alte Möbel raus, neue rein.
Doch in meine persönliche Inneneinrichtung,
was habe ich da investiert?
Sorgfältig pflege ich vor dem Spiegel meine Haut,
Falten haben bei mir keine Chance.
Meine Aufmachung ist mir nicht egal,
ich lege Wert auf meine Erscheinung.
Doch was tue ich,
um meine Seele zu pflegen?
O Gott, was für ein Leben!
Amen

Lukas 3,1-14

Im 15. Jahr der Herrschaft des römischen Kaisers Tiberius, im Jahr 29 unserer Zeitrechnung, als in Jerusalem der römische Gouverneur Pontius Pilatus residierte und Hannas und Kaiphas Hohepriester im Tempel waren, tritt in der Wüste von Judäa ein Mann auf, der ungeheures Aufsehen erregt. Er behauptet, im Auftrage Gottes zu reden. Fasziniert von der Gestalt dieses Mannes, der in ein Kamelfell gehüllt allein in der Wüste lebt und sich von Heuschrecken und wildem Honig ernährt, ziehen die Leute aus Jerusalem und den anderen Städten in die Wüste, um ihn zu hören: Johannes, uns bekannt als Johannes der Täufer. Die Menschen, die zu ihm in die Wüste kommen, empfängt er mit starken Worten: »Ihr Schlangenbrut, wer hat euch gesagt, dass ihr dem kommenden Gericht Gottes entgehen werden? Redet nicht nur von Buße und Umkehr. Zeigt, dass ihr euch ändern wollt, zeigt es durch eure Taten! Die Axt ist schon angelegt, um die Bäume an der Wurzel abzuschlagen. Jeder Baum, der keine gute Frucht bringt, wird umgehauen und ins Feuer geworfen.«

Harte Worte, die Erschrecken und Entsetzen auslösen: »Um Gottes willen, was sollen wir denn tun?«

»Es ist ganz einfach«, antwortet Johannes. »Wer zwei Hemden hat, der gebe dem, der keines hat. Wer zu essen hat, der gebe dem, der hungert. Wer teilt, was er hat, der wird leben.«

Das ist tatsächlich sehr einfach und zugleich zu schwer. Die Hälfte des Besitzes abgeben – wer kann das? Wenn Steuern gezahlt sind und Versicherungen, die Miete, das Auto, Wasser, Heizung, Strom- und Telefonrechnungen, Kleidung und Essen für die Familie, wenn der Urlaub finanziell gesichert ist – von dem, was dann noch bleibt, die Hälfte abgeben? Wer schafft das?

Wir haben unser Leben mit zu viel Annehmlichkeiten und Absicherungen eingerichtet. Davon kommen wir so schnell nicht wieder herunter – und das macht auch traurig. Denn wir spüren: Wenn wir nur festhalten, was wir haben, werden wir das Leben nicht finden. Die wichtigen Fragen im Leben sind damit noch nicht beantwortet. Johannes hat Recht: Wer teilt, hat nicht weniger, sondern mehr vom Leben. Er erlebt mehr, sieht mehr, findet mehr Gemeinschaft. Doch Teilen ist trotzdem schwer. Es heißt immer, über den eigenen Schatten zu springen. Das Besondere an der Bibel ist: Genau das wird uns Menschen dort zugetraut. Jesus hat uns die Fähigkeit zur Veränderung, zur Umkehr zugetraut. Er hält uns nicht für hoffnungslose Fälle, die die Hände nicht mehr aufkriegen und nichts abgeben können. Er denkt größer von uns. Wir können uns ändern, es ist möglich, es wird uns zugetraut!

Gedanken im Advent. Advent ist Erwartungszeit. Wir erwarten zu wenig, wenn wir am liebsten alles beim Alten lassen. »Bereitet dem Herrn den Weg.« Uns wird viel zugetraut. Wir können uns ändern.

Unglaublich

Unser Taxi schaffte in jener Vorweihnachtszeit in fünfzehn Minuten etwa zwei Häuserblocks. »Dieser Verkehr ist eine Katastrophe«, schimpfte mein Begleiter. »Er nimmt mir das ganze bisschen Weihnachtsstimmung, das ich habe.«

Mein anderer Begleiter war philosophischer. »Es ist unglaublich«, sinnierte er, »ganz und gar unglaublich. Denkt doch bloß – ein Kind, das vor über zweitausend Jahren mehr als achttausend Kilometer von hier geboren wurde, verursacht ein Verkehrschaos auf der Fifth Avenue in New York.« Tja, das ist tatsächlich unglaublich.

Norman Vincent Peale

Die Liste der Titel und Würdenamen, mit denen Maria in der katholischen und in der orthodoxen Kirche angerufen wird, ist lang: »Mutter Gottes, immerwährende Jungfrau, Mittlerin aller Gnaden, Schmerzensmutter, Königin des Himmels, Mutter der Kirche, seligste Jungfrau, Maria voll der Gnade« sind nur die bekanntesten. Am 2. Februar wird Mariä Lichtmess gefeiert, am 25. März Mariä Verkündigung, am 2. Juli Mariä Heimsuchung, am 15. August Mariä Himmelfahrt, am 8. September Mariä Geburt, am 8. Dezember Mariä unbefleckte Empfängnis. Der ausufernde Marienkult steht in einem auffälligen Missverhältnis zur Bescheidenheit der biblischen Informationen über Maria, die Mutter Jesu. Wenn wir uns an die einigermaßen wahrscheinlichen Daten aus dem Leben Marias halten, ist ihr Leben schnell erzählt:

Maria stammte aus dem kleinen Dorf Nazareth im galiläischen Bergland. Anders, als es spätere Legenden erzählen, wissen wir über ihre Eltern und Vorfahren nichts. Ihr späterer Mann Joseph arbeitete in Nazareth als Zimmermann oder Bauhandwerker. Über eine strapaziöse Reise der schwangeren Maria nach Bethlehem, die wunderbare Geburt Jesu, den märchenhaften Besuch der drei Magier aus dem Morgenland, die Flucht Josephs und Marias mit dem kleinen Jesus nach Ägypten oder den Disput des zwölfjährigen Jesus mit seiner aufgebrachten Mutter berichten nur die mehr legendenhaften Kindheitsgeschichten des Lukas- und des Matthäusevangeliums. Nach dem historisch zuverlässigen Markusevangelium hatten Maria und Joseph fünf Söhne und mehrere Töchter *(Mk 6,3)*. Nachdem der älteste Sohn Jesus sich von Gott berufen wusste, die Familie verlassen und das unstete Leben eines umherziehenden Wanderpredigers begonnen hatte, scheint die Familie anfänglich auf Distanz zu ihm gegangen zu sein: »Und als es die Seinen hörten, machten sie sich auf und wollten ihn festhalten; denn sie sprachen: Er ist von Sinnen.« *(Mk 3,21)*

In einer weiteren Szene wird im Markusevangelium erzählt, wie die besorgte Mutter Maria – zu dieser Zeit wohl schon Witwe, denn von Joseph ist nicht mehr die Rede – zusammen mit den Brüdern Jesus aufsucht, ihn zu sprechen wünscht und von Jesus abgewiesen wird: »Und er antwortete ihnen und sprach: Wer ist meine Mutter und meine Brüder? Und er sah ringsum auf die, die um ihn im Kreise saßen, und sprach: »Siehe, das ist meine Mutter und das sind meine Brüder!« *(Mk 3,33f)* Auch Jesu Kommentar zu seinem Misserfolg in Nazareth spricht nicht für eine enge Beziehung zu seiner Mutter und zu seiner Familie: »Ein Prophet gilt nirgends so wenig wie in seiner Vaterstadt und bei seinen Verwandten und in seiner Familie.« *(Mk 6,4)* Schließlich fällt auch auf, dass Maria, die Mutter Jesu, nach den übereinstimmenden Berichten des Markus-, des Matthäus- und des Lukasevangeliums nicht zu den Frauen gehörte, die Jesus in seinen letzten Tagen in Jerusalem begleiteten, die Kreuzigung verfolgten oder am Ostermorgen zu seinem Grab eilten.

Man kann es drehen und wenden, wie man will, zu seinen Lebzeiten gehörte Maria wohl nicht zu den Anhängern ihres Sohnes. Dies änderte sich aber nach Ostern. In einer kurzen Notiz in der Apostelgeschichte erzählt Lukas, dass sich die Jünger und andere Anhänger Jesu nach Ostern regelmäßig in einer Jerusalemer Wohnung trafen. Als Mitglieder dieser ersten christlichen Gemeinde werden namentlich auch Maria, die Mutter Jesu, und seine Brüder genannt, von denen Jakobus später zum Leiter der Jerusalemer Gemeinde aufstieg. Danach verlieren sich die Spuren der historischen Maria im Dunkel der Geschichte.

WOCHENSPRUCH

Freut euch in dem Herrn allewege, und abermals sage ich: Freut euch! Der Herr ist nahe!

Philipper 4,4-5

LEBENSWEISHEIT

Ich lese jeden Morgen die Zeitung und zwar zuerst die Todesanzeigen.
Dann freue ich mich so richtig, dass ich noch da bin.
Das ist meine ganze Lebensphilosophie.

Ella Fitzgerald

GEBET

Die Wunschzettel sind geschrieben,
die meisten Geschenke sind schon besorgt.
Was werden wir selbst dieses Jahr bekommen?
Die einen wünschen sich Geld,
andere hoffen auf etwas Persönliches,
viele wünschen sich vor allem ein paar schöne Tage
ohne Frust und Ärger in der Familie.
Nicht alle Wünsche werden in Erfüllung gehen.
Doch vielleicht bekommen wir auch etwas geschenkt,
das wir uns gar nicht gewünscht haben:
Schmuck und Kleidung haben wir schon genug,
aber ein Herz voller Mitgefühl,
empfänglich für alles Schöne,
leidenschaftlich bewegt für alles Gute
und betroffen von den Nöten dieser Welt -
ein solches Herz schenke uns, Gott,
auch wenn wir vergessen haben,
es auf unseren Wunschzettel zu schreiben.
Amen.

Lukas 1,46-55

Das Magnifikat, der Lobgesang der Maria, ist ursprünglich ein Lied aus dem Alten Testament. Hanna hatte es gesungen aus Freude darüber, dass Gott sie nicht vergessen, sondern ihr noch in hohen Jahren ein Kind geschenkt hatte. Lukas stellt dieses Revolutionslied aus dem Alten Testament an den Anfang seines Evangeliums. Es ist so etwas wie eine Ouvertüre für das, was dann kommt. Der Lobgesang der Maria – er ist das Wiegenlied für das Kind, den späteren Wanderrabbi und Bergprediger, dem ein reuiger Sünder mehr galt als 99 Gerechte, der den Gewaltlosen die Erde versprach und die rechtlosen Frauen in seine Nachfolge rief. Er weigerte sich, überhaupt einen Menschen als Feind anzusehen. Er vergab auch noch denen, die ihn schließlich ans Kreuz schlugen und hinrichteten. Alles hat er auf den Kopf gestellt. Es ist Jesus von Nazareth, von dem Maria singt: »er zerstreut, die hochmütig sind in ihrem Herzen ... und er erhebt die Niedrigen.«

Es verschiebt sich, was wichtig ist und was unwichtig. Was vor Menschen groß dasteht, kann vor Gott nichts gelten. Die selbst ernannten »Stützen der Gesellschaft«, die Prominenten und Global Players, die sich auf glattem Parkett bewegen und die Talk-Shows bevölkern – sie mögen uns beeindrucken. Doch Gott hat gerade am Kleinen und Schwachen ein besonderes Interesse. Ausgerechnet das winzige Israel sucht er sich aus den Völkern aus. Das Aschenputtel Maria wird die Mutter seines Sohnes. Und Jesus selbst, er verkehrt nicht in den Villen der Reichen, sondern geht an die Hecken und Zäune. Was zählt und worauf es ankommt – es sind Gottes Maßstäbe, nicht die unseren.

Das Magnifikat singt nicht von der Größe, von der Verehrungswürdigkeit der Maria, auch wenn man das viele Jahrhunderte so gesehen hat: »später viel später / blickte Maria / ratlos von den Altären / auf die sie / gestellt worden war / und sie glaubte / an eine Verwechslung« *(K. Marti)*. Das Magnifikat handelt vom heruntergekommenen Gott, der sich auf die Suche nach den Menschen gemacht hat. Er hat Maria »angesehen« – darin steckt schon alles. Er hat nicht über sie hinweggesehen, er hat nicht auf sie herabgesehen, er hat sie angesehen. Gott hat einen Zug zu den kleinen Leuten, so wie wir einen Zug zu den feinen Leuten haben. Die scheinbar Bedeutungslosen blickt Gott an, alte, einsame Leute, kleine, hilflose Kinder – und weil er sie anblickt, sind sie eben nicht bedeutungslos. »Die Welt- und Menschenaugen sehen nur über sich, sie wollen ja hochfahren. Aber Gottes Augen sehen nur in die Tiefe, nicht in die Höhe, und je tiefer jemand unten ist, desto besser sieht ihn Gott« *(M. Luther)*.

Gott hat Maria angesehen und ihrem Leben damit einen besonderen Sinn gegeben. Aus einer unter vielen ist sie zu einer Frau geworden, an die sich kommende Generationen erinnern werden. Und unzählige Menschen werden ihr Lied nachbeten und Hoffnung daraus schöpfen für sich und andere: dass Gott auch sie ansehen und nicht vergessen wird.

Die Verkündung

Letzthin, im Zug, direkt neben dir, das elend-fröhliche Digitalpiepsen eines Handys, und du weißt, jetzt wirst du die Seite nicht in Ruhe zu Ende lesen können, du wirst mithören müssen, wo die Unterlagen im Büro gesucht werden sollten oder warum die Sitzung auf nächste Woche verschoben worden ist oder in welchem Restaurant man sich um 19 Uhr trifft, kurz, du bist auf die unüberhörbaren Schrecknisse das Alltags gefasst – und da kramt der junge Mann sein Apparätchen aus der Tasche, meldet sich und sagt dann laut:

»Nein! – Wann? – Gestern Nacht? – Und was ist es? – Ein Bub? – So herzig! – 3 1/2 Kilo? – Und wie geht es Jeanette? – So schön! – Sag ihr einen Gruß, gell! – Wie? – Oliver?...«

Und über uns alle, die wir in der Nähe sitzen und durch das Gespräch abgelenkt und gestört werden, huscht ein Schimmer von Rührung, denn soeben haben wir die uralte Botschaft vernommen, dass uns ein Kind geboren wurde.

Franz Hohler

Der Esel gehört neben dem Ochsen zur Grundausstattung jeder Weihnachtskrippe. Auf der ersten Darstellung einer Weihnachtskrippe aus dem 5. Jahrhundert sind Esel und Ochse mit dem kleinen Kind allein. Von Maria, Joseph und dem anderen Krippenpersonal ist noch nichts zu sehen. Sie kommen erst später ins Bild. Aber sie verdrängen den Esel und den Ochsen nicht. Die dürfen in der Krippe nicht fehlen. Mit ihnen bleibt der Geruch von Armut, Arbeit und kleinen Leuten im Stall von Bethlehem erhalten – dieser Geruch, der zu Weihnachten gehört und den kein festliches Weihnachtsmenü vertreiben kann.

Vom Esel und auch vom Ochsen berichten weder Lukas noch Matthäus in ihren Weihnachtsgeschichten. Wo kommen sie her? Die beiden Tiere werden in den apokryphen Schriften des Pseudo-Matthäus aus dem Alten Testament übernommen und in die Geburtsszene integriert: Maria »legte ihren Knaben in eine Krippe, und Ochs und Esel beteten ihn an. Da erfüllte sich, was durch den Propheten Jesaja verkündet ist, der sagt: »Der Ochse kennt seinen Herrn und ein Esel die Krippe seines Herrn; aber Israel kennt's nicht, und mein Volk versteht's nicht.« *(Jes 1,3)*

Gerade der Esel, der nach landläufiger Meinung doch als störrisch und dumm gilt, bekommt in der Weihnachtsgeschichte einen Logenplatz. Ein »dummer Esel«, wie wir oft sagen? Nein, der Esel ist ein kluges Tier. Wäre der Esel dumm und störrisch, wäre die Geschichte mit dem Einzug Jesu in Jerusalem sicher anders ausgegangen. Die Eselin hätte vermutlich Krach geschlagen, laut »ia« geschrien und mit den Hufen getreten, als eines Tages zwei Männer in das Dorf bei Jerusalem kamen, sie mir nichts dir nichts einfach losbanden und zu ihrem Herrn und Meister brachten. Doch offenbar wusste die Eselin, dass sie gebraucht wurde für den Einzug des verheißenen Friedensfürsten in Jerusalem. Ohne Gewalt, ohne Marschmusik, ohne Glockengeläut. Der Esel ist kein Tier, um Macht zu demonstrieren. Der Friedefürst kommt auf einem Esel.

An der Weihnachtskrippe steht der Esel neben seinem Freund, dem Ochsen, und neben Maria, Joseph, dem Kind in der Krippe, den Hirten, den Schafen, den drei Königen und wer da sonst noch gewesen sein mag. Es war ganz schön voll in dem Stall, so wie die Kirchen an Heiligabend meist auch ziemlich voll sind. Da kommen Menschen in die Kirche, die man vorher noch nie dort gesehen hat: Hinz und Kunz und Ochs und Esel. Da mag der Esel fragen, was der Ochs hier will: »Den sieht man sonst ja nie in der Kirche, der kommt ja nur zu Weihnachten.«

Doch zu Weihnachten kommen eben alle. Und das ist gut so. Zur Krippe sind alle eingeladen – Bekannte und Unbekannte. Gott schließt keinen von seiner Liebe aus, ob man nun religiös unmusikalisch ist oder spirituell hochbegabt wie der Esel.

WOCHENSPRUCH

Das Wort ward Fleisch und wohnte unter uns;
und wir sahen seine Herrlichkeit.

Johannes 1,14a

LEBENSWEISHEIT

»Die Ware Weihnacht ist nicht die wahre Weihnacht.«

Kurt Marti

GEBET

Alle Jahre wieder
die langen Samstage vor Weihnachten,
das große Gedränge vor den Geschäften,
die langen Schlangen an den Kassen.
Alle Jahre wieder
der große Weihnachtsputz zu Hause,
Staubsaugergeräusche aus allen Zimmern.
Alle Jahre wieder
der Ärger mit dem Tannenbaum:
»Steht der nicht schief?«
Alle Jahre wieder
das große Essen: stundenlange Vorbereitungen in der Küche,
die Kuchenberge am ersten Weihnachtstag,
die Reste am zweiten.
Alle Jahre wieder
Geschenke, Geschenke, Geschenke!
Alle Jahre wieder
die Verlegenheit, wenn alle Geschenke ausgepackt sind;
»Was machen wir jetzt?«
Alle Jahre wieder
die Diskussion ums Fernsehprogramm:
»Was gibt's denn heute?
Das sind ja lauter Wiederholungen!«
Aber wehe, der Fernseher geht kaputt!
Alle Jahre wieder
wird es Weihnachten.
Aber, lieber Gott, wen feiern wir da eigentlich?
Amen.

Lukas 2,1-14

Weihnachten ist das Fest des Kindes, hat man gesagt. Zu Recht. Wo Kinder in den Familien sind, da stehen sie zu Weihnachten im Mittelpunkt: Sie bekommen die meisten Geschenke, sie werden am meisten fotografiert, auf ihre Reaktionen sind wir besonders gespannt. Und wer erinnerte sich zu Weihnachten nicht der eigenen Kindheit, an das Glücksgefühl beim Anblick des erleuchteten Weihnachtszimmers, an die unbeschwerte Freude beim Auspacken der Geschenke? Diese Eindrücke sind wohl unvergesslich und ein wenig sehen wir auch als Erwachsene jedes Weihnachtsfest noch mit den Kinderaugen von damals.

In der Weihnachtsgeschichte des Lukasevangeliums steht auch ein Kind im Mittelpunkt: das Kind in der Krippe. Von diesem Kind sagt der Engel: »Euch ist heute der Heiland geboren.« Der Heiland – ein hilfloser Säugling in einem Futtertrog, Gott, den wir nicht beschreiben, nicht definieren können – so verwundbar und schutzlos wie ein Kind.

Das stellt alle Erwartungen auf den Kopf: Gott thront nicht in ewiger unberührter Majestät hoch über uns. Kein Mensch mehr, dem er fern wäre; keine Mühsal, die ihm fremd wäre. Gott wird erkennbar in einem kleinen Kind. Doch das Kind in der Krippe ist nicht klein geblieben. Dreißig Jahre nach den Ereignissen in Bethlehem geht Jesus zu den Menschen und verändert sie. Schuldige spricht er frei, Gewaltlosen verspricht er die Erde, Ausgeschlossenen gibt er eine Hoffnung, Blinde macht er sehend und Kindern verheißt er das Reich Gottes. Er verändert Menschen bis auf den heutigen Tag. Seitdem gibt es eine Hoffnung für jedes menschliche Leben, auch wenn es wie vor 2000 Jahren in erbärmlichen Umständen zur Welt kommt.

Eine Hoffnung auch für die 600 Millionen Kinder, die weltweit in extremer Armut aufwachsen: für die vielen kleinen Aids-Waisen in Afrika; für die herumstreunenden Kinder in den Großstädten und Slums dieser Welt, die nur durch Diebstahl dem Hungertod entgehen können; für die Millionen von Kindern in den unzähligen Flüchtlingslagern dieser Erde. Eine Hoffnung auch für die vielen misshandelten Kinder in Deutschland, wo jährlich mehr Kinder an elterlichen Schlägen sterben als an den klassischen Kinderkrankheiten.

Die Geburt des Kindes von Bethlehem wirft ein Licht der Hoffnung auf das Leben jedes dieser Kinder. Keines ist dazu geboren, um in seinem Leben nur Unglück kennen zu lernen. Jedes ihnen angetane Leid wiegt unendlich schwer, denn an jedem Leid trägt Gott selbst mit.

Weihnachten ist das Fest des Kindes, sagt man. Hoffentlich einmal das Fest aller Kinder auf dieser Erde.

HIRTEN

Wenn sie hereinkamen nach Bethlehem,
schlossen manche die Tür ab.
Vorsichtshalber.
Und der Wirt sagte,
wenn sie Wein bestellten:
Legt erst das Geld auf den Tisch.
Sicherheitshalber. (...)
Hirten betrügen.
Das war allgemein bekannt. (...)
Hirten sind nun einmal das Letzte.
Und so benahmen sie sich auch:
Die Fäuste flogen rasch,
und das Messer im Gürtel saß locker.
Meist blieben sie allein bei den Herden,
monatelang allein im kargen Bergland.
Gelegentlich zogen Reisende vorbei.
Möge der Messias bald kommen,
sagte einer zum andern, beiläufig.
Das ist unsere Hoffnung:
Gerechtigkeit und Frieden.
Die Hirten lachten.
Lieber nicht, sagte einer.
Für uns wäre kein Platz mehr
in dieser neuen Welt.
Hirten hatten keine Hoffnung.
Da kam noch einer vorbei. Nachts.
Aber es war merkwürdig hell.
Der setzte sich zu ihnen und sagte:
Der Messias ist geboren. In Bethlehem.
Es ist der Christus,
der Gottes Liebe verkörpert.
Sie schüttelten den Kopf:
Wieso erzählst du das gerade uns?
Wir sind doch die Letzten,
die so etwas erfahren würden.
Eben drum, sagte der Bote,
und er sang so laut und fröhlich,
dass die Himmel davon widerhallten.

Da gingen die Hirten,
suchten und fanden das Kind.
Nichts Auffälliges.
Es sah aus wie eins der ihren (...)
Im Stall geboren.
Da wurden sie froh,
und sie sangen laut. (...)
Nach Bethlehem gingen sie,
weckten die Leute auf,
erzählten vom Kind, das der Messias ist,
das nun Gottes Liebe verkörpert,
erzählten fröhlich und voller Hoffnung.
Dann kehrten sie zurück
zu ihren Herden.
Da war einer nicht mitgegangen,
weil er auf die Tiere Acht geben wollte.
Nun, fragte er, haben sie es euch
geglaubt in Bethlehem?
Kaum, sagten sie.
Gelacht haben manche.
Hirten sind doch bloß Lügner.
Empört waren einige:
Ausgerechnet Hirten
sollen das zuerst erfahren?
Hirten sind doch das Letzte!
Und dann?
Ihr wurdet wütend, nicht wahr?
Ihr habt zugeschlagen, fragte der eine,
ihr habt es ihnen gezeigt?
Die Hirten blickten ihn an, betroffen.
Nein, sagten sie,
und wunderten sich selbst,
nein, das haben wir
doch einfach vergessen!
Vergessen – verstehst du?
So sehr verändert Hoffnung.

Eckhard Lange

»Es begab sich aber zu der Zeit, dass ein Gebot von dem Kaiser Augustus ausging, dass alle Welt geschätzet würde. Und diese Schätzung war die allererste und geschah zur Zeit, da Quirinius Statthalter in Syrien war. Und jedermann ging, dass er sich schätzen ließe, ein jeder in seine Stadt.« *(Lk 2,1-3)*

In seiner Weihnachtserzählung verknüpft Lukas die Geschichte Jesu mit der großen Weltgeschichte. Die Erzählung beginnt mit dem römischen Kaiser Augustus, zu Deutsch »der Anbetungswürdige«. Augustus (zuvor: Octavian) war von 29 vor bis 14 nach Christus römischer Kaiser. Er beendete im Römischen Reich die Epoche der blutigen Bürgerkriege, sorgte für die Wiederherstellung von Ruhe und Ordnung, ordnete Gesetzgebung, Verwaltung und Steuerwesen neu, gründete neue Kolonien und sicherte Roms Weltmachtstellung. Er verzichtete auf weitere Eroberungen und festigte das Römische Reich an seinen Grenzen. Das Imperium Romanum erstreckte sich unter seiner Herrschaft vom Atlantischen Ozean bis an den Euphrat. Frieden, Wohlstand und eine große kulturelle Blüte prägten die Regierungszeit des Augustus. Sein Zeitalter gilt als Höhepunkt römischer Kultur.

Schon zu Lebzeiten im Osten des Reiches wie ein Gott verehrt, wurde Augustus kurz nach seinem Tod auch offiziell im Römischen Reich zum Gott erhoben.

Mit Augustus beginnt ein neues Zeitalter. Eine Inschrift feiert ihn als »Heiland«, der der Welt den Frieden brachte. Das entsprach auch seinem Selbstverständnis, er wollte ein Friedensfürst sein. Doch in Wirklichkeit ruhte der Frieden, den er dem Römischen Reich für einige Zeit brachte, auf den Waffen der römischen Soldaten. Darum ließ er »pax«, den »Frieden«, auf Münzen auch so darstellen: lorbeerbekränzt, mit Lanze, Speer und Schild, den Fuß auf dem Nacken eines besiegten Feindes. Friede durch Gewalt! Gewalt bestimmt auch die »Schätzung«, von der in der Weihnachtserzählung die Rede ist. Die Bevölkerung wurde zusammengetrieben und erfasst, Volkszählung zum Zwecke einer massiven Besteuerung. Rom brauchte Geld, die Legionäre mussten bezahlt werden.

Lukas stellt in seiner Weihnachtserzählung bewusst zwei Welten gegenüber: hier der römische Kaiser, dort das kleine Kind; hier Rom, die Hauptstadt der Weltmacht, dort die Kleinstadt Bethlehem; hier der königliche Palast, dort die Notunterkunft; hier die Mächtigen, dort die Hirten; hier der militärische Frieden, dort der Friede Gottes auf Erden. »Euch ist heute der Heiland geboren, welcher ist Christus, der Herr.« *(Lk 2,11)* »Herr« (kyrios) – das war die Bezeichnung des römischen Kaisers im offiziellen Kaiserkult. Als die Christen verfolgt wurden, konnten sie sich retten, wenn sie den Kaiser als »Herrn« bekannten und vor dem Bild des Kaisers opferten.

Die politische Brisanz der lukanischen Weihnachtserzählung ist deutlich: Sie will zeigen, wie die wahren Machtverhältnisse sind. Der allmächtige Gott setzt auf den Weg der Niedrigkeit. Am Anfang der Stall, am Ende der Galgen. Und sie will Antwort geben auf die Frage: Wer bringt wirklich den Frieden, Augustus oder Jesus? Die Weihnachtserzählung gibt eine klare Antwort.

WOCHENSPRUCH

Wir sahen seine Herrlichkeit,
eine Herrlichkeit als des eingeborenen Sohnes
vom Vater, voller Gnade und Wahrheit.

Johannes 1,14b

LEBENSWEISHEIT

Ein Schüler kam zu einem Rabbi und fragte:
Früher gab es Menschen,
die Gott von Angesicht zu Angesicht gesehen haben.
Warum gibt es die heute nicht mehr?
Darauf antwortete der Rabbi:
Weil sich niemand mehr so tief bücken will.

Jüdische Weisheit

GEBET

Den Menschen so sehen, wie du, Gott, ihn gemeint hast:
alte Menschen nicht abschreiben, sondern ihre Würde erkennen;
die Stillen nicht übersehen,
über die Fremden nicht herziehen,
sich über die Langsamen nicht lustig machen,
die Gescheiten nicht als Streber abstempeln,
um die Behinderten keinen Bogen machen,
im politischen Gegner nicht den Feind sehen,
auch noch im Verbrecher den Menschen sehen und achten -
das ist, Gott, viel verlangt.
Den Menschen so sehen, wie du, Gott, ihn gemeint hast,
und ihn auch so behandeln,
das ist ziemlich schwer und geht uns gegen den Strich.
Aber dafür ist Jesus auf die Welt gekommen,
und dafür hat er gelebt.
Und davon leben wir alle.
Amen

Lukas 2,25-38

Von Simeon, dem alten Mann in unserer Geschichte, heißt es, dass er auf den Trost Israels wartete, den versprochenen Messias. Sein Leben ist über diesem Warten alt geworden. Öfter wird man mit Fingern auf ihn gezeigt haben, wenn er mit tastenden Schritten den Weg zum Tempel ging, um dort täglich seine Gebete zu verrichten.

Neben Simeon steht Hanna, auch sie hochbetagt, eine Frau, die über 50 Jahre als Witwe gelebt hatte, in all der Einsamkeit und Armut, die dies für eine Frau jener Zeit bedeutete. Auch sie wartet auf den Befreier, der ihr die Erlösung bringen soll.

Als eines Tages eine kleine Gruppe in den Tempel kommt, um dort, wie es im Gesetz des Mose vorgeschrieben war, den Armenbetrag für den erstgeborenen Sohn zu entrichten, zwei Tauben – ist daran nichts ungewöhnlich. Auch das kleine Kind nicht. Es trägt keinen Heiligenschein – ein kleiner Säugling, der aussieht wie tausend andere Neugeborene auch.

Aber Simeon sieht mehr. In diesem Kind kleiner Leute sieht er den, auf den er ein Leben lang gewartet hat. Da weiß Simeon, dass sein Leben ans Ziel gekommen ist: »Herr, nun lässest du deinen Diener in Frieden fahren, denn meine Augen haben deinen Heiland gesehen.«

Wer glaubt, sieht mehr. Wer mit Gott rechnet und darum nicht nur sieht, was ist, sondern auch weiß, was Gott mit dieser Welt noch vorhat, sieht schärfer, genauer, weiter.

Den allgemeinen Hoffnungen auf den Messias entspricht das Kind nicht. Der Messias sollte kommen und das Land befreien. Er sollte kommen und Gottes Recht aufrichten. Dass die ganze Herrlichkeit des Messias in diesem einfachen Kind zu sehen ist, kann der Glaube nur gegen den Augenschein behaupten. Doch wer glaubt, sieht mehr. Simeon und Hanna, sie rechnen so selbstverständlich mit Gott, dass sie wissen, die Gegenwart ist noch nicht die ganze Wahrheit. Diese Welt ist nicht nur bestimmt durch das, was wir aus ihr gemacht haben, sondern auch durch das, was Gott mit ihr noch vorhat.

Das kleine Kind ist der erwartete Retter. Freilich nicht so, wie manche es erwarten. Simeon weiß, an diesem Kind werden sich die Geister scheiden: »gesetzt zum Fall und zum Aufstehen für viele ... und zu einem Zeichen, dem widersprochen wird.« An Jesus scheiden sich bis heute die Geister: für fromme Juden ist ein gekreuzigter Messias bis heute undenkbar. Für viele, nicht nur Christen, ist er die letzte Instanz ihres Lebens – und für viele andere, die sich nach seinem Namen nennen, ist er nur noch ein Achselzucken wert. Er selbst sagt: »Selig, wer sich nicht ärgert an mir!«

Simeon und Hanna, zwei Menschen, die an das Ziel eines langen Weges gelangt sind und nun in Frieden gehen können. Denn sie haben gesehen, wonach sie sich gesehnt haben.

DIE HALLE DER WELT MIT LICHT ERFÜLLEN

Ein König hatte zwei Söhne. Als er alt wurde, da wollte er einen der beiden zu seinem Nachfolger bestellen. Er versammelte die Weisen seines Landes und rief seine Söhne herbei. Er gab jedem der beiden fünf Silberstücke und sagte:

»Füllt für dieses Geld die Halle in unserem Schloss bis zum Abend. Womit, das ist eure Sache.« – Die Weisen sagten: »Das ist eine gute Aufgabe.«

Der älteste Sohn ging davon und kam an einem Feld vorbei, wo die Arbeiter dabei waren, das Zuckerrohr zu ernten und in einer Mühle auszupressen. Das ausgepresste Zuckerrohr lag nutzlos umher. – Er dachte sich: »Das ist eine gute Gelegenheit, mit diesem nutzlosen Zeug die Halle meines Vaters zu füllen.« – Mit dem Aufseher der Arbeiter wurde er einig, und sie schafften bis zum späten Nachmittag das ausgedroschene Zuckerrohr in die Halle. Als sie gefüllt war, ging er zu seinem Vater und sagte: »Ich habe deine Aufgabe erfüllt. Auf meinen Bruder brauchst du nicht mehr zu warten. Mach mich zu deinem Nachfolger.« – Der Vater antwortete: »Es ist noch nicht Abend. Ich werde warten.«

Bald darauf kam auch der jüngere Sohn. Er bat darum, das ausgedroschene Zuckerrohr wieder aus der Halle zu entfernen. So geschah es. Dann stellte er mitten in die Halle eine Kerze und zündete sie an. Ihr Schein füllte die Halle bis in die letzte Ecke hinein. Der Vater sagte: »Du sollst mein Nachfolger sein. Dein Bruder hat fünf Silberstücke ausgegeben, um die Halle mit nutzlosem Zeug zu füllen. Du hast nicht einmal ein Silberstück gebraucht und hast sie mit Licht erfüllt. Du hast sie mit dem gefüllt, was die Menschen brauchen.«

Geschichte von den Philippinen

In der Bibel ist Herodes nur eine Randfigur. Und doch hat sich sein Name unauslöschlich im Gedächtnis der Christenheit als Inbegriff verschlagener Grausamkeit eingeprägt. Er steht für die Verfolgung des neugeborenen Jesuskindes und den Mord an den unschuldigen Kindern in Bethlehem, von denen das zweite Kapitel des Matthäusevangeliums berichtet. Mittelalterliche Darstellungen zeigen Herodes darum oft in der Gesellschaft von Teufeln und Dämonen. Herodes und seine Familie waren Idumäer, die erst kurz zuvor zum Judentum konvertiert waren. Herodes wurde als König von frommen Kreisen nicht als vollwertiger Jude und von den alten Eliten als Emporkömmling betrachtet. Mit brutaler Konsequenz betrieb Herodes darum die Sicherung der eigenen Macht. Er brachte nicht nur sämtliche Vertreter des alten Herrschergeschlechts der Hasmonäer um, sondern schreckte auch vor dem Mord an eigenen Familienangehörigen nicht zurück. Seine eigene Gattin Mariamne, drei seiner Söhne, Schwäger und Onkel ließ der zehnmal verheiratete Herodes hinrichten. Das Urteil des jüdischen Historikers Flavius Josephus fällt vernichtend aus: »Er war ein Mann, der gegen alle ohne Unterschied mit gleicher Grausamkeit wütete, im Zorn kein Maß kannte und sich über Recht und Gerechtigkeit erhaben dünkte, dabei aber die Gunst des Glückes wie kein anderer erfuhr.«

Politisch konnte Herodes nur mit Hilfe Roms bestehen. Die römischen Machthaber erblickten in Herodes den geeigneten Mann, das unruhige Volk der Juden am Rande des Imperiums zu befrieden und der Gewalt Roms unterzuordnen. Als »verbündeter König und Freund des römischen Volkes« hatte er im eigenen Land völlig freie Hand, durfte außenpolitisch aber nichts gegen Rom unternehmen. Durch großes Geschick und mehrfachen Frontenwechsel gelang es Herodes, ein verhältnismäßig großes Reich zusammenzuschmieden und für fast 30 Jahre den Frieden zu sichern. Opposition unterdrückte er rücksichtslos. Die Hohenpriester setzte er nach eigenem Gutdünken ab und ein. Die Frommen im Lande provozierte er durch seinen hellenistischen Herrschafts- und Lebensstil und dadurch, dass er Theateraufführungen, Gladiatorenkämpfe und Wagenrennen in Jerusalem einführte.

Herodes war ein großer Bauherr. Im ganzen Land ließ er Theater und Bäder, Stadien und Kolonnaden errichten. Er baute neue Festungen und neue Städte, allen voran die Hafenstadt Caesarea. Vor allem aber ließ er in Jerusalem den Tempel groß und prächtig umbauen. »Meister, sieh, was für Steine und was für Bauten!«, sagen die aus der galiläischen Provinz stammenden Jünger zu Jesus, als sie in Jerusalem vor dem neu erbauten Tempel stehen *(Mk 13,1)*. Dass die Steuerlasten für diese Unternehmen im Volk keine allzu positiven Erinnerungen hinterließen, kann kaum überraschen.

Herodes regierte Judäa 34 Jahre lang. Seine Regierungszeit war die letzte längere Zeit begrenzter jüdischer Selbstständigkeit – bis zur Gründung des Staates Israel fast 2.000 Jahre später.

WOCHENSPRUCH

Barmherzig und gnädig ist der Herr, geduldig und von großer Güte.
Psalm 103,8

LEBENSWEISHEIT

»Man muss Gottes Güte regnen lassen, aber selbst das Land pflügen.«
Sprichwort

GEBET

Meine Zuversicht
Ich suche Gott auf den Bergen – wird er mir
dort entgegenkommen?
Woher kommt mir Hilfe?
Meine Hilfe kommt von ihm,
der nicht nur auf den Bergen wohnt,
mein Gott hat alle Himmel und Welten geschaffen,
und wenn ich ihn bitte, so ist er anwesend und hilft.
Ich suche Gott in der Natur – wird er mir
dort begegnen?
Woher kommt mir Hilfe?
Meine Hilfe kommt von ihm,
der sich nicht nur um den Himmel sorgt,
mein Gott sieht auch meine Schritte hier auf Erden,
und wenn ich falle, so richtet er mich nicht.
Er richtet mich wieder auf.
Ich suche Gott im Himmel und auf Erden –
Wo werde ich ihn finden?
Wer kann mir meinen Weg zeigen?
Meine Hilfe kommt von ihm,
der nicht schläft oder müde wird.
Mein Gott behütet mich Tag und Nacht,
und wenn ich zum Leben keine Kraft mehr habe,
spricht er mir neuen Mut zu.
Meine Hilfe kommt von Gott,
den ich bitte, der mich tröstet,
der mein Leben behütet heute und in aller Zukunft.
Amen.

Psalm 121

Die Zeit vergeht Silvester nicht schneller als an den anderen Tagen im Jahr. Aber an diesem Tag scheinen wir erst zu merken, wie schnell sie vergeht. Knallerei, gute Wünsche für die Zukunft, auf Holz klopfen, mit anderen feiern, aber auch besinnlich werden: Was ist das anderes als der Versuch, mit der dahinfliegenden Zeit fertig zu werden? Wirklich schon wieder ein Jahr?

»Ich hebe meine Augen auf zu den Bergen«, sagt der Beter des 121. Psalm. Vor ihm liegt eine ungewisse Wegstrecke. Von weither ist er zum Tempel nach Jerusalem gepilgert und hat dort die festlichen Gottesdienste miterlebt. Ein schwieriger und gefährlicher Rückweg liegt vor ihm. An der Schwelle des Tempels hebt er seine Augen und sieht ringsum die kahlen und felsigen Berge des Gebirges von Judäa. In den Bergen aber lauern Gefahren. Ein falscher Tritt kann zum tödlichen Sturz führen. Eine unkontrollierte Bewegung kann eine Giftschlange zum tödlichen Biss reizen. In den Bergen – da sind auch die Räuber. Wird er durchkommen? »Woher kommt mir Hilfe angesichts der Berge und Gefahren des neuen Jahres?« Allein werde ich es nicht schaffen. Ich brauche die Hilfe der Familie, von Freunden und Kollegen. Doch ihre Hilfe ist wie alle menschliche Hilfe begrenzt. Wer richtet mich im neuen Jahr auf, wenn ich am liebsten aufgeben möchte? Wer schützt mich, wenn alle über mich herfallen?

»Meine Hilfe kommt von dem Herrn, der Himmel und Erde gemacht hat.« Dieses Wort klingt wie eine gelernte Antwort, wie eine Formel, die zusammenfasst, was Menschen in vielen Generationen geglaubt haben. Dahinter stehen die Erfahrungen des Volkes Israel: Es ist ein Gott da, dem wir alles zu verdanken haben, der uns in dieses Land geführt hat, der auch jetzt noch da ist, begleitend, schützend, bewahrend.

Doch jeder weiß, es gibt auch Gegenerfahrungen: vergeblich nach Hilfe gerufen, kein Trost, keine Bewahrung, im entscheidenden Moment ganz allein und ohne Schutz, von Gott nichts zu spüren. Diese Zweifel, diese Gefühle sind auch da. Jeder kennt sie, aber sie streichen die Wahrheit des 121. Psalms nicht durch. Ein unglücksfreies Leben gibt es nicht. Wir gleiten aus, kommen zu Fall, doch Gott setzt dem Fallen Grenzen, er fängt das Straucheln auf.

Ganz behutsam redet der Psalm von Gott. Er greift nicht gewaltsam in die Welt ein, sondern er ist wie der wohltuende Schatten, der die glühende Hitze der Sonne erträglich macht und vor dem trügerischen Licht des Mondes bewahrt. Gott tritt dazwischen, er bewahrt und fängt auf, er ist der schützende Schatten in des Tages Last und Hitze, und er wacht in der Nacht.

»Der Herr behüte deinen Ausgang und Eingang von nun an bis in Ewigkeit.« Ausgang und Eingang, das sind zunächst der Ausgang aus diesem Jahr und der Eingang in das Jahr, das vor uns liegt. Doch immer gibt es einen Ausgang und Eingang – und einen ungewissen Weg, der dazwischen liegt. Es tut gut zu hören, dass wir auf diesem Weg nicht allein sind.

Eine Spinne

Eine Spinne lebte in ihrem Netz, bis ihr gesagt wurde:
»Die Welt ist anders geworden, du musst Altes aufgeben,
du musst einsparen, rationalisieren!«
Umgehend erkundete sie ihr Netz. Aber kein Faden war überflüssig,
jeder schien für das Geschäft dringend notwendig.
Sie suchte und suchte, bis sie schließlich doch einen Faden fand;
er lief senkrecht nach oben und hatte noch nie eine Fliege eingebracht!
Also weg damit!
So biss sie den vermeintlich unnützen Faden ab.
Da fiel das ganze Netz in sich zusammen.
Es war nämlich der Faden, an dem das Spinngewebe aufgehängt war.

Quelle unbekannt

»Und es brach im Himmel ein Krieg aus. Michael und seine Engel kämpften mit dem Drachen. Und der Drache und seine Engel nahmen den Kampf auf, doch er vermochte sich nicht zu behaupten, und es gab für sie keinen Platz mehr im Himmel. Und hinabgeworfen wurde der große Drache, die alte Schlange, die auch Teufel oder Satan heißt und den ganzen Erdkreis verführt. Und er wurde auf die Erde geworfen, und seine Engel wurden mit ihm hinabgeworfen.« *(Offenbarung 12,9)*

Der Drache ist hier der Widersacher Gottes und seines Volkes auf Erden. Doch nicht Gott selbst tritt in dieser Vision des Apokalyptikers Johannes gegen den Drachen zum Kampf an, sondern der Fürst der Engel, die Gott dienen, kämpft gegen den Fürsten der von Gott abgefallenen Engel. Der Erzengel Michael ist in der jüdisch-apokalyptischen Tradition der Schutzengel des Gottesvolkes. Der Kampf endet damit, dass der Drache und seine Engel aus dem Himmel auf die Erde gestürzt werden. Die Scheidung von Gut und Böses wird vollzogen: Der Himmel ist frei vom Bösen, die Erde wird nun zum Herrschaftsbereich des Satans.

Michael (hebr. »Wer ist wie Gott?«) ist in der Bibel die führende Gestalt unter den Erzengeln. Sein Name wird erstmals im Daniel-Buch genannt *(10,13.21)*. Er kommt als Schutzengel Israels dem bedrängten Volk zu Hilfe und kämpft gegen dessen Feinde. Im Neuen Testament tritt Michael mit seinen Engeln gegen den Satan an und wirft ihn aus dem Himmel. Er ist vermutlich auch mit dem Erzengel gemeint, der im ersten Thessalonicherbrief am Jüngsten Tag zum Gericht blasen wird *(1. Thessalonicherbrief 4,16)*. (M. Luther: »schlafen bis Michl tutet.«).

Als Drachentöter und Teufelsbezwinger, Seelenbegleiter und Paradieswächter und vor allem als Schutzpatron der angegriffenen Christenheit spielt Michael im Christentum eine ungewöhnlich große Rolle. Von Kleinasien bis nach Norwegen entstehen im frühen Mittelalter überall große Michael-Heiligtümer, das bekannteste, der Mont St. Michel, auf einer Insel vor der Normandie. Schon bei der siegreichen Schlacht des Franken Karl Martell gegen die Araber (732) und dann vor allem bei dem Sieg Ottos des Großen über die heidnischen Ungarn (955) wurden den siegreichen christlichen Heeren »Michaelsbanner« vorangetragen. (Die geschlagenen Ungarn berichteten, dass ein »Gott mit goldenen Flügeln« [das Bild Michaels] den Feinden geholfen habe, den Sieg zu erringen.) Der Erzengel Michael gewann eine solche Bedeutung, dass Karl der Große 813 auf der Mainzer Synode das bis dahin unbedeutende Michaelsfest am 29. September vom Papst zum allgemeinen Feiertag erheben ließ.

Über Jahrhunderte war »Michaelis« Ende September einer der Schlüsseltage im Jahr – ein wichtiger Termin für die Ernte, für bestimmte Feldarbeiten, vor allem für Märkte und Feste. Im Mittelalter wurde Michael zum Schutzpatron der Deutschen. Zahlreiche Kirchen wurden dem »heiligen Michael« geweiht. Viele Orte in Deutschland wurden nach ihm benannt, Michael war einer der beliebtesten männlichen Taufnamen.

Wie aus dem strahlenden Erzengel Michael dann aber im 16. Jahrhundert der eher tumbe und schlafmützige »deutsche Michel« werden konnte, ist bis heute nicht wirklich geklärt.